가족치료의 길잡이

Family Therapy

An Introduction to Process, Practice and Theory

Family Therapy: An Introduction to Process, Practice and Theory
by **Michael D. Reiter**

가족치료의 길잡이

Family Therapy

An Introduction to Process, Practice and Theory

Michael D. Reiter 저 | 정혜정 역

역자 서문

지금까지 국내에서 가족치료 관련 서적과 역서가 상당히 많이 출판됨으로써 가족치료 교육훈련 환경이 예전에 비해 상당히 풍부해졌습니다. 가족치료 현장도 많이 다양해지고, 가족치료 서비스를 받고자 하는 사람들도 꾸준히 증가하고 있으며, 호소문제의 내용도 상당히 다양해지고 있습니다. 부부가족의 문제해결을 위해 전문가를 찾고 전문기관을 방문하는 사람들의 숫자가 늘어나는 이러한 추세는 가족치료의 전문적 실천과 가족치료사의 전문성에 대한 요구가 더 커짐을 말해 줍니다.

전문적인 가족치료사가 되기 위해서는 다년에 걸친 이론 습득과 임상훈련을 요구하는 지난한 과정입니다. 그럼에도 불구하고 가족치료 교육훈련과 임상실천을 위해 가족치료 이론에서부터 치료 과정과 기법에 이르기까지, 좀 더 쉽고 편안하게 참고할 만한 교재출판에 대한 기대가 있었습니다. 추상적이고 어려운 가족치료 용어를 현장에서 보다 더 쉽게 적용하고, 현실에서 좀 더 편안하게 구체화할 수 있는 지도를 보여 주는 교재에 대한 갈망이었습니다. 개인과 가족이 가져오는 어려움과 문제는 너무도 구체적인데, 이론은 너무 추상적이었기에 지식을 현장으로 연결하는데 있어서 어려움을 호소하는 교육훈련생들이 많았습니다. 이론에 대한 이해가 충분함에도, 당면한 사례에의 적용을 어려워하는 훈련생들을 어디서든 만날 수 있었습니다. 그리하여 가족치료 이론과 실천을 이어 주고 추상적 개념과 구체적 현실을 연결해 주며, 가족치료사로서 다지고 돌아봐야 하는 부분을 강조해 주는 전문서적이 출판되기를 기대하였습니다.

그러던 차에 역자는 이 책이 출판되던 당시에 필자가 소속된 학교에서 연구년을 보내면서 이 책을 만났고, 역자의 바람을 담은 책이라는 느낌을 받았습니다. 번역의 과정은 여러모로 큰 인내를 요하는 결코 쉽지 않은 과정이기에 이 책의 번역을 결정하기까지 고민하는 시간이 꽤 길었습니다. 또한 이 책은 가족치료사가 되는 길에 관한 개론서라고 필자가 밝히고 있듯이, 이 한 권의 책 안에 가족치료 과정, 실천, 이론을 모두 담고 있어서 책의 깊이와 효용에 대해 확신이 어려웠습니다. 그럼에도 불구하고 역자가 이 책을 번역하기로 마음먹은 것은 가족치료 교육자와 실천가 모두가 손쉽고 편안하게 참고할 수 있는 길잡이가 될 수 있을 것이라는 확신이었습니다. 이 책의 가장 큰 강점은 가족치료의 많은 추상적인 용어나 개념이나 기법을 보다 쉽게 이해하도록 돕기 위해 많은 다양한 사례를 제공하였으며, 또 임상현장에서 쉽게 적용할 수 있도록 '연습'할 예제를 수없이 많이 제공하였다는 점입니다.

바로 이런 점들 때문에 이 책은 가족치료 교육훈련이나 임상현장에서 편안하게 참고할 수 있는 길잡이가 될 수 있을 것으로 확신하였습니다. 가족치료 실천 과정에서 반드시 참고할 주요 내용들을 포괄하여 담은 이 책은 가족치료사로서의 정체성을 가지고 작업하는 실천가들에게 하나의 지도가 될 수 있을 것입니다. 이 책에서 제시한 다양한 예제는 가족치료 강의나 교육훈련에 구체성과 풍부함을 더해 줌으로써 보다 살아 있는 강의와 교육훈련의 장을 마련하는 데도 큰 도움이 될 것입니다.

이 책의 출간을 맡아 주신 학지사의 김진환 사장님, 출간 문의를 할 때마다 늘 친절하게 길을 알려 주시는 유명원 부장님, 역자의 까다로운 요구에도 인내심 있게 응해 주시고 번역의 완성도와 가독성을 위해 열과 성을 다해 주신 김영진 선생님께 감사드립니다.

저자 서문

이 책은 가족치료사가 되는 길에 관한 책입니다. 필자는 25년 전에 가족치료사가 되는 과정의 여정을 공식적으로 시작했습니다. 이 과정에서 필자는 자신을 바라보고, 사람들 간의 상호작용을 바라보고, 또 세상이 어떻게 움직이는가를 바라보는 새롭고 독특한 방법들을 배웠습니다. 저 자신을 '가족치료사'라고 부르지만, 필자뿐만 아니라 이 분야의 다른 사람들도 이 용어를 좋아하지 않은 때가 있습니다. 가족치료는 상담실에 몇 명이 있는가에 관한 것이 아니라, 사람들이 기능하는 방법을 어떻게 바라보는가에 관한 것입니다. 따라서 이 분야의 일부 사람은 자신을 맥락적 치료사 혹은 체계 치료사라고 부르기도 하지만, 더 흔하게 가족치료사라는 이름으로 부릅니다(이 책에서는 커플이나 부부가족과 주로 작업하는 치료사를 말하는 가장 흔하고 표준적인 방법으로 가족치료사라는 용어를 사용할 것입니다).

필자는 많은 훌륭한 치료사들과 스승들에게 훈련을 받은 행운에 대한 감사를 표하기 위해서 다음 세대의 가족치료사들을 위해 이 책을 쓰기로 마음먹었습니다. 필자는 플로리다 대학교에서 가족치료와 정신건강 상담을 세부 전공으로 하고 상담교육을 전공하여 교육학 석사학위를 받았고, 노바사우스이스턴 대학교에서 가족치료 전공으로 박사학위를 받았습니다. 두 대학 모두에서 필자는 참으로 훌륭한 멘토와 스승을 만났습니다. 또한 Michael White, Insoo Kim Berg, Steve de Shazer, 그리고 훌륭한 다른 분들 같은 가족치료의 거장이 이끈 프로그램과 워크숍에 참석할 수 있었습니다. 지난 7년 동안 필자는 Salvador Minuchin의 가까이에서 함께 작업하였습니다. 처음에는 가족치료 학생들의 훈련 프로그램으로(Minuchin, Reiter, & Borda, 2014 참조),

그다음에는 Minuchin 치료 작업의 비디오 기록 보관을 위해서 함께 작업하였습니다 (psychotherapyvideo.com에서 찾아볼 수 있음). 학생들과 내담자들과의 작업뿐만 아니라 이렇게 훌륭한 분들은 모두 현재의 제가 가족치료사가 되는 데 도움을 주었습니다.

이 책은 제3부로 이루어졌습니다. 제1부는 가족치료사로서 어떻게 생각하는가에 관한 것이고, 제2부는 가족치료사의 기본 기술을 소개하는 것이며, 제3부는 가족치료사로서 사례를 개념화하는 데 도움을 주도록 계획하였습니다.

이 책은 가족치료 분야의 종사자들에게 개론적인 요점을 제시한 입문서입니다. 이 책은 독자 여러분이 가족치료사가 되기 위한 여정을 밟아 가는 데 도움이 될 사고와 행동과 개념화의 여러 방법을 제공합니다. 이것은 교과목 수강, 참고문헌 읽기, 치료 회기 관찰하기, 실제 치료 회기 수행하기 등 수년이 걸릴 과정의 시작에 불과합니다. 이 책은 많은 아이디어, 개념들, 이론들을 소개할 것입니다. 하지만 이 책은 이 모든 것을 완벽하게 이해하는 데 필요할 만큼의 깊이를 제공하지는 못할 것입니다. 대신 이 책은 독자 여러분이 가족치료의 세계에 처음으로 들어가서 그 세계를 계속해서 탐색하도록 격려할 것입니다. 여러분의 여정이 순조롭기를 바랍니다.

차례

제2부 가족치료사의 기본 기술

제1부
가족치료사

제1장 일반체계이론

제2장 치료사 자신

제3장 내담자

제4장 다양성

제1부는 독자들이 가족치료사처럼 생각해 보도록 돕기 위해 썼다. 이것은 문제가 어디에서 비롯되는가에 대한 관점을 바꾸는 형태로 이루어졌다. 사람들은 대부분 문제가 개인 내면에서 비롯된다고 본다. 가족치료사는 사람들이 개인으로 존재하지만, 증상은 대개 맥락, 즉 관계 맥락에서 일어난다고 본다.

제1장은 일반체계이론의 기초에 대해 살펴본다. 일반체계이론은 가족과정을 이해하기 위한 기초 이론이며, 초기의 많은 가족치료이론은 일반체계이론을 기초로 발전하였다.

제2장은 가족치료사에 초점을 둔다. 치료체계가 존재한다는 점을 놓고 볼 때, 그것과 관련된 모든 요소를 이해할 필요가 있다. 이 장에서는 치료사의 자기(the self of the therapist)에 대해 살펴보고, 치료사가 상담실의 안과 밖에서 어떤 역할을 하는지에 대해 살펴볼 것이다.

제3장에서는 초점을 치료사에서 내담자로 바꿀 것이다. 이 책에서 말하는 내담자란 상담실에 있는 사람이면 누구든(개인, 커플, 가족) 해당된다. 제1장에서 설명하듯이, 치료사는 문제를 체계론적으로 이해하며, 따라서 체계의 한 부분만이라도 변화를 위해 필요하다고 본다.

제4장은 다양성에 초점을 두면서 제1부를 마무리한다. 다양성의 주제를 이 책의 한 장에서 다루지만, 이 주제는 별도의 독립된 개념이 아님을 이해하기 바란다. 우리는 늘 다양성의 이슈를 다루고 있다. 내담자의 문화가 가족규칙에 영향을 미치며, 가족규칙은 어떤 행동을 허용할 수 있는지에 영향을 미친다. 이 책을 읽으면서 현재 읽고 있는 장을 이해하기 위해서 이전 장들을 참고하기 바란다.

제1장
일반체계이론

이 책은 가족치료사로서 어떻게 생각하고 행동하고 이론화하는가에 관한 것이다. 가족치료는 상담실에 있는 사람들의 숫자에 관한 것이 아니고, 사람들이 어떻게 기능하는지를 어떻게 이해할 것인가에 관한 것이다. 가족치료는 개인내적 관점으로부터 대인관계 관점으로의 전환을 의미한다. 가족치료는 사람들에게 영향을 미치는 맥락 안에서 사람들을 이해한다. 따라서 가족치료는 단 한 사람과도 작업할 수 있다. 이 장은 주로 체계이론의 관점에서 맥락의 개념에 대해 살펴본다. 이 장에서 체계이론에 관한 모든 것을 다 포괄하지는 못하지만, 많은 가족치료사가 활용하는 기본 용어와 인식론을 살펴본다.

체계이론

많은 가족치료사는 자신을 체계론적으로 사고하는 사람이라고 본다. 이는 가족치료사가 단지 개인이 아니라 맥락 안에서의 개인에 초점을 두기 때문이다. 맥락은 개인이 속한 다양한 관계와 더 큰 체계(즉, 법, 교육, 문화, 의료 체계 등)를 포함한다([그림 1-1] 참조).

선형적 대 순환적 인과관계

가족치료 관점과 대부분의 다른 관점을 구분 짓는 가장 큰 특징 중 하나는 선형적 관점에서 순환적 관점으로의 전환이다. 선형적 시각은 서구 세계에서 주로 보이는 관점이다. 이 시각은 근본적인 원인이 발견될 수 있다는 계량 과학에 뿌리를 둔다. 서구인들은 어린 시절부터 선형적 관점의 훈련을 받는다. 사람들이 왜 특정한 방식으로 행동하는지에 대해 생각해 볼 때, 그 사람의 고정된 성격 특성에 초점을 두고 답하는 경향이 있다.

- 그 아이는 왜 다른 아이를 때리는가?
  - 그 아이는 공격적이기 때문이다.
- 그녀는 왜 우울하게 되었을까?
  - 그녀는 해체된 가정에서 자랐기 때문이다.

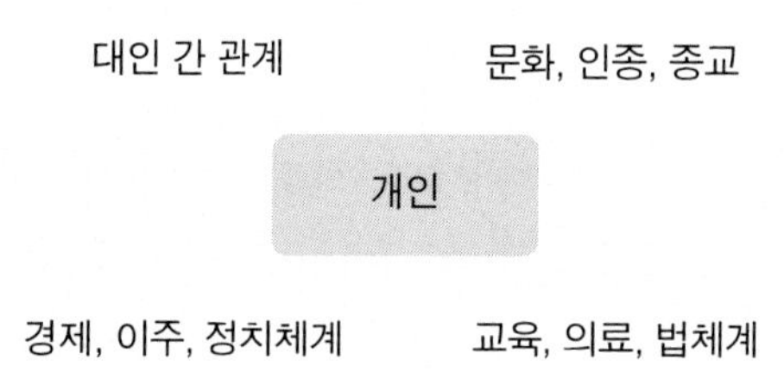

[그림 1-1] 개인과 더 큰 체계의 관계

말하자면 누군가를 때리는 데는 어떤 특정 원인이 있다고 본다. 즉, 본질적으로 공격적인 사람이라는 특성이 있고, 그래서 때린다는 결과가 있다고 본다([그림 1-2] 참조). 이 관점은 개인주의적인 시각으로서, 행동이 일어난 맥락을 충분히 참작하지 않는다.

[그림 1-2] 선형적 인과관계 관점

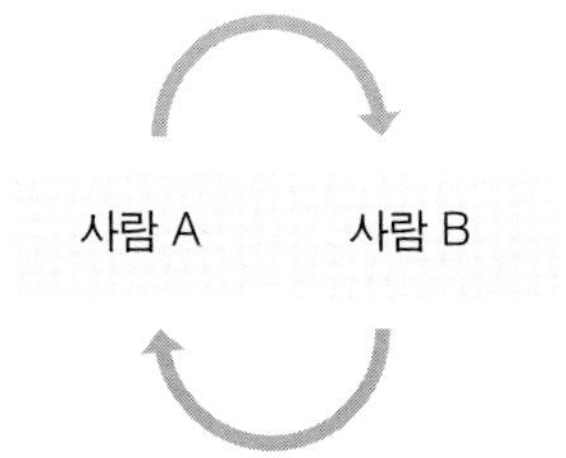

[그림 1-3] 순환적 인과관계 관점

가족치료는 심리치료 분야에 순환성의 개념을 소개하는 데 도움을 주었다. 순환성 개념은 우리가 누군가에게 도움을 주는 동안에 그 누군가로부터 동시에 영향을 받는다는 관점이다([그림 1-3] 참조). 누구보다도 Gregory Bateson이 순환성에 초점을 두는 데 크게 기여하였다. 이것이 가능했던 것은 그와 팀이 의사소통과 행동을 개인의 내적 과정이 아니라 대인관계 과정으로 이해하는 것으로 초점을 바꾸었기 때문이었다. 가족치료 역사에서 가장 유명하고 중요한 출판물의 하나에서 Bateson과 동료들(1956)은 이중구속(double bind)의 개념을 소개하였다. 그들은 조현병 진단을 받는 사람이 정신장애가 아니라 의사소통 문제와 싸우고 있다고 설명하였다. 이런 의사소통 상황에서 그가 누군가(주로 부모)의 의사소통을 특정 방식으로 해석하면 벌을 받는데, 거꾸로 해석해도 벌을 받게 되는 두 가지 상반된 명령 상황에 갇혀 있다는 것이다. 이러한 이중구속 상황에 반복해서 처하게 되고 또 메시지를 적절히 해석할 수 없을 때, 조현병이라고 부르는 행동이 일어날 수 있다고 보았다.

항상성

초기의 체계이론 관점은 대부분 사이버네틱스 개념을 기초로 하였다. 즉, 패턴과 조직 그리고 체계가 어떻게 자기조절을 하는지에 초점을 두었다. 그래서 가족은 일정 수준의 항상성을 기초로 기능하는 것으로 이해하였다. 항상성(homeostasis)은 '똑같음'과 '안정(stasis)'을 뜻하는 어원인 homeo에서 나왔다. 이는 가족이 특정 수준에 있고, 또 그 수준을 유지하기 위한 방식을 찾는다고 본다. 각 가족은 자체적인 수준으로 기능하기 때문에 '정상적인' 항상성이 존재하는 것은 아니다.

가장 잘 알려진 항상성 과정의 예는 집의 에어컨 시스템이다. 에어컨을 특정 온도, 예컨대 22도에 맞추어 놓을 수 있다. 그러면 에어컨은 방 안의 정보를 받아서 처음에 바라던 온도 범위 안에 있는지를 파악한다. 낮에는 햇볕이 창으로 들어와 집 안 온도가 올라갈 것이다. 에어컨 시스템은 온도가 일정 수준을 넘어가면(가령, 23도) 집의 온도를 낮추기 위해 작동할 것이다. 에어컨은 온도가 정상 범위로 돌아온다는 정보를 받을 때까지 냉방을 계속한다. 집의 온도가, 가령 22도가 되어 시원해지기 시작하면, 그 정보를 받아서 에어컨이 꺼지고 이미 맞추어 놓은 범위의 온도가 넘을 때 다시 작동할 것이다.

이제 에어컨 시스템을 조금 더 복합적으로 살펴보고, 이 시스템이 받는 정보를 살펴보자. 이는 피드백 루프, 즉 정적 및 부적 피드백 루프를 통해 볼 수 있다. 정적 피드백 루프는 변화를 가져오는 상호작용인 반면, 부적 피드백 루프는 안정을 유지하게 하는 것이다([그림 1-4] 참조). [정적 및 부적이라는 용어가 '좋거나' '나쁜' 것을 말하는 것이 아니라 하나의 과정일 뿐이라는 점에 주목하자. 이는 정적 및 부적 강화가 '좋거나' '나쁜' 것에 관한 것이 아니라 행동이 증가하는 방식을 말하는 것과 비슷하다.] 가족은 늘 변화하고 있고, 다른 한편으로 보면 어떤 부분의 겉모습은 똑같이 유지되고 있다. 그래서 항상성은 늘 안정과 변화의 측면을 모두 포함한다. 예를 들어, 줄타기 곡예사는 자기가 잡고 있는 긴 막대기를 조정함으로써(변화) 균형(안정)을 유지한다. 가족 항상성의 큰 변화는 대개 가족생활주기의 전이기 동안에 일어난다.

이 개념을 분명하게 이해하기 위해 하나의 예를 들어 보자. 리처드슨 씨 가족은 화목하게 기능해야 한다고 믿는다. 열다섯 살인 아들 조가 부모에게 말대꾸를 시작했는데, 이는 '불손함'을 뜻한다. 조의 이런 새로운 행동은 가족이 편안하게 여기는 영역(항상성)을 벗어났고, 그래서 부모는 조가 다시 공손하게 행동하도록 여러 시도를 한다. 이를 위해서 부모는 조와 '적절한' 행동에 대해 이야기하고, 조의 외출을 금지하고, 조의 휴대전화를 빼앗는다. 이때 조는 부모님이 '공손'하다고 여기는 방식으로 행동하고, 부모가 훈육행위를 그만해도 되도록 한다. 이런 상호작용은 부적 피드백 루프라고 할 수 있다. 열여섯 살이 되어서 조는 더욱 독립적이 되려고 부모를 밀어낸다. 귀가 시간을 더 연장해 달라거나 자기 스스로 결정을 더 많이 하게 해 달라고 요구할 수 있다. 만일 부모가 이러한 독립성 과정을 허용하면, 가족의 항상성에 변화가 일어나는데, 이것이 정적 피드백 루프를 보여 주는 것이다.

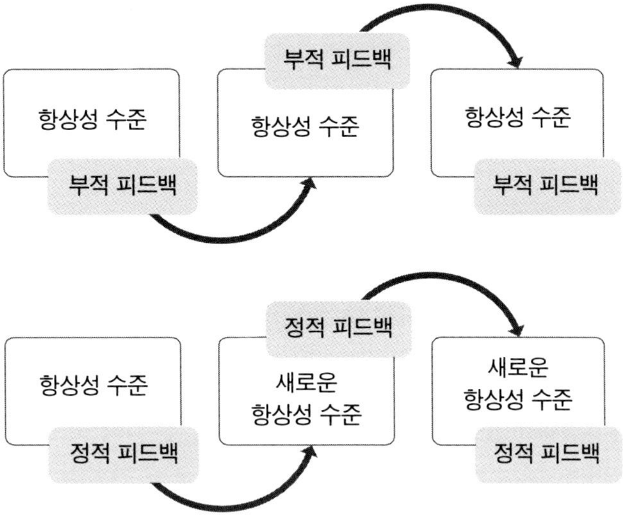

[그림 1-4] 부적 및 정적 피드백

[그림 1-5] 치료체계

사이버네틱스 인식론의 활용은 개인치료에서 가족치료로의 주요 변화였다. 그러나 치료사들이 순환성의 개념을 완전히 이해하지 못했음을 알게 되었는데, 그 이유는 치료사들이 관찰된 체계 밖에 있었던 것처럼 기능했기 때문이다. 그래서 2차 사이버네틱스 운동이 있었으며, 이는 '사이버네틱스의 사이버네틱스'라고도 하는데, 여기서 관찰자와 관찰되는 체계는 회귀적 전체, 즉 치료체계라고 할 수 있다(Keeney, 1983; [그림 1-5] 참조). 가족은 관계 속에서 움직이기 때문에 치료사는 가족을 '있는 그대로' 볼 수가 없다. 반대로 가족은 있는 그대로의 치료사를 볼 수가 없으며, 치료사가 가족과의 관계에 있음을 볼 수 있을 뿐이다. 이렇게 이해하면 사람, 가족, 자아를 고정된 실체로 보지 않는 데 도움이 될 수 있다.

체계

체계(system)는 하나의 전체로서 기능하기 위해서 합쳐진 부분들의 조직이다. 개인은 부분들(즉, 뇌, 심장, 혈액, 폐 등)의 복합체로서 이 모든 부분이 함께 작동해서 그 사람을 살아 있게 한다. 미국은 하나의 전체로 기능하는 50개의 주로 이루어진 하나의 체계이다(물론 미국령 영토도 포함되지만, 여기서는 간단히 다룬다).

이 책에서는 두 가지 특정 체계에 대해 다룬다. 첫 번째는 가족이며, 더 구체적으로는 핵가족이다. 이는 다양한 가족원이라는 부분들로 이루어지며, 그것을 가족으로 정의하는 고유의 상호작용 방식을 갖는다. 체계에 대한 관점은 확대가족으로도 확장할 수 있는데, 확대가족도 더 큰 체계의 일부분(하위체계)이다.

이 책에서 다루는 두 번째 체계는 치료체계이다. 이 체계는 2차 사이버네틱스에서 이미 다루었는데, 가족과 치료사가 함께할 때 어떤 일이 일어나는가를 이해하는 것이다. 둘이 함께하는 그 시점에서 새롭고 고유한 체계가 그 자체의 규칙과 패턴을 가지고 발전한다.

규칙은 체계에서 무엇이 허용되고 허용되지 않는지를 나타낸다. 규칙은 사람들이 어떻게 행동하고 의사소통할 수 있는가를 정의하는 데 도움이 된다. 규칙은 명백할 수도 있고 암묵적일 수도 있다. 명백한 규칙은 가족원에게 알려진 규칙으로서, 그 예는 다음과 같다.

- 가족원은 식사시간에 모두 함께해야 한다.
- 가족이 언제 어디로 휴가를 가는지는 부모가 정한다.
- 누구도 욕을 해서는 안 된다.

암묵적 규칙은 가족원이 그 규칙에 대해 잘 알지 못하지만, 구성원의 행동에 영향을 준다.

- 아버지가 술에 취해 있을 때는 말을 걸지 않는다.

- 어머니가 "안 된다"고 말하면 아버지에게 간다.
- 할머니는 아버지의 규칙을 뒤집을 수 있다.

가족치료사는 가족원과 함께 가족의 명백한 규칙에 대해 말할 필요가 있으며, 뿐만 아니라 가족을 조직하는 암묵적인 규칙을 살펴보도록 도와야 한다.

체계이론의 가장 유명한 말 중의 하나는 전체는 그 부분들의 합보다 더 크다는 것이다. Reiter(2015)는 이 개념을 이해하기 위해 숫자와 알파벳을 활용하는 방법을 제시하였다. 다음의 질문에 답해 보자. 체계이론의 관점에서 1+1=3인가?

만일 숫자 1을 한 사람으로 대체하면, 사람 + 사람 = 3이다. 정상적으로는 1+1=2이기 때문에 '빠진 부분이 뭐지?'라고 생각할 것이다. 그것은 두 사람 간의 관계이다. 3은 관계의 양적인 측면이 아니라 질적인 측면을 나타낸다.

연습 1-1

1 + 1 = 3에 대해 다시 생각해 보시오. 자신을 1 중의 하나로 여겨 보시오. 당신과 가장 가까운 사람을 생각해 보고, 그 사람을 또 하나의 1로 간주해 보시오. 그리고 당신이 그 사람과 어떤 관계를 맺고 있는지 생각해 보시오. 그다음에 그 사람 대신에 당신이 정말 싫어하는 누군가를 그 자리에 넣어 보시오. 당신이 그 사람과 상호작용을 할 때 어떻게 행동하는지 다시 생각해 보시오. 첫 번째 상황과 똑같은 '당신'인가요? 여러 다른 사람을 또 다른 1로 간주할 때, 당신이 질적으로 얼마나 다른지 말해 보시오.

그러나 사람들은 동시에 여러 관계, 특히 여러 가족과 관계를 맺고 있다. 처음 두 개의 1을 두 배우자로 하고 거기에 한 아이를 추가하면, 이제 방정식은 1+1+1=7이 된다. 여기서 개인이 3개 있고, 두 사람의 관계가 3개이고, 세 사람의 관계가 1개이다. 네 명의 가족은 1+1+1+1=14이며, 다섯 명의 가족은 1+1+1+1+1=30이 된다. 조금 천천히 살펴보면서, 다음 알파벳을 가족 내 사람들을 나타내는 것으로 바꾸어 보자. 그러면 A+B+C+D+E=30이다.

- 개인: A; B; C; D; E
- 두 사람 관계: A+B; A+C; A+D; A+E; B+C; B+D; B+E; C+D; C+E; D+E
- 세 사람 관계: A+B+C; A+B+D; A+B+E; A+C+D; A+C+E; A+D+E; B+C+D; B+C+E; B+D+E; C+D+E
- 네 사람 관계: A+B+C+D; A+B+C+E; A+C+D+E; B+C+D+E
- 다섯 사람 관계: A+B+C+D+E

치료 시 작동하는 두 가지 주요 체계에 대해서 살펴보았는데, 두 가지 방정식을 동시에 갖게 됨을 알 수 있다. 한 방정식은 가족체계에 초점이 있고, 다른 하나는 치료체계에 초점이 있다. 두 번째 방정식에서 숫자나 알파벳의 하나는 가족치료사를 말한다.

거장(巨匠)의 메시지

Gregory Bateson

한 '조각'의 정보는 하나의 차이를 만드는 차이로 정의할 수 있다. 그 차이는 하나의 기본적인 아이디어를 말하는데, 하나의 순환 회로 안에서 연속적으로 변형되고 또 변화를 만들어 간다.

하지만 현재의 맥락에 적용해 볼 때, 내적으로 상호작용하는 체계의 어떤 부분도 어떤 다른 부분이나 나머지 부분을 일방적으로 통제할 수 없다. 정신의 특성은 본질적으로 전체 안에 내재해 있다.

체계의 안정(즉, 그것이 자기교정적으로 행동을 하는지, 양극을 오가는지, 혹은 벗어나는지 여부)은 순환회로를 둘러싼 차이의 모든 변형이 이룬 생산물들의 관계에 달려 있고, 또 그 시간 특성에 달려 있다. '관리자'는 이러한 요인들을 통제하지 못한다. 사회체계 내 인간 관리자도 이와 같은 동일한 제약을 받는다. 그 역시 사회체계에서 나오는 정보의 통제를 받으며, 자신의 행동을 시간이라는 특성과 자기의 과거 행동의 영향에 적응해야 한다.

(Bateson, 1972, pp. 315-316)

내용과 과정

모든 의사소통은 여러 수준에서 이해될 수 있다. 가족치료사는 의사소통의 내용과 과정을 구분한다. 내용은 무엇이 말해졌는가에 관한 것으로, 메시지의 '사실' 부분이다. 과정은 정보를 어떻게 취하는가를 말하며, 관계를 말한다. 내용과 과정을 구분하기 위해 몇 가지 의사소통 교류에 대해 살펴보자.

로빈: 당신하고는 이제 더 이상 말하고 싶지 않아. 당신한테 정말 짜증나.
내용: 말하고 싶지 않다. 그 사람한테 짜증난다고 느낀다.
과정: 나는 당신과 똑같은 권력 혹은 당신보다 더 높은 권력 수준에 있으며, 당신에게 그만 이야기하라고 말할 수 있다.

아티에: 왜 내 말을 안 듣는 거야? 내가 부모잖아. 넌 자식이고.
내용: 내 말을 들어라. 부모고 자식이다.
과정: 내가 위계질서의 더 위에 있고 요구를 할 수 있다.

태미: 제발 그만하세요. 제가 더 이상 할 수 있을지 모르겠어요.
내용: 그만하세요. 더 이상 할 수 없어요.
과정: 당신을 존중합니다.

연습 1-2

다음의 내담자 말에 대해 먼저 메시지의 내용을 말하고, 그다음에 과정을 서술하시오.

1. 우리 관계가 잘 안 되어 가고 있는 것 같으니, 관계를 끝내고 싶어.
   맥락: 몇 달 동안 데이트를 했던 두 사람
   내용:
   과정:

2. 우리 영화관 갈까 아니면 나이트 클럽 갈까?
   맥락: 친구 두 명
   내용:
   과정:

3. 좀 도와주겠어요? 당신 도움이 정말 필요해요.
   맥락: 상사와 직원
   내용:
   과정:

4. 개 똥 좀 치워 줘요. 개가 집 안에 똥을 쌌는데, 이건 당신 일이잖아요.
   맥락: 남편과 아내
   내용:
   과정:

5. 부모로서 말하는데, 그 남자애와 더 이상 데이트하지 마.
   맥락: 부모와 청소년기 자녀
   내용:
   과정:

관계 패턴

관계는 패턴을 만든다. 그래서 오늘 당신이 집에 가면 함께 사는 사람과 무슨 일이 있을지 아주 잘 예측할 수 있다. 패턴은 상호작용이 반복되는 방식이다. 패턴은 관계의 규칙을 기초로 만들어진다. 관계의 많은 패턴은 관계에 속한 사람들을 위해 기능하고 그들을 행복으로 이끌어 준다. 그러나 치료에 오는 가족은 가족의 항상성이 되어 버린 여러 패턴이 도움되지 않았음을 인식하게 되었다.

치료의 주요 목적 가운데 하나는 내담자가 패턴의 중단(interruption)에 개입하도록 도움을 주는 것이다. 치료를 패턴의 중단으로 볼 때, 상담실의 단 한 가족원만을 대상으로도 가족치료를 할 수 있는 이유를 이해할 수 있다. 왜냐하면 중단되는 패턴은 적어도 두 사람 사이에서 만들어진 것이기 때문이다. 관계 패턴에는 대칭적, 보완적, 대등한 패턴의 세 가지 형태가 있다.

대칭적 관계는 두 파트너가 동일한 행동에 개입할 때 일어난다. 여기에는 두 가지 하위형태가 있는데, 경쟁적 대칭관계와 복종적 대칭관계이다. 경쟁적 대칭관계는 두 사람 모두 상대방보다 한 수 앞서려고 시도할 때 일어난다. 이 관계는 보통 한 사람이 더 크게 말할수록 상대방도 더 크게 말하는 언쟁에서 볼 수 있다. 경쟁적 대칭관계는 초등학교 운동장에서 볼 수 있다. 한 아이(A)가 어떤 아이(B)를 놀리면("넌 똥 멍청이야."), B가 되받아쳐서 A를 놀리고("넌 오줌싸개야."), 그러면 A는 B의 엄마를 비난하는 말을 하고, 그러면 B는 또 A의 엄마에 대해 나쁜 말로 받아치고, 이렇게 둘이서 치고 받는 행동을 계속한다. 복종적 대칭관계는 각자가 상대방을 따르려고 시도할 때 일어난다. 이 관계는 당신이 복도를 걸어가고 있고 누군가가 반대 방향으로 지나가고 있을 때 많이 경험해 봤을 것이다. 두 사람이 마주칠 수 있는 지점에 이를 때, A가 B에게 먼저 가라고 하고, 그러면 B도 A에게 먼저 가라고 한다. 대개 이런 상황은 오래 가지 않는다. 이는 또 당신과 파트너가 어디 가서 즐거운 시간을 가질 것인지 정하려고 할 때 일어날 수 있다.

당신: 어디 가고 싶어요?

파트너: 잘 모르겠어요. 당신이 결정해요.

당신: 아니요. 당신이 결정해요.

파트너: 아니에요. 당신이요.

보완적 관계는 한 사람이 더 많이 행동할수록 상대방은 그 행동을 조금 덜할 때 발생한다. 우리가 추적자-도망자 관계라고 부르는 관계에서 이 관계 패턴을 보는 것 같다. A가 B에게 더 많이 다가가고 더 많이 추적할수록, B는 더 많이 거리를 둔다. 똑같은 상황을 반대 방향으로도 마침표 찍을 수 있다. B가 거리를 둘수록 A가 더 많이 추적한다. 마침표는 한 사람이 다른 사람의 행동을 일으킨 원인(즉, 선형적 관점)이 아니라, 그 원인은 상호작용 과정(순환적 관점)에 있다는 점을 상기시킨다.

대등한 관계는 상호작용을 협상할 때 발생한다. 누가 무엇을 하는지를 교환할 수 있고, 한 사람이 무엇을 하는지에 따라 상대방이 하는 일이 바뀐다. [그림 1-6]은 이런 네 가지 관계 패턴을 간단하게 나타낸 그래프인데, 실선은 한 사람이고, 점선은 상대방을 나타낸다.

이런 다양한 형태의 관계 패턴이 그 자체로 좋거나 나쁘다고 할 수는 없다. 어떤 대칭적 관계는 '좋다'. 아내가 사랑을 더 많이 표현하면 할수록 남편도 아내에게 사랑을 더 많이 보여 주려고 하는 경우가 그렇다. 혹은 아내가 남편을 덜 깎아내릴수록 남편도 아내를 덜 깎아내리는 경우가 그렇다. 또 다른 대칭관계는 문제가 있거나 '나쁘다'. 남편이 아내를 더 폄하할수록 아내도 남편을 더 폄하하는 경우이다. 보완적 관계에도 똑같이 적용된다. '좋은' 경우는 남편이 요리를 더 많이 할수록 아내가 요리를 조금 덜 하는 경우일 수 있다(각자 요리를 얼마나 잘하는지에 달려 있음). 또 '나쁜' 경우는 아내가 집 청소를 더 많이 할수록 남편이 덜 하고, 반대로 남편이 집 청소를 덜 할수록 아내가 더 많이 해야 하는 상황이다(이 경우 화가 날 수도 있으니 '나쁜' 것이다).

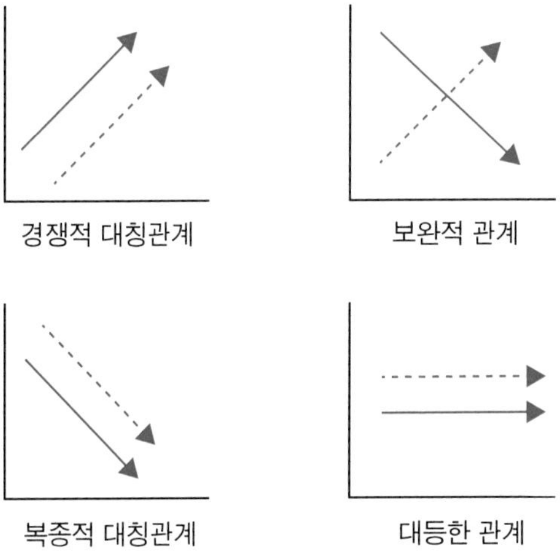

[그림 1-6] 관계 패턴

패턴 바꾸기

치료는 패턴의 중단에 관한 것이므로, 치료사는 한 사람이 패턴의 수순에서 어떻게 반응하는지를 바꾸어야 한다. 그래서 단 한 사람만 치료에 와도 가족치료를 할 수 있는 것이다. 하지만 복수의 사람들이 변화를 시도할 때, 누군가가 문제 패턴과는 다르고 새로운 패턴을 만들기 위해 노력할 어떤 것을 할 가능성이 높아진다.

우리는 삶에서 각각의 중요한 사람들과 상호작용 패턴을 만들어 왔다. 이 패턴이 어떤 영역에서는 경쟁적 대칭관계이고, 다른 영역에서는 복종적 대칭관계이며, 또 다른 영역에서는 보완적 관계이다. 동일한 인물과 다양한 관계 형태를 맺을 수도 있다. 예를 들어, 필자가 아내와 새로운 레스토랑을 찾아보려고 할 때는 경쟁적 대칭관계이지만, 정원 손질에서는 복종적 대칭관계로서 우리들 중 누구도 정원 손질에 재주가 없고 상대방이 해 주기를 바란다. 그렇지만 휴가를 계획할 때는 보완적 관계가 되는데, 아내는 별로 상관을 하지 않고 필자는 휴가 계획을 짜는 것을 좋아하기 때문이다.

연습 1-3

당신이 맺고 있는 세 사람과의 각 관계에 대해 생각해 보시오. 각각의 사람에 대해 당신이 맺고 있는 경쟁적 대칭관계의 한 가지 영역, 복종적 대칭관계를 맺고 있는 한 가지 영역, 보완적 관계를 맺고 있는 한 가지 영역에 대해 이야기해 보시오.

치료는 내담자가 패턴의 중단에 개입하도록 돕는 것이기 때문에 '그 패턴이 무엇이고, 그 패턴을 어떻게 중단하는가'라는 질문을 하게 된다. 여기서는 그 질문에 대한 답을 하지 않을 것이며, 그 답은 이론적 지향을 기초로 하므로 제3부에서 다룰 것이다. 하지만 가족의 패턴(가족이 유지하기를 원하는 패턴과 바꾸기를 원하는 패턴 모두)에 주의를 기울이는 동안에 치료사는 가족과 함께 하나의 치료체계 패턴을 발전시켰음을 기억하자. 그러나 치료가 진전이 없고 정체되어 보이면, 패턴 중단이라는 개념을 사용하여 치료사와 내담자가 서로 어떻게 개입하고 있는지 살펴보고, 또 치료사는 패턴을 어떻게 변화시킬 수 있는지 살펴볼 수 있다.

우리의 목표(치료사의 목표와 내담자의 목표)에 도달하기 위해 어떤 경로를 취할 것인지 잘 모를 수 있지만, 그 목표에 도달하는 데는 여러 길이 있음은 잘 알고 있다. 동일결과성은 동일한 지점에 이르는 데는 여러 경로가 있음을 나타낸다([그림 1-7] 참조). 내담자가 어떤 일을 변화시키기 위한 경로가 X만 있다고 할 때, 그 내담자의 신념을 허물어 줄 필요가 있다. X는 내담자가 원하는 변화를 향해 갈 수 있는 하나의 가능한 경로일 뿐이며, C, G, M, P와 U도 가능한 경로일 수 있다.

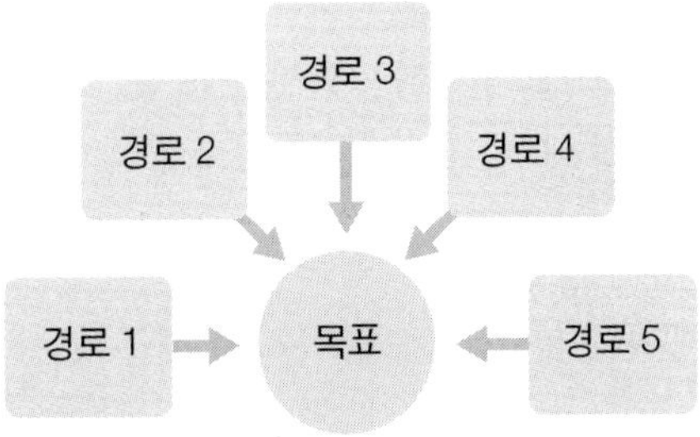

[그림 1-7] 동일결과성

스포츠 팬들에게 야구를 예로 들어서 동일결과성을 설명할 수 있다. 다음의 질문에 답하기 바란다. 공격 선수가 1루를 밟는 방법은 얼마나 많은가? 답을 하기 전에, 이와 관련된 다른 질문을 할 수 있다. 가던 길에 갈림길이 있을 때, 당신은 어떤 경로를 택하는가? 답은 둘 다 가능하다는 것이다.

야구 질문에 대한 답을 하였는가? 답은 다음과 같은 여섯 가지이다. ① 타자가 볼을 친다(그리고 안타, 수비 에러, 외야수의 선택, 혹은 거의 없지만 외야수의 방해), ② 걸어간다, ③ 데드볼(몸에 맞는 볼), ④ 낫아웃(스트라이크 아웃이지만 볼을 잡기 전에 볼이 땅에 닿고 타자가 잡히지 않고 1루까지 진출함), ⑤ 대주자, ⑥ 포수의 방해

연습 1-4

다음의 시나리오에서 목표에 도달하기 위해 가능한 세 가지 경로를 말하시오.

1. 누군가와 데이트를 하고 싶음
2. 부부 중 한 사람이 평상시보다 더 일찍 잠자고 싶음
3. 가족 휴가 장소 결정
4. 휴일에 가족 외식을 계획함
5. 식구들이 집을 청소하게 함

추가 질문

1. 가족에 대해 체계이론 시각을 가지게 되면, 가족치료사로서의 역할을 보는 방식이 어떻게 바뀝니까?
2. 관계 패턴이 가족에 미치는 영향은 무엇입니까? 가족과 치료사 간의 관계에는?
3. 가족규칙은 가족 기능과 조직의 패턴에 어떤 영향을 미칩니까?
4. 어떻게 해서 보완성의 개념은 대인 간 상호교류에 초점을 두도록 합니까?

제2장

치료사 자신

이 장은 모든 심리치료에서 가장 중요한 도구인 치료사에 초점을 둔다. 치료사가 어떤 사람인가는 치료에서 무엇이 일어나는가에 있어서 중요한 역할을 한다. 왜냐하면 치료사가 누구인가는 치료적 동맹이 발전되고 이론적 모델이 전달되는 매개체이기 때문이다. 이 장은 치료사 자신에 관한 몇 가지 이슈를 살펴보고, 치료사가 상담실의 안과 밖에서 자신에 대해 더 잘 자각하도록 돕기 위해 자기성찰을 할 수 있는 기회를 제공한다. 치료사가 자신을 아는 것은 다른 사람들과 연결되고 다른 사람들을 아는 데 도움이 된다. Mearns와 Cooper는 다음과 같이 말했다.

> 우리 자신의 존재감에 지극히 중요한 우리 자신의 차원에 가까워질 수 있다면, 우리는 내담자를 만나고자 하는 적절한 수준의 깊이에 있는 것이다. 우리는 내담자들을 그들의 깊이에서 만나기 위해 우리 자신의 '깊이'로 들어간다.
>
> (Mearns & Cooper, 2005, p. 137)

타인 돌봄

치료사가 치료 분야에 입문한 주요 이유에 대한 질문을 받을 때, 대부분은 타인을 돌보고 싶고 사람들을 돕고 싶기 때문이라고 말한다. 이것은 여러 면에서 치료사가 되는 훌륭한 이유이다. 또한 치료사가 자기돌봄을 어떻게 조절하는지 모르면 문제가 될 수 있다.

돌봄(caring)은 외적이자 내적 과정이다. 외적으로 내담자는 치료사의 돌봄을 경험해야 하는데, 이는 치료관계의 기초가 되며 내담자의 긍정적 변화의 가장 필수적인 측면 중 하나이다(Lambert, 1992). 내적으로 치료사는 타인을 진심으로 돌봐야 한다. 이것이 바로 Rogers(1989)가 무조건적인 긍정적 존중이라고 불렀던 것이다. 그러한 존중이 치료사 자신의 기본적인 인성의 일부일 때, 치료사는 타인에 대한 존중을 실행하기만 하면 된다(Rogers, 1965).

많은 사람이 가족치료사가 되기를 원하는 또 다른 이유는 아동기에 어려움을 경험했고, 또 가족이 개인에게 미쳤던 영향을 이해하기 때문이라고 답한다. 그들 혹은 가족이 치료를 받은 적이 있고, 치료가 도움이 되었음을 알았기 때문일 수도 있다. 필요한 도움을 받지 못했던 사람들의 경우, 과거의 트라우마를 극복하는 데 도움을 받기 위해 가족치료 분야로 들어갔을 수도 있다. 이렇게 상처받은 치유자라는 측면은 대개 개인적으로 상처가 있는 것과 타인에게 도움이 되고 싶은 사람으로 자신을 보는 것의 조합이다(Crago, 2003).

대부분의 치료사는 돌봄을 좋은 치료사의 일차적인 특성으로 보며, 한편으로 돌봄을 너무 과하게 해서 사고하고 목적의식을 갖는 능력을 흐리게 할 때 돌봄은 문제가 될 수 있다. 그보다도 치료사는 너무 많이 돌봐서 너무 많이 반응하기에 생기는 불편감을 줄이고자 한다. Reiter(2008)는 치료사들이 치료적 거리(내담자와 효과적으로 작업하기 위해서 내담자에 대한 돌봄과 또 너무 압도당하지 않기 위해서 거리를 둘 수 있는 능력 간의 균형)를 발전시킬 필요가 있다고 했다. 우리가 적절한 양의 치료적 거리를 활용하고 있는지 여부를 결정하는 한 가지 방법은 자기성찰을 하는 것이다.

자기성찰

많은 치료에서 치료사는 내담자가 자신에 대해 자각하도록, 좀 더 중요하게는 맥락 속의 자기에 대해 자각할 수 있도록 한다. 그때 치료사는 그 과정에 자신을 개입시킬 수 있어야 한다. 이렇게 자기성찰에 초점을 두는 것, 혹은 성찰(reflexivity)

은 치료사가 개인적 선택과 치료적 선택을 유익하게 하는 데 도움이 된다. Laitila와 Oranen(2013)은 성찰을 "전문가가 내적인 대화에서 자기 지식의 한계와 조건을 발견하고 인식하며 행동하게 만드는 전문가의 능력, 태도, 도구, 가능성"(pp. 599-600)으로 정의하였다.

성찰을 함으로써 치료사는 자기 자신, 자신의 치료 스타일, 내담자와의 상호작용에 대해 새롭게 이해할 수 있다. 그렇게 함으로써 치료사는 치료적 난관에서 빠져나올 수 있고, 내담자에게 더 나은 서비스를 제공할 수 있다. 성찰적이 됨으로써 치료사는 자신이 잘 사용하고 있는 기술과 능력을 수용할 수 있고, 향상이 필요한 기술과 능력을 인식할 수 있다. 가족치료사에게 도움이 되는 몇 가지 능력은 새로운 경험에 대한 개방성, 패턴을 만드는 능력, 사람들을 좋아함, 내적 통제력, 훌륭한 언어적 지능, 다중의 과업수행 능력, 대인관계의 융통성, 사회적 정의에의 초점, 책임감 있는 리더십(Crago, 2003) 등이다. 자기성찰의 중요한 부분은 치료사의 도덕성 및 가치와 조화를 이루는 것이다. 윤리강령과 이론적 성향과 슈퍼바이저들은 치료사가 상담실에 들어가는 순간에 자신의 도덕과 가치를 잊어버리라고 격려하는 경향이 있지만, 치료사가 '가치중립적인' 치료적 접근을 하는 것은 가능하지 않다(Durtschi & McClellan, 2010).

자기성찰은 치료사가 자신을 더 잘 알도록 돕는다. 나 자신이 누구인지에 대한 감을 잘 잡고 있다고 생각하지만, 사실 내가 누구인지 잘 알지 못하는 부분들이 있다. 자기 자각에 관한 한 가지 모델은 조하리의 창(Johari window, Luft & Ingham, 1955)인데, 이는 사람들이 자기 자신과 자신의 관계에 기초해서 자신이 누구인지에 대한 지식을 살펴보게 한다([그림 2-1] 참조). 이 그림에서 중앙 수직선의 왼쪽 부분은 자신이 아는 부분이고, 오른쪽 부분은 자신이 모르는 부분이다. 중앙선 위의 모든 부분은 타인이 아는 부분이고, 중앙선 아래의 모든 부분은 타인이 모르는 부분이다. 각 개인의 성찰 수준에 따라 박스가 더 커질 수도 있고 더 작아질 수도 있다. 예를 들어, 많은 사람에게 자기노출을 기꺼이 하고자 하는 사람은 숨겨진 자기 박스보다 열린 자기 박스가 훨씬 더 클 것이다. 비밀이 꽤 많고 자기성찰을 거의 하지 않는 사람은 가려서 보이지 않는 자기와 미지의 자기 박스가 더 클 것이다.

	자신이 아는 부분	자신이 모르는 부분
타인이 아는 부분	열린 자기	보이지 않는 자기
타인이 모르는 부분	숨겨진 자기	미지의 자기

[그림 2-1] 조하리의 창

(출처: Joseph Luft와 Harrington Ingham의 조하리의 창에서 인용)

연습 2-1

당신이 맺고 있는 관계 속의 여러 사람들과 이야기를 나누어 보시오. 그 사람들 각각이 당신을 어떻게 보는지, 특히 당신의 경향과 패턴을 어떻게 보는지에 관한 여러 측면에 대해 질문하시오. 당신의 열린 자기 박스를 더 크게 하고 또 숨겨진 자기 박스를 더 작게 하는 데 도움이 될 수 있는 당신에 관한 무엇을 그 사람들이 알고 있는지 살펴보시오.

가계도 작업

자기에 대해 더 많이 자각하기 위한 한 가지 방법은 자신의 원가족 탐색을 하는 것이다. 이는 가족나무를 그려 봄으로써 할 수 있다. 치료에서는 이를 가계도(genogram)라고 한다. 가계도가 Bowen의 자연체계이론 관점과 관련되는 경향이 있지만(제13장 참조), 어떤 모델이든 혹은 이론적 렌즈로서의 특정 모델 없이도 가계도를 사용할 수 있다. 가계도는 내담자가 문제를 더 큰 맥락에 놓고 보도록 돕기 위해서 내담자에 관한 정보를 수집하기 위한 접수면접에서 사용할 수도 있다. 하지만 가계도는 치료사가 내담자와 가족의 상호관계 내력을 탐색하기 위해 협력해서 작업할 때 가장 도움이 된다. 이 작업을 통해서 살펴보지 않았던 상호작용을 살펴볼 수 있게 된다.

가계도는 대개 적어도 가족의 3세대를 그린다. 목적에 따라서 가족원이 누구인지만을 보여 줄 수도 있지만, 인구학적 정보(즉, 연령, 성별, 거주지역, 인종, 문화, 성적 지향 등)도 포함할 수 있다. 가계도를 조금 더 복잡하게 작업하기 위해서는 신체적, 정서적, 정신의학적 질병 내력을 포함한다. 더 나아가 아마 가장 중요하게는 가족원 간의 주요 관계를 나타내는 기호인데, 누가 매우 가깝고, 누가 갈등이 있고, 또 누가 누구와 단절하는지의 기호이다([그림 2-2] 참조).

치료사는 이런 기호들을 모두 그려 넣어서 가족을 살펴볼 수 있다. 로인의 가족을 살펴보자([그림 2-3] 참조).

[그림 2-2] 가계도 기호

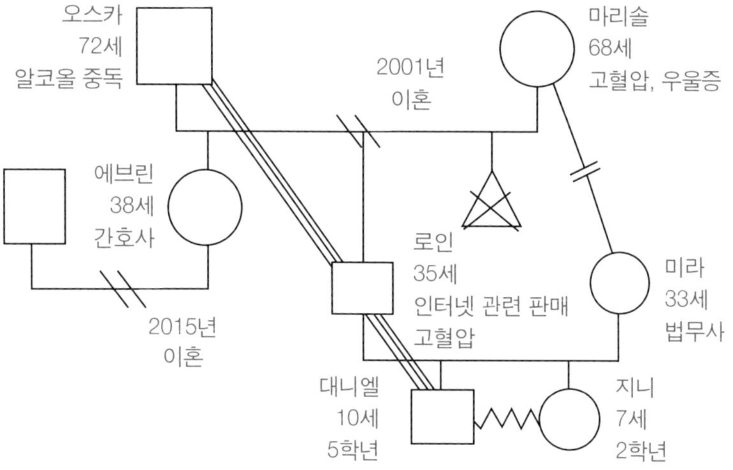

[그림 2-3] 3세대 가계도

로인은 35세의 남성으로 인터넷 판매 관련 일을 하며 고혈압이 있다. 그는 33세의 법무사인 미라와 결혼했다. 그들에게는 10세의 대니엘과 7세의 지니라는 두 아이가 있다. 아이들 간에 갈등이 있다. 로인은 아들과 지나치게 가까운 관계이다. 로인은 두 남매 중 막내이다. 누나인 에브린은 38세로 간호사이고 최근에 이혼했다. 누나에게는 자녀가 없다. 로인의 엄마는 사산을 했다. 로인의 부모인 오스카와 마리솔은 2001년에 이혼했다. 오스카는 72세로 알코올 중독자이다. 마리솔은 68세로 고혈압과 우울증이 있다. 로인은 아버지와 지나치게 가깝다. 그러나 마리솔과 미라는 단절해 있고 몇 달간 대화를 나눈 적이 없다.

이 가계도를 보고 당신이 알 수 있는 어떤 패턴이 있는지 살펴보자. 이 가족에서 남자들이 지나치게 가까운 것은 무엇을 말해 주는가? 이혼과 단절 등 분리를 하게 했던 가족과정은 무엇이라고 생각하는가? 고혈압 같은 신체적 질병은 유전적으로 혹은 가족의 정서체계를 기초로 해서 어떻게 전수될 수 있는가? 가계도를 살펴볼 때 어떤 다른 가설이 떠오르는가? 당신이 이 가족의 과정을 더 잘 이해할 수 있기 위해 로인과 가족에 대해 어떤 정보를 더 알고 싶은가?

치료사는 일반적인 가계도를 확장하여 문화적(Hardy & Laszloffy, 1995) 혹은 다문화적 가계도(Thomas, 2010)를 공동으로 만들 수도 있다. 문화적 가계도는 전통적인 가계도의 모든 정보를 활용하지만 내담자의 세계관 및 그와 관련된 문화적 요인에 대한 탐색을 포함한다. 문화적 가계도는 문화가 내담자들에게, 또 그들의 가치와 인식에 미쳤던 영향을 살펴봄으로써 내담자가 자신의 문화적 정체성을 자각하도록 돕는 수단이다.

연습 2-2

적어도 3세대를 포함하는 자신의 가계도를 그려 보시오. 만일 자녀가 있다면 4세대 가계도를 그리시오. 연령, 성별, 질병, 정신건강 등과 같은 인구학적 변인들을 포함하고, 가족원 간 역동(즉, 단절, 과잉친밀 등), 민족과 문화 같은 측면을 포함하시오. 가계도를 다 그리면 어떤 패턴에 주목되는지 살펴보시오. 가족신념과 가치를 가계도에 포함시키고, 그것들이 가족 내에서 어떻게 전수되는지 그려 보시오. 가계도를 그리는 과정을 기초로 할 때 자신을 어떻게 다르게 이해할 수 있습니까? 치료사로서 자신의 가치는?

역전이

프로이트의 정신분석학은 심리치료 분야에 전이와 역전이의 개념을 소개하였다. 전이는 과거의 관계에서 해결되지 않았던 감정을 누군가 다른 사람에게 옮겨 놓는 것을 말한다. 하지만 그런 해결되지 않은 감정은 현재의 관계에 근거하는 것이 아니다. 본질적으로 해결되지 못했던 갈등이 현재에 작동하는 것이다. 정신분석에서 전이가 유용한 까닭은 내담자가 과거의 미해결된 이슈를 바탕으로 현재의 타인들과 관계를 맺고 있는 그 이유를 내담자가 통찰하도록 돕기 위해서 치료사가 그 과정을 분석할 수 있기 때문이다.

역전이는 내담자가 누구인지에 근거해서가 아니라 치료사가 일차 양육자와의 과거 경험을 내담자에게 전이시키는 과정을 통해서 내담자에게 반응할 때 발생한다. Kernberg(1965)는 이 개념을 확장하여 총체적 역전이의 개념을 소개하였다. 이렇게 더 폭넓은 시각은 내담자에 대한 치료사의 총체적인 정서적 반응에 초점을 두었다. 대개 역전이는 내담자가 아니라 치료사의 이슈에 초점을 두기 때문에 치료를 위해 쓸모가 없다. 현시대에서 역전이의 개념은 프로이트의 고전적인 정의에서 멀어져서 훨씬 일반적으로 쓰이게 되었고, Kernberg의 관점을 취하게 되었다. 오늘날 역전이는 치료사가 내담자에게 하는 특정 반응을 서술하기 위해 사용될 수 있다. 이는 내담자에게 매력을 느끼거나 관심이 없어지거나 혹은 내담자와 관계를 잘 맺지 못하는 형태로 나타날 수 있다. 이것은 과거의 해결되지 못한 갈등과 관련이 있을 수도 있고 없을 수도 있다.

치료사가 내담자에 대한 자신의 내적 반응에 주의를 기울이는 데는 몇 가지 중요한 이유가 있다. 치료사가 자신이 무엇을 경험하는지 자각하지 못하면 치료적이지 못한 방식으로 내담자에게 반응할 수 있다. 더욱이 치료사의 이러한 내적 반응이 내담자에게 비언어적으로 전달될 수 있고, 그러면 내담자는 치료사의 관심을 못 받게 될 수도 있다. 치료사가 내담자를 어떻게 경험하는지를 자각하는 것의 또 하나의 중요한 측면은 이것이 내담자의 사회적 세계에 있는 다른 사람들과 유사할 수 있다는 점이다. 예를 들어, 만일 치료사가 내담자를 신경에 거슬리는 성격의 사람으로 경험하고 그래서 내담자에게 방어적이면, 다른 사람들도 마찬가지일 수 있다. 그러면 이것은 회기 중에 논의될 자료로 사용될 수 있다.

치료사: 실비아 씨, 지금 제가 무엇을 경험하고 있는지에 대한 이야기를 나누고 싶어요. 제가 당신과 관계를 맺으려고 할 때, 당신의 반응이 제 신경을 건드리는군요. 그래서 제 자신을 방어해야 하는군요. 그럴 수밖에 없지요. 그러나 다른 사람들도 당신에게 이런 점을 똑같이 경험한 적이 있는지 궁금합니다. 당신도 자신이 바라는 만큼 다른 사람들과 관계를 맺을 수가 없다고 말씀하셨지요. 이 점에 대해 어떻게 생각하세요?

치료사는 역전이를 몇 가지 방식으로 다룰 수 있다. 치료사는 자신의 개인적인 반응이 치료 회기에서 어떻게 나타나는지 살펴보기 위해 슈퍼바이저의 도움을 받을 수 있다. 치료사는 또한 동료들에게 자문하여 역전이 예방 방법에 대한 이야기를 나눌 수 있고 혹은 자기 슈퍼비전을 할 수도 있다. Taibbi(2007)는 자기 슈퍼비전(자기성찰 과정과 자기 작업의 패턴을 추적하기)은 창의성을 증가시키고 역전이를 줄이는 데 도움이 될 수 있다고 하였다.

연습 2-3

다음의 질문에 대해 당신의 개인적인 반응을 나누어 보시오.

1. 당신과 매우 다른 사람과 작업하는 것이 얼만큼 편안합니까? 당신이 새롭고 낯선 상황에 있을 때 주로 어떻게 반응합니까?
2. 당신은 상이한 수준의 권위를 가진 사람에게 어떻게 반응하는 경향이 있습니까? 누군가가 당신보다 더 낮은, 더 높은, 혹은 동일한 권위를 가지고 있을 때, 당신은 어떻게 기능을 합니까? 더 잘합니까?
3. 당신은 어떤 성별에 더 잘 반응하는 경향이 있습니까? 당신의 인생에서 같은 성별의 누군가에게 처음으로 부정적인 반응을 했던 어떤 상황이 있다면, 그것은 언제입니까? 반대 성

별에 대해서는요?

4. 당신의 삶에서 누군가가 매우 감정적이었을 때 당신은 어떠했습니까? 감정적이지 않았을 때는요?

5. 당신을 건드릴 수 있는 감정 단추는 무엇입니까? 이런 단추를 가장 잘 누르는 사람은 누구입니까? 당신의 뜨거운 감정 단추가 눌러졌을 때, 당신이 대처하기 위해 사용하는 전략은 무엇입니까?

마음챙김

치료에서 가장 의미 있는 트렌드 중의 하나는 마음챙김이다. Boyd-Franklin과 동료들(2013)은 마음챙김(mindfulness)에 대해 "이 관점에 의한 임상 작업은 감정을 없애려고 시도하는 것이 아니다. 이는 사람들이 자신의 생각, 감정, 내적 평가 전체와 더 융통성 있고 더 건강한 관계를 발전시키도록 돕는 것에 관한 것이다."(p. 141)라고 하였다. 최근 치료사들은 부부와 가족이 자신들의 목표를 달성하도록 돕기 위해서 마음챙김을 어떻게 활용할 수 있는지에 수많은 초점을 두었다(Atkinson, 2013; Gehart, 2012; Siegel, 2014 참조).

당신은 한 개인으로서 그리고 치료사로서 도움을 받기 위해서 마음챙김을 활용할 수 있다. 우리가 답해야 하는 첫 번째 질문은 마음챙김을 하는 것이 당신에게 가치가 있는가이다. Gehart(2012, p. 212)는 전문가로서의 삶과 개인으로서의 삶에 마음챙김이 주는 직접적인 이점을 다음과 같이 말했다.

- 치료 참석과 내담자를 위해 '바로 거기에 있음'의 느낌을 더 강하게 가짐
- 더욱 진실되고 효과적인 치료관계
- 인간의 마음이 어떻게 작용하는지에 대한 이해를 더 잘하게 됨
- 인간의 조건에 대해 더 잘 수용하고 동정심을 갖게 됨
- 내담자의 문제와 내담자와의 관계에서 자기자각을 더 잘하게 됨

- 내담자에 대한 공감과 수용 능력이 높아짐
- 치료 회기에 초점을 맞출 수 있는 능력이 높아짐
- 전문 지식에 접근하고 활용할 수 있는 능력이 향상됨
- 치료 회기 사이에 그리고/혹은 치료작업 전이나 후에 '재부팅'하는 방법을 갖게 됨
- 소진이 감소됨

개인적인 삶에서의 이점은 다음과 같다.

- 전반적인 안녕감이 향상됨
- 신속히 자신을 가라앉히고 진정시키는 능력이 높아짐
- 자기자각, 자기수용, 자기연민이 높아짐
- 개인적인 관계에서 친밀감과 동정심이 증가함
- 신체적 · 심리적 건강이 향상됨
- 스트레스가 감소됨
- 잠을 더 잘 잠

대부분의 마음챙김 프로그램은 어떤 형태로든 명상을 포함한다. 명상을 하는 방법은 매우 다양하고 많다. 당신에게 가장 잘 맞는 명상 방법을 찾는 것이 중요하다.

연습 2-4

아직 준비가 되지 않았다면, 일주일 동안 매일 15분씩 어떤 형태로든 명상을 하시오. 명상을 위해 도움이 필요할 때 온라인에 접속하면, 배울 수 있는 데모와 지침이 많이 있습니다. 그 주 동안 자신에 대한 경험이 어떻게 다른지 주의를 기울이시오.

치료사 자신

사람들은 관계 안에서 사회적으로 구성된다(Gergen, 1991, 1994). 우리의 정체성은 확실하고 고정된 실체가 아니라 다른 사람들과의 관계를 통해 형성된다. 이러한 정체성은 우리 자신의 자기 이야기가 되며, 우리가 세상과 접촉하는 방법을 안내해 준다. 말하자면, 이는 우리가 타인과 자신을 보는 렌즈가 된다.

그러나 치료사의 정체성은 다면적인데, 치료사는 한 개인(상담실 밖에서 그는 누구인가)이자 치료사(상담실 안에서 그는 누구인가)이다. 이는 정체성이 고정된 자기가 아니라 유동적이고 계속 변화한다는 것을 말한다.

치료사는 자신의 다양한 자기에 대해 자각하고 있어야 한다. 이것이 일어나는 한 가지 방식은 내담자와의 작업에서 사용하는 자신의 치료양식과의 관계에 있다. 치료사는 자신을 '가족치료사' '임상심리사' 혹은 '정신건강상담사'로 구분 지을 수 있다. 이런 각각의 정체성에 따라 치료사가 무엇에 주의를 기울이고 자신을 어떻게 생각하는지에 관한 패러다임이 달라진다.

많은 경우, 초보 치료사는 한 가지 치료모델(제3부 참조)을 한시바삐 선택하고자 하는 경향이 있다. 자신이 관계하는 모델은 치료사의 자아감에 영향을 미친다(Boston, 2007). 치료사라는 사람과 치료모델 간의 관계는 단순한 임의적인 결합이 아니다. Simon(2003)은 치료사가 자신의 가치관에 대해 자기성찰을 할 것을 권했는데, 다양한 가족치료모델에는 다양한 가치가 포함되어 있기 때문이다. 가령, 그러한 가치란 개인 대 집단, 자유의 쟁취 대 자유의 추구, 선 대 악, 정신 대 신체, 존재 대 성취에서의 입장에 따라 다르다. Simon은 치료사가 자신의 신념과 가치에 대해 잘 이해하고 있으면 자신에게 잘 맞는 모델을 더 잘 채택할 수 있다고 하였다. 그렇게 되면 치료사와 모델 간에 동시성이 일어나고, 치료사는 자신이 누구이고 자신이 어떤 신념을 갖고 있는지와 일치하지 않는 모델에서 작업하지 않게 된다.

거장(巨匠)의 메시지
Jeffrey Kottler & Jon Carlson

최근에 우리 분야가 치료의 '행함'을 훨씬 많이 강조하여 왔다는 점이 드러나 홍미롭다. 매뉴얼화된 치료, 단기치료, 경험적 근거가 있는 치료가 주목을 받으면서, 특정 기법, 접근, 개입이 표준화되고 있고 구성요소로 분해되는 시대로 이동하였다. 점점 더 많이 치료사들은 다른 사람들을 돕는 기술과 전략을 배우고 있으며, 이는 신뢰성, 책무성, 성과의 측정에 초점을 둔다. 이러한 점들이 이 분야에 많은 공헌을 하였지만, 그 과정에서 자주 놓치는 것은 치료관계가 확실히 인간적 관계라는 특성을 무시하는 것이다. 치료의 대가(大家)는 사람들을 도와주는 노력을 경주하기 위해 단순한 기법 사용을 넘어서 개인적인 특성을 사용할 수 있는 능력이 있다는 점에서 분명한 차이가 있다. 사실 그것은 흔히 치료사로서 당신은 누구이며 치료사 자신을 어떻게 내보이는가 하는 것으로서 특정한 치료적 기법만큼 중요하다.

(Kottler & Carlson, 2014, p. 167)

소진

어떤 다른 직업과 마찬가지로 심리치료도 스트레스가 많은 직업이다. 겉보기에도 많은 사람이 치료사에게 문제에 대해 말하러 간다. 예를 들어, 하루에 치료사는 외도 문제가 있는 부부, 행동 문제가 있는 자녀의 가족, 이혼 후에 불행해진 여성, 자살 사고를 하는 십대, 서로 사랑한다는 느낌이 없는 커플과 작업할 수 있다. 치료사가 내담자의 문제뿐만 아니라 자신의 문제에 고착될 때 소진을 경험할 수 있다.

소진은 사람들이 오랫동안 스트레스에 노출되었는데도 그러한 감정을 다루지 않을 때 흔히 일어나는 정서적인 고갈상태이다. Boyd-Franklin과 동료들(2013)은 "소진은 정신건강전문가들이 마주하는 이슈 가운데 심신을 가장 취약하게 하는 이슈이자 장기적인 이슈"(p. 311)라고 하였다.

치료사가 소진에 특히 취약한 한 가지 이유는 연민 피로다. 연민 피로는 치료사가 자신의 내담자를 과하게 돌본 나머지 내담자의 고통을 일정 부분 내면화할 때 일어난다. 이런 일은 치료사가 지지체계를 통해 되돌려받지 못한 채 타인이 필요로 하는 곳에 에너지를 쏟아부을 때 일어나는 경향이 있다. 연민 피로는 치료관계에서 정서적 고갈, 비인간화, 존중감 상실, 불평등감으로 이어질 수 있고, 이는 윤리적이고 임상적인 이슈를 시사할 수 있다(Negash & Sahin, 2011).

소진을 경험하는 치료사는 내담자에게 공감하고 개입하고 기운을 북돋아 줄 수 있는 능력이 줄어들기 때문에 효과성이 감소하는 경향이 있다. 치료 밖에서 적당한 응원과 보살핌을 받지 못하면, 치료사의 소진은 자신의 비치료적 · 치료적 역할에 속한 사람들에게 부정적인 영향을 미칠 수 있다.

소진이 가족치료사에게 문제가 될 수 있고, 한편으로 가족에게도 역시 문제가 될 수 있다. Taibbi(2007)는 치료 시 가족이 소진될 수 있다고 하였고, 이때 치료사가 회기의 간격을 늘리든가 가족을 위해 치료를 일시 중단하는 것이 좋다고 하였다. 이런 식으로 하면, 가족은 치료에 의존하기보다 치료에서 일어났던 것을 실생활에 천천히 적용해 갈 수 있고, 치료에서 배웠던 기술을 실습할 수 있고, 자신의 삶을 살면서 능동적 주체성을 가질 수 있다. 치료사도 이와 똑같은 과정을 거칠 수 있다.

소진을 피하는 한 가지 방식은 치료사가 자기돌봄을 하는 것이다.

치료사의 자기돌봄

앞 단락은 치료사의 자기돌봄으로 끝을 맺었는데, 이는 치료사가 치료 회기에 있지 않는 동안에 자신을 돌보는 방식으로 생활을 해서 상담실에서 더욱 효과적일 수 있고, 상담실 밖에서 풍부한 삶을 살아갈 수 있음을 말한다. Boyd-Franklin과 동료들(2013)은 치료사가 자신을 돌보기 위해 할 수 있는 여러 가지 활동을 다음과 같이 제시하였다.

- 일과 가정생활의 경계를 확실히 하기

- 휴식, 명상, 자기돌봄
- 친밀한 관계, 가족 및 친구와 사교활동, 사회적 지지
- 신체적 활동
- 자신을 신체적으로 돌보기
- 약물과 알코올 사용 및 오용을 피하기
- 재미있는 활동하기
- 정기적인 휴가와 휴일, 주말 비워 두기

연습 2-5

다음에 자기돌봄의 각 영역에 있어서 자신에게 초점을 두고 할 수 있는 여러 방법을 열거해 보시오.

1. 가정과 일 사이의 경계
2. 휴식과 명상
3. 사교생활
4. 신체 활동
5. 신체 돌봄
6. 잠재적 문제 피하기
7. 재미
8. 시간 비워 두기
9. 자신의 배터리를 충전하기
10. '나만의' 시간

치료사는 긍정적인 자기 대화를 할 수 있다. "자기 대화는 의식 혹은 준의식 수준에서 하는 거의 끊임없는 내적 독백이다"(Corey & Corey, 2016, pp. 374–375). 자기 대화가 부정적일수록 자신에 대해 더 나쁘게 느낀다. 이런 감정은 상담실 안의 작업에 흘러들어 갈 뿐 아니라 삶의 다른 영역에까지 파고든다. 그래서 자기 대화를 어떻게 관리할지를 배울 필요가 있다. Corey와 Corey는 치료사가 자기 대화를 인식하기를

배우고, 자신의 패턴(즉, 자기 대화가 주로 부정적인가 아니면 긍정적인가 하는 것)을 공부하고 그러한 패턴을 수정하고 새로운 기술을 연습하고 적용하며 또 그것을 평가하기를 권하였다.

추가 질문

1. 당신은 치료사로서의 자기 자신을 어떻게 알고 있습니까? 당신의 비치료 정체성이 어떤 방식으로 가족치료사 정체성에 영향을 미칩니까?
2. 가족치료사는 이론적 모델 이외에 무엇을 치료 회기에 가져옵니까?
3. 치료 이외의 어떤 분야가 당신이 가족치료사가 되는 데 도움이 될 수 있습니까?

제3장
내담자

이 책에서 쓰인 '내담자'라는 단어는 치료사가 특정 순간에 작업하고 있는 사람이면 누구든 해당한다. 개인일 수도 있고 커플이나 부부일 수도 있으며 가족일 수도 있다. 제1장에서 논의했듯이, 가족치료사의 사고방식은 관계에 초점을 둔다. 체계의 한 부분의 변화는 체계 수준의 변화를 가져온다는 점을 놓고 볼 때, 치료사는 단 한 사람만 있어도 체계적으로(관계적으로) 작업할 수 있다. 이 장에서는 치료사가 작업하는 사람들의 여러 면에 대해 살펴본다. 말하자면, 내담자의 치료 동기, 변화에 대한 사고, 자기 경험에 대한 전문가라는 면에 대해 살펴본다.

환자 대 내담자

심리치료의 역사는 의사 훈련을 받았던 치료사들로 넘쳐 난다. 현재는 관리의료와 보험회사가 의료 관점에서 기능하고 있다. 의료 모델에서 쓰였던 용어를 보면 치료에 오는 사람을 전통적으로 '환자'라고 불렀다. 이는 가족치료가 탄생하고 심리치료사들이 조현병, 주요우울증, 경계선 장애 등의 진단을 받은 사람들과 병원에서 작업하는 경향이 있던 1950년대에는 특히 더 그랬다.

오늘날 사람들이 치료에 오는 이유와 치료 서비스가 제공되는 맥락은 아주 다양하다. 현대의 가족치료사들은 자신들이 만나는 사람들을 '내담자' 혹은 '고객'이라고 부르는 경향이 있다. 치료의 이유는 정신장애뿐만 아니라 부모–자녀 간의 불화, 부부갈등, 재혼적응 같은 대인관계 문제를 포함할 정도로 폭넓어졌다.

가족치료사를 찾는 사람들을 부르는 용어의 차이가 중요하지 않을 수도 있지만, 사실은 매우 큰 비중을 차지한다. 환자는 자신에게 무언가를 해 달라고 전문가를 찾아야 하는 사람이라고 할 수 있다. 환자는 어떤 식으로든 아픈 사람이라고 할 수 있다. 그런데 이렇게 보는 것이 가족치료에서는 문제가 되는데, 왜냐하면 가족치료사들은 문제를 개인내적이라기보다 대인관계 문제로 보기 때문이다. 반대로 내담자는 치료 서비스를 찾아가는 사람이며, 그 서비스는 그들과 함께 이루어진다. 내담자는 도움이 필요하지만 자신의 목표달성에 도움이 되는 능력을 많이 가지고 있을 것이다.

확인된 환자

대개 가족은 주로 한 사람에게 집중된 걱정거리를 가지고 치료에 온다. 가족치료 용어로 이 사람을 확인된 환자(identified patient: IP)라고 한다. IP는 가족의 증상 보유자이다. 가족 내 모든 사람이 어떤 형태의 어려움이든 가지고 있을 수 있지만, 대개 한 사람이 주요 문제를 보인다. Minuchin과 동료들(2014)은 이러한 변증법을 다음과 같이 서술하였다.

> 가족은 매우 개인주의적인 관점을 취한다. 가족 안에서 단 한 사람만 마음을 가다듬고 더 이상 문제행동을 하지 않으면, 가족의 모든 일이 괜찮을 것이라고 생각한다. 그러나 가족치료사의 관점은 아주 다르다. 행동에는 맥락이 있으며, 개인이 보이는 어떤 증상이든 그가 살고 있는 가족관계와 밀접한 연관이 있다고 이해한다.
>
> (Minuchin et al., 2014, p. 11)

그래서 가족치료사는 IP를 한 개인으로 보는 관점에서 관계를 맺고 있는 사람으로 보는 관점으로 바꾼다([그림 3-1] 참조).

[그림 3-1] 개인내적 문제에서 대인관계 문제로 전환하기

IP에 초점을 두는 것은 가족이 치료비용을 지불하기 위해 보험회사나 관리의료를 이용할 때 더 심각해진다. 제3자 지불은 대개 치료를 받는 사람에 대해 진단할 것을 요구한다. 이는 문제가 사람들 간의 상호작용에 있기보다는 개인 안에 있는 것으로 보게 한다. 개인이 진단을 받으면, 다른 가족원은 "우리가 여기 온 이유는 (한 가족원)이 (진단)을 받았기 때문이다. 즉, 우리가 여기 온 까닭은 그 사람을 돕기 위해서이지, 우리가 뭔가를 잘못하기 때문은 아니다."라고 말할 것이다. 치료사는 가족의 이러한 요청을 무심코 받아들일 수 있는데, 부모가 자녀를 치료에 데려올 때 특히 그렇다. 다음에서 치료사가 한 말을 읽어 보고, 어떤 메시지를 보내는 것인지 살펴보기 바란다.

치료사: 마라야, 우리가 여기 있는 것은 부모님이 너를 몹시 걱정하기 때문이야. 부모님은 네가 항상 화를 내고 학교에서 잘 지내지 못한다고 걱정을 많이 하신단다. 우리 모두 너에게 도움이 되는 방법을 찾아보려고 한단다.

딸인 마라에게 확실히 문제가 있어서 도움이 필요한 사람이라는 꼬리표를 붙였다. 부모가 상담실에 온 것은 딸에게 문제가 있고, 자기들은 딸을 의료 전문가에게 데리고 간 훌륭한 부모이기 때문이다. 이 경우 변화되어야 할 유일한 사람은 마라일 것이기 때문에 이 가족에게 도움이 되는 여러 형태의 대안이 제한된다. 이러한 딜레마에서 빠져나가는 방식은 증상을 해체하는 것이다.

가족치료사들은 대부분 증상을 해체하고자 노력하는데, 이때 치료사는 IP에 초점을 두는 대신 가족 상호작용에 초점을 둔다. 개인의 행동을 그 사람이 속한 맥락 안에서 보는 것이 가족치료의 핵심이다. 그래서 한 여성의 두통은 폭력적인 남편과 통제가 어려운 자녀가 있는 가족의 임무를 피하기 위한 하나의 방법일 수 있다. 혹은 불행한 결혼생활을 지속하는 남편은 이혼에 수용적이지 않은 문화적 맥락에서 기능하는 것으로 이해할 수 있다.

모든 가족치료사가 IP의 증상이 가족의 역동과 직접적으로 연관된다고 생각하지는 않지만, IP는 여전히 관계망에 속한 사람들에게 영향을 주고받는다. 암 진단을 받은 사람은 중요한 타인과 어떠한 관계를 맺고 있는가에 따라 정서적·심리적으로 다른 기분을 느낄 것이다. 더욱이 중요한 타인도 암에 걸린 사람과의 관계에 의해 영향을 받는다.

가족 내 누가 IP인가를 아는 것은 많은 방식에서 중요하다. 그 사람은 부정적인 말과 반응을 경험했을 가능성이 가장 큰 사람이다. 이 사람은 가족 내 그 어떤 가족원보다 자신이 법원, 병원, 치료시설 같은 더 넓은 체계와 관계를 맺고 있다고 인식하고 있을 것이다. 그는 '아픈' 사람으로서의 정체성을 이미 가지게 되었을 수도 있다. 이런 정체성은 자기 자신이 인정했을 뿐 아니라 가족의 안과 밖에 있는 사람들에 의해서도 인정되었을 것이다.

IP는 치료 회기 동안 두 가지 서로 다른 입장 중 하나를 취할 수 있다. 첫 번째 입장은 IP라는 꼬리표에 반대하는 것이며, 두 번째 입장은 그런 꼬리표를 받아들이는 것이다. IP라는 꼬리표를 받아들이지 못하는 것은 걱정을 하는 가족원과 대칭관계에 있는 경향이 있다. 이러한 의견의 불일치는 사람들 간에 거리를 더 넓혀서 가족원 간에 더 큰 문제를 일으킨다.

아버지: 아들 에반이 통제하기가 어려워서 우리가 상담에 왔어요.

에 반: 저, 안 그렇거든요. 말도 안 돼요.

아버지: 에반이 학교에서 여러 번 정학처분을 받았어요. 아이가 심한 거짓말쟁이에요.

에 반: 오늘 우리가 어디 가는지에 대해 거짓말한 사람이 저예요? 아니죠. 아버지가 거짓말을 했잖아요. 외식하러 간다고 하고, 여기 데리고 왔잖아요.

가족이 IP라는 꼬리표를 붙이는 데 반대하는 IP와 함께 치료에 올 때, 가족은 대개 치료사가 판단하는 입장에서 IP가 문제가 있는 데 대해 IP 스스로 죄책감을 느끼게 해 달라고 요청한다.

앞의 상황은 가족의 안과 밖에서 가족갈등으로 이어지지만, IP가 그 꼬리표를 받아들이면 누구도 그 사람이 문제가 있다는 데 대해 논쟁하지 않기 때문에 더욱 조화로운 분위기를 느낄 수 있다. 그러나 두 경우 모두 가족치료사는 IP를 어떻게 탈중심화할 것인지 곰곰이 생각해 봐야 한다.

다음의 대화는 가족 모두 누가 문제인지에 대해 의견이 일치할 때, 치료사가 가족에게 어떻게 도전할 수 있는지를 보여 준다.

아버지: 아들 에반이 통제하기가 어려워서 우리가 여기 왔어요.

치료사: 그러시군요. 아버지가 통제하기 어렵다고 보는 방식으로 아드님이 행동하는군요. 그것이 아버님에게 어떤 영향을 미치는가요?

에 반: 왜 그걸 아버지에게 질문하세요? 우리가 여기 온 것은 저 때문이에요. 오늘 여기 온 것은 저 때문이라구요.

치료사: 에반아, 나는 네 생각과 다르구나. 나는 가족 모두에게 관심이 있어. 모든 사람이 관련된 이슈는 가족이거든.

무엇이(즉, 누가) 문제인가에 대한 가족의 확신에 도전할 수 있는 가족치료사의 능력은 가족치료의 최고의 기예(技藝)이다(Minuchin et al., 2014).

치료사-내담자 관계 형태

치료사와 내담자의 관계에 대해 생각해 볼 수 있는 방법이 많이 있다. 치료사는 모든 내담자와 똑같은 관계를 맺을 수가 없다. 한 가족과의 관계에서도 치료사는 각 구성원과 다르게 상호작용한다. 치료사가 내담자와 어떤 형태의 관계를 맺는가를 평가하는 것은 중요하다. 이는 치료사가 치료 회기에서 어떤 경로로 갈 것이고 어느 지점에서부터 갈 것인지를 알려 주기 때문이다. 이 단락에서는 해결중심 단기치료(제17장 참조)의 실천가들이 발전시킨 유형을 소개한다. 이들은 내담자-치료사 관계 유형을 방문형, 불평형, 고객형으로 분류하였다(Berg, 1994).

방문형 관계는 내담자가 변화할 이유를 보지 못하고 뭔가 다르게 해야 할 이유가 있다고 생각하지 않을 때 일어난다. 이런 사람들은 대개 누군가의 요청에 의해 치료에 온다. 예를 들어, 아내가 남편에게 치료에 가 보라고 요구할 수 있고, 부모가 생각하기에 문제가 있는 자녀를 치료에 데리고 가기도 하며, 또 법원이 가정폭력 치료를 위해 누군가에게 치료 명령을 내릴 수도 있다. 방문형 내담자와 작업할 때 치료사는 천천히 진행해야 한다. 내담자는 자신이 변화할 필요가 없다고 생각하기 때문에 치료사는 내담자가 변화하도록 요구할 수가 없다. 대신 치료사는 다른 사람들이 그에게 한 요구를 들어주는 것이 얼마나 좌절이 되는지를 인정함으로써 내담자에게 합류할 수 있다. 또한 치료사는 방문형이 의뢰된 문제와는 별도로 자신이 중시하는 문제가 있는지 살펴볼 수 있다.

치료사: 주안 씨, 말씀을 들어보니 여기 오신 것은 부인이 보냈기 때문이군요. 부인이 원하는 것 외에 여기에 와서 좀 달라졌으면 하고 주안 씨가 바라는 것이 있을까요?

불평형 관계는 내담자가 문제는 인정하지만 누군가 다른 사람이 변화해야 한다고 믿는 경우에 일어난다. 이 경우는 방문형을 치료에 데리고 오는 사람일 수 있다. 예를 들어, 아내가 외도를 하여 뉘우쳐야 한다고 생각하여 부부치료에 오는 남편, '통제가 되지 않는' 자녀를 데리고 오는 부모가 불평형이다. 불평형과 작업할 때 치료사에게 좀 더 적합한 자세는 불평형이 불평하는 상황에 대해 생각해 보도록, 그래서 그 상황에서 그가 어떤 역할을 하는지 생각해 보도록 돕는 것이다. 이때 내담자는 자신이 다르게 할 수 있는 무언가가 있음을 관찰할 수 있다.

치료사: 부인, 남편이 욕을 할 때 부인은 어떻게 반응하시는지요?

고객형 관계는 내담자가 불평을 말하고 그 상황을 바로잡기 위해 개인적으로 기꺼이 변화하고자 할 때 일어난다. 이 경우 내담자가 상황을 더 좋게 만들려는 동기를 가지고 있으므로 이상적인 형태의 관계이다.

가족 내 구성원들은 다양한 관계 수준에 있을 수 있다. 한 배우자는 불평형이고, 다른 배우자는 고객형이며, 자녀는 방문형일 수 있다. 치료사는 방문형이 불평형/고객형이 될 수 있도록, 불평형이 고객형이 될 수 있도록 초대해야 한다. 그렇게 하면 가족 안의 더 많은 사람이 변화를 위해 능동적으로 일할 동기를 갖게 된다. [그림 3-2]는 방문형에서 불평형으로, 그리고 고객형 관계로의 이동에 대해 서술한 것이다.

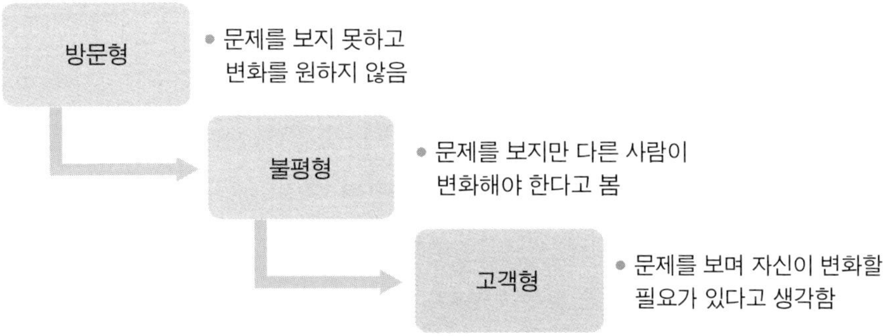

[그림 3-2] 방문형, 불평형, 고객형 관계

연습 3-1

다음의 각 시나리오에서 내담자는 방문형, 불평형, 고객형 가운데 어느 유형인지 정하시오.

1. 앙리크 씨는 자신이 가족과 너무 멀어져 있다고 걱정하면서 자녀들과 좀 더 강하게 연결되고 싶다고 한다.
2. 빌이 치료에 온 것은 그가 여자 친구 엘렌에게 청혼하지 않아서 엘렌이 매우 낙심해 있기 때문이다. 그는 둘의 관계가 현재대로 괜찮다고 생각하지만, 엘렌은 최후통첩을 하였다.
3. 윤은 몇 번이나 가출한 딸을 걱정하고 있다. 그녀는 치료가 딸을 바로잡아 주기를 바란다.
4. 알리사는 오랫동안 소원해진 아들 말콤이 걱정된다. 그녀는 자기가 아들에게 부모 역할을

그렇게 했기 때문일 수 있다고 생각하며 부모-자녀 관계에서 어떻게 다르게 할 수 있는지 궁금하다.

5. 팻과 밥은 밥의 요청에 의해 부부치료를 시작했는데, 팻이 바람을 피웠음을 밥이 알고 나서였다. 밥은 팻이 실토하고 결혼생활에 더 헌신하기를 바란다. 팻은 외도를 인정하지 않고 밥과의 관계가 괜찮다고 생각한다.

변화 준비도 단계

치료사는 내담자와의 관계 형태 외에도, 내담자의 변화 동기를 사정할 수 있다. 이에 관한 가장 유명한 템플릿은 초이론적 모델에 기초한 변화 준비도 단계일 것이다(Norcross, Krebs, & Prochaska, 2011; Prochaska & Norcross, 2001; Prochaska, Norcross, & DiClemente, 2013). 이는 5단계로서 숙고 전, 숙고, 준비, 행동, 유지를 포함한다([그림 3-3] 참조). 변화 단계 모델을 몇 번 수정하여 종결 단계도 추가되었다.

숙고 전 단계에서 내담자는 자신이 변화해야 한다고 생각하지 않는다. 그는 대개 자신이 문제를 가지고 있음을 자각하지 못하며, 누군가의 요청, 대개는 부모, 배우자, 법원의 요청에 의해 치료를 받는다고 생각한다. 대부분의 치료사는 숙고 전 단계에 있는 사람을 '저항한다'고 말할 것이다. 이렇게 인식하는 것을 조심해야 하는데, 그 이유는 치료사는 문제가 있음을 결정한 사람이 누구인지 살펴봐야 하기 때문이다. 내담자는 자신이 문제가 없으며 따라서 변화할 필요가 없다고 본다. 문제가 있다고 생각하지 않으면 변화할 필요가 없으므로 그렇게 생각하는 것이 충분히 이해가 된다.

숙고 단계는 내담자가 문제에 대해 자각하며 문제해결을 심각하게 고려하지만 변화하는 데 헌신하지 않을 때이다. 내담자는 도움이 될 것이라고 생각하는 길을 못 가지고 있거나, 행동을 취하려는 동기가 있을 만큼 문제가 충분히 심각하지 않다고 여길 수 있다.

준비 단계에서 내담자는 문제를 자각할 뿐 아니라 다음 달에 취할 행동을 계획한다. 내담자는 자기의 삶에서 아주 작은 변화만 이루었을 가능성이 크다. 인터넷에서

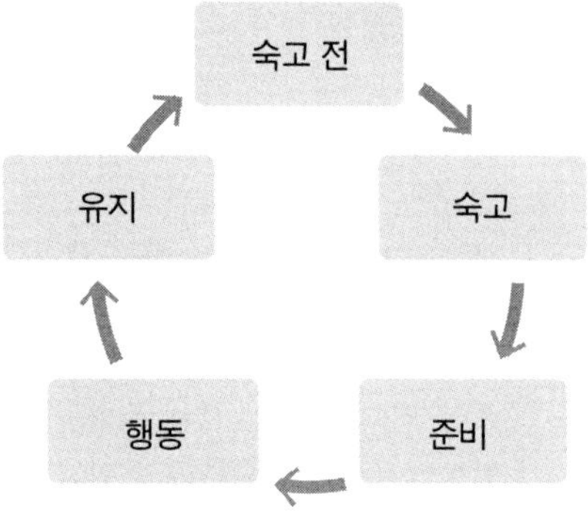

[그림 3-3] 변화 준비도 단계

포르노를 너무 많이 본다고만 생각하는 어떤 사람에 대해 생각해 보자. 이 사람이 인터넷 포르노를 너무 많이 봐서 결혼생활이 영향을 받는다는 것을 알게 되면, 매일 2시간에서 1시간 반만 보는 것으로 줄이려는 계획을 할 수 있다. 또는 자기가 자녀들에게 너무 엄하다고 생각하기 때문에 대안적인 부모양육방식에 대해 알아보고자 인터넷 자료를 찾아서 읽어 보는 어머니가 이 단계에 해당될 수 있다.

행동 단계는 내담자가 문제를 수정하기 위해 자신의 어떤 면을 적극적으로 바꿀 때이다. 이는 자신의 사고, 행동, 환경을 바꾸는 형태로 이루어질 수 있다. 치료사는 행동 단계에 있는 내담자를 만나기를 원한다. 왜냐하면 이런 사람들은 변화 단계를 밟을 동기가 가장 높기 때문이다. 그러나 많은 치료사는 내담자가 실제로 행동 단계에 있는지 여부를 평가하지 않고, 마치 그들이 행동 단계에 있는 것처럼 교류한다. 이렇게 되면 치료관계에서 어려움이 일어날 수 있는데, 내담자가 마음의 준비도 갖추지 않은 상태인데 치료사가 변화 단계를 밟도록 내담자를 강제하기 때문이다.

유지 단계는 내담자가 자신이 이룬 것들을 확실하게 굳힐 때이며, 치료는 대개 재발을 방지하는 방향으로 나아간다. 치료사와 내담자는 내담자가 이룬 것들을 유지할 뿐 아니라 추후의 문제를 예방하기 위해 내담자가 무엇을 할 수 있는지 상의한다. 이 단계의 시작은 문제가 없는 기간이 6개월을 초과할 때이다.

이 모델은 내담자가 한 단계에서 다음 단계로 나아가는 하나의 과정처럼 보일 수 있지만, 어떤 시점에서는 뒤로 후퇴하거나 여러 단계를 한꺼번에 밟아갈 수도 있다.

연습 3-2

다음의 내담자 시나리오에서 현재 내담자는 변화 준비도의 어느 단계에 있는지 정하시오.

1. 에브리는 관계를 너무 빨리 맺었다고 생각한다. 그래서 2주 후에 상담을 받는 것으로 약속을 잡았다.
2. 조니는 자신이 사람들을 조정한다고 생각하지 않는다. 그러나 몇몇 친구들은 조니가 자신들을 존중하지 않는다고 느꼈기 때문에 그와의 친구 관계를 끊었다.
3. 소피아는 몇 번 가출한 후 현재는 다시 집에서 살고 있다. 그녀가 마지막으로 가출한 지 7개월이 지났다.
4. 웨스는 자기가 파트너를 정서적으로 학대한다고 생각한다. 그래서 그는 파트너와의 관계에서 때때로 문제가 일어난다고 보고 있지만, 이번에는 그것을 위기로 보지는 않는다.
5. 르셋과 아이리스는 부부치료를 받고 있다. 르셋은 부부가 판에 박힌 생활을 하게 되었다고 생각한다. 그는 야간 데이트도 하고 낭만적인 여행도 하면서 결혼생활이 활기차도록 노력하였다. 아이리스는 결혼생활에 아무런 문제가 없으며, 르셋을 기쁘게 하려고 치료에 온다고 생각한다.

전문가로서의 내담자

최근 심리치료 분야에서는 전문가의 개념이 바뀌었다. 과거에는 치료사가 전문가이고, 내담자는 살면서 좋지 않은 일을 해서 삶이 불행해졌기 때문에 잘 살도록 도와줄 치료사를 찾는 것으로 여겨졌다. 이렇게 치료사가 전문가라는 입장은 대중매체가 치료를 그렇게 표현하면서 생겼는데, 대중매체에서 치료사는 모든 것을 알고 있고, 내담자는 자기 내면의 과정에 대해 잘 모르며 치료사의 도움을 필요로 한다고 그렸다.

최근에 치료사는 내담자의 전문성을 인정해 왔고 내담자를 돕기 위해 내담자의 국지적 지식을 기초로 작업하였다. 이는 치료외적 요인(Lambert, 1992)의 형태로 일어날 수 있는데, 치료외적 요인이란 변화를 만들어 가는 내담자와 그의 환경적 측면을 말한다. 그래서 이런 질문을 하게 된다. 내담자는 무엇에 대한 전문가이고, 치료사는 또 무엇에 대한 전문가인가?

내담자는 자기 자신에 대한 전문가로 볼 수 있다(Wilkins, 2010). 내담자는 자신의 삶을 온전히 살아왔고 경험해 왔고 또 스스로 분석해 왔다. 치료사가 이러한 지식에 다가갈 때 내담자의 도움을 받으며, 내담자의 틀과 관점 안에서 내담자에게 합류하여, 내담자가 이미 알고 있는 것을 활용하여 내담자가 가고자 하는 방향으로 나아가도록 도울 수 있다. O'Leary(2012)는 치료사가 치료 회기에서 무엇을 하든(즉, 제안을 하거나 관점을 제시), 실제로 문제가 되는 것은 내담자가 그것을 어떻게 이해하고 어떤 의미를 부여하는가라고 하였다. 내담자에게 오래 남는 것은 그 자신이 무엇에 초점을 두는가이다. 그래서 내담자는 자신의 성장에 책임이 있다.

치료사는 대화의 공간을 열고 내담자에게 대안을 제공할 수 있는 능력 면에서 전문가이다. 필자의 관점에 의하면 치료는 내담자의 반응 선택권을 높이는 것이다. 즉, 내담자는 처음 치료를 시작했을 때보다 생각하고 느끼고 행동하는 방식을 더 많이 가지고서 상담실을 떠난다. 그러한 반응 선택권을 증가시키는 방식은 치료사의 이론적 성향을 기초로 한다(제3부 참조).

치료사의 전문성 개념은 가족치료 분야에서 핵심적인 논쟁거리였다. 치료사의 전문성 개념에 반대한 가장 초기의 사람 중에 Anderson과 Goolishian(1988)이 있는데, 그들은 치료사가 '알지 못함' 접근을 하는 사람이라고 하였다. 알지 못함은 무지에 관한 것이 아니라 호기심에 관한 것이다. 그러나 다른 치료사들은 치료사가 가족과정, 정신건강 문제, 가족구조 등에 대한 지식을 가지고 있고 이러한 지식을 활용하고, 이런 것들에 대한 내담자의 이해와 결합하여 치료 과정을 도울 수 있다는 입장을 취한다.

거장(巨匠)의 메시지
Harlene Anderson

알지 못함은 치료사의 입장(태도와 신념)으로서, 이는 치료사가 특권이 부여된 정보에 접근할 수 없고, 다른 사람을 결코 완전히 이해할 수 없으며, 언제나 타인이 주는 정보를 받는 입장에 있어야 하고, 무엇이 이미 말해졌고 무엇이 아직 말해지지 않았는가에 대해 더 많이 배워야 한다는 입장을 말한다. 알지 못함의 입장에서 치료사는 해석하는 자세를 취한다. 즉, 치료사는 내담자의 맥락에서 경험이 일어나는 그대로, 또 내담자가 경험에 관해 말하는 그대로, 경험을 계속해서 분석하는 데 기초하여 해석하는 입장을 취한다. 해석은 언제나 치료사와 내담자 간의 대화이며, 치료사의 의미, 전문성, 경험, 혹은 치료모델에 필수적인, 미리 결정된 이론적 내러티브의 결과가 아니다. 이렇게 알지 못함의 몇 가지 측면 때문에 치료사는 내담자의 정보를 계속해서 받을 수 있고 또 계속해서 이해를 높일 수 있다.

(Anderson, 1997, p. 134)

추가 질문

1. 내담자가 치료에 가져오는 강점과 자원을 가족치료사는 어떤 방식으로 활용할 수 있습니까? 내적 및 외적 강점과 자원을 어떻게 구분할 수 있습니까?
2. 가족치료사의 역할을 보는 방법에 따라서 IP의 개념은 어떻게 달라집니까?
3. 내담자를 변화 준비도 단계에 따라 변화시키기 위해 치료사가 취할 입장은 무엇인지 설명하시오.

제4장
다양성

가족치료 분야는 민족적으로 다양한 가족을 살펴보는 관점(McGoldrick, Pearce, & Giordano, 1982 참조)으로부터 다양성, 사회정의, 교차성과의 관계에서 치료사 자신과 내담자 간의 연결에 초점을 두는 더 폭넓은 관점(Seedall, Holtrop, & Parra-Cardona, 2014; Winston & Piercy, 2010 참조)으로 변화했다. 이렇게 다양성과 다문화주의로부터 그 초점이 확대되었으므로 치료사는 다른 '문화'에 대해 배울 뿐 아니라 '자신을 아는 것'에 대해서도 배운다(Sprenkle, 2009). 이 장은 가족치료사가 다양성의 개념을 이해할 수 있는 여러 방법에 초점을 둔다.

다양성

가족치료사의 핵심 역량 가운데 하나는 다양한 내담자와 작업하는 것이다. 미국부부가족치료학회(AAMFT)의 핵심 역량 1.2.1은 "체계적 맥락적 역동(예: 젠더, 연령, 사회경제적 지위, 문화/인종/민족, 성적 지향, 영성, 종교, 더 큰 체계, 사회적 맥락)을 인식하기"라고 말한다. AAMFT는 이를 핵심 역량으로 볼 뿐 아니라 윤리적 결정요인으로 보기도 한다. AAMFT 윤리강령의 첫 번째 윤리 기준은 다음과 같다.

> 1.1. 비차별: 부부가족치료사는 인종, 연령, 민족, 사회경제적 지위, 장애, 젠더, 건강상태, 종교, 모국, 성적 지향, 젠더정체성 혹은 관계 상태를 기초로 해서 사람들을

차별하지 않고 전문적 원조를 제공한다.

앞에서 볼 수 있듯이 다양성의 개념은 사람들이 전통적으로 인종에만 초점을 두었던 시각보다 더 폭넓은 개념이다.

우리는 다양성의 개념을 교차성(intersectionality)으로 볼 수 있다. 이는 많은 다양한 맥락을 함께 고려하는 것으로, 개인은 더 넓은 다양한 체계와 어떻게 연결되어 있는가 하는 것이다([그림 4-1] 참조). Collins(2015)는 "교차성의 용어는 인종, 계층, 젠더, 성, 민족, 국가, 능력, 연령이 단일하고 상호 간 독립적인 실체로서가 아니라 상호 간 구성되는 현상으로서 결국 복잡한 사회적 불평등을 형성한다는 점을 통찰하게 하는 중요한 개념이다."(p. 2)라고 했다. 심리치료사들은 문화, 민족, 다문화주의, 교차성, 다양성 등 많은 용어를 사용하여 이 점에 대해 이야기해 왔다. 이 장의 의도는 사람들은 모두 다 다르므로 가족치료사가 어떤 내담자든지 그들과 작업할 때 다루어야 하는 이슈에 대해 논의하는 것이다. 치료사와 내담자 사이에 어떤 면에서는 유사성이 있겠지만, 차이도 항상 있게 마련이다.

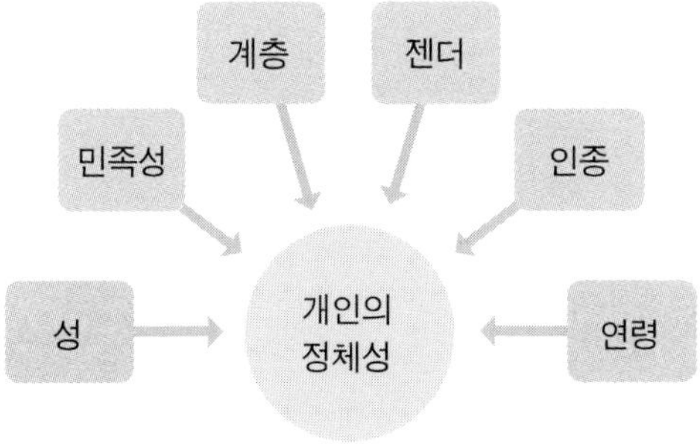

[그림 4-1] 교차성과 개인의 정체성

다문화주의(multiculturalism)는 어려운 개념으로서 사람들 사이뿐만 아니라 사람들 안에서 일어나는 것을 묘사한다. 사람들은 모두 다문화적인데, 특정 인종, 국적, 민족, 종교 등의 영향을 받기 때문이다. "다문화주의는 전통적인 신념과 도덕을 포함하여 고유의 정체성을 유지하려는 개별 문화의 능력과 공존하는 다중의 문화로 정의된다"(Parsons-Rozycki & Ford, 2010, pp. 172-173). 그렇기 때문에 한 사람의 한 가지 측면에만 초점을 둔 선택(즉, 동성애 내담자, 아시아계 미국인 내담자, 빈곤 가족과 상담하기)이 문제가 될 수 있다. 이러한 구분은 그 사람 혹은 그 가족의 정체성을 형성하기 위해 조합되는 많은 측면 중 한 가지에 불과하다. 그래서 이 장에서 다양성은 한 집단의 특정 요소가 아니라 더 폭넓은 렌즈로 언급된다.

그러나 치료사가 다양성에 대해 논의할 때 놓칠 수 있는 것들 중 한 가지는 치료사가 개인(즉, 내담자)에 대해서뿐 아니라 다른 사람들과 관계를 맺고 있는 내담자에 대해서도 이야기한다는 점이다. 다른 사람이란 가족원일 수도 있고, 동료, 인종 혹은 문화 집단 혹은 치료에서는 치료사일 수도 있다([그림 4-2] 참조).

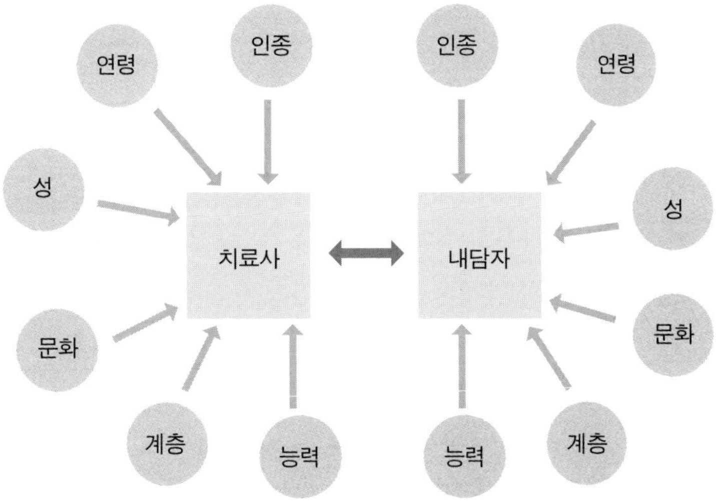

[그림 4-2] 치료사와 내담자 사이의 교차성

거장(巨匠)의 메시지
Monica McGoldrick

인생을 살아갈 때 우리를 보호해 주는 복잡한 연결망이 있는데, 가족, 지역사회, 문화가 바로 그 연결망이다. 점점 더 글로벌 사회를 향해 나아가고 있다고

> 하더라도, 우리는 여전히 지역의 이 맥락에 더 많이 속해 있다. 가족은 규칙, 신념, 의례를 진공상태에서 발전시키지 않는다. 당신의 생각, 행동 그리고 언어는 모두 더 넓은 문화 맥락에서 가족을 통해 전수된다. 맥락은 당신이 살고 있는 문화를 포함하며, 당신의 조상이 살았던 문화를 포함한다. 이 맥락은 당신 가족의 계층, 종교, 지역적 배경의 영향을 받을 뿐 아니라 그 구성원이 경험했던 민족과 문화의 영향을 받기도 한다. 어떠한 두 가족이 동일한 문화적 뿌리를 아주 똑같이 공유할 수는 없다. 그래서 당신이 태어난 가족은 그것으로 구성되는 모든 문화적 뿌리의 줄기를 이룬다. 가족의 문화적 뿌리를 이해하는 것은 그 구성원의 삶을 이해하고 특정 구성원의 발달을 이해하는 데 필수적이다.
>
> (McGoldrick, 1993, pp. 331-332)

다문화주의

가족치료가 다문화주의에 초점을 두는 것은 두 가지 구성개념을 기초로 한다 (Falicov, 2003). 첫 번째는 문화적 다양성을 기초로 하는데, 여기서 치료사는 내담자의 문화적 선호를 존중하고 그것에 특권을 부여한다. 치료사는 자신이 활용하는 이론과 기법의 전제를 비판적으로 검토해야 한다. 왜냐하면 그 전제는 내담자의 가치와 맞지 않는 가치체계를 기초로 할 수 있기 때문이다. 다문화주의의 두 번째 구성개념은 사회정의에 관한 것이다. 여기서 치료사는 한 집단이 다른 집단을 희생함으로써 권리를 부여받는 권력 차이의 영향을 이해하도록 노력한다. 권력 차이는 인종, 젠더, 경제상태, 연령 등에 기초할 수 있고, 내담자에게 다양한 방식으로 영향을 미친다. 어떤 연구자들에 의하면, 사회정의 관점은 무력하게 된 내담자에게 부정적으로 영향을 미치는 사회체계를 변화시키기 위해 그 내담자를 대신해서 작업하는 치료사를 포함한다 (Brown, Collins, & Arthur, 2014 참조). 권력 차이는 치료관계에서도 나타날 수 있다. 그 차이는 치료에 가도록 강요받는 내담자와의 관계에서 나타날 가능성이 가장 크다.

치료사들은 대개 내담자가 어느 문화 출신인지의 관점에서 다문화주의와 다양성이라는 주제를 살펴본다. 그러나 다양성은 이것보다 훨씬 더 다면적이다. 내담자의 문화(가장 폭넓은 의미에서)는 그가 살고 있는 지역사회와 얼마나 잘 맞는가? 내담자의 문화를 주류 문화와 비교해서 이해하는 것은 매우 중요한 주제가 될 수 있다.

다양성의 두 번째 측면은 치료사와 내담자 사이에서 일어난다. 우리 모두는 인간이기 때문에(이 점이 우리를 연결해 주는 주요한 점이다) 치료사와 내담자 사이에는 늘 어떤 형태의 유사성이 있기 마련이지만, 어떤 형태의 차이도 있기 마련이다. 예를 들어, 미국의 유태인 가족에서 자란 백인 이성애자 중산층 남성인 필자는 자신을 필자와 똑같은 방식으로 분류하는 다른 많은 사람들과 공통점이 훨씬 많을 것이다. 그러나 차이도 있을 수 있는데, 예를 들어 인종(즉, 필자는 백인이지만, 금발과 푸른 눈을 가진 사람보다 피부색이 약간 더 어둡다), 성(즉, 필자는 남성과 성적 관계를 맺어 보려는 실험을 한 적이 없지만, 어떤 다른 사람은 비록 자신을 이성애자로 여기지만 그런 실험을 해 볼 수 있다), 경제상태(필자의 가족은 가난을 극복했고 공공부조를 받았지만, 또 다른 사람은 경제적 혜택을 더 많이 받았을 수도 있다), 젠더(필자는 스스로 남성 정체성을 가지고 있다고 확신하지만, 또 다른 사람은 자신의 성별 정체성을 의문시할 수도 있다), 그리고 종교(필자는 유태인으로 자랐지만, 13세 이후에는 자신을 유태인으로 동일시하지 않았던 반면, 또 다른 사람은 아직도 유태교를 믿고 있을 수 있다)에서 차이가 있을 수 있다.

그래서 표면적으로 볼 때 치료사와 내담자 사이에 유사점이 많을 것 같지만, 다양성 또한 많을 수 있다. 그 반대도 사실이다. 인구학적 특징이 치료사와 매우 달라 보이는 내담자는, 원래 다른 문화 출신으로 여기지 않았던 그 어떤 사람에 비해서, 가치와 관점이 치료사와 훨씬 더 가까울 수 있다. Corey와 Corey(2016)는 초보 치료사들이 문화적 터널 시야를 경험할 가능성에 대해 경고하였다. 이 경우에 치료사는 다른 문화적 배경 출신의 내담자와 작업할 때 자신을 드러내는 어려움에 대해 아직 잘 자각하지 못한다.

또한 소수집단 치료사가 주류 문화에서 받는 영향도 살펴볼 수 있다. 치료사는 자기 문화의 여러 측면을 치료의 개념화와 실천에 그대로 가져온다. 서구 맥락에서 일하는 소수집단 치료사는 자신의 편견과 고정관념, 특히 주류 문화와 반대되는 편견과 고정관념을 이해하도록 노력해야 한다(Akyil, 2011). 소수집단 치료사, 특히 이민

온 치료사에게 자신의 모국이 아닌 지역에서 일하는 것은 자아감과 치료 작업에 영향을 미칠 수 있다(Kissil, Niño, & Davey, 2013).

치료사와 내담자 간의 차이는 치료관계에 영향을 미칠 수 있다. 예를 들어, Johnson과 Caldwell(2011)은 내담자가 치료사와 같은 성별일 때, 내담자는 치료에 더 만족했음을 발견하였다. 그러나 치료사와 내담자가 같은 인종이었을 때, 치료사는 물론 내담자도 치료관계에 대해 더 높은 만족감을 보고하지는 않았다.

다양성과 다문화주의 이슈에 대해 이야기하는 것은 사람들 안에서의 구분(차이)과 사람들 간의 구분(차이)에 대해 이야기하는 것이다. 치료 맥락에서는 사람을 더 넓은 맥락에 놓고 이해한다. 즉, 치료사와의 관계를 포함하여 이해하는 것이다. "다문화 치료는 치료사와 내담자의 다층적인 현실의 맥락에서 내담자와의 지극히 중요한 동맹을 어떻게 형성하는지에 대해 성찰하고, 또 그에 필요한 기술을 갖추는 것을 포함한다"(Rastogi & Thomas, 2009, p. 7).

특권

미국에서 소수집단 인구가 점점 더 늘어나고 있지만, 치료와 치료모델은 대부분 계속해서 백인 치료사들이 발전시켰던 백인의 가치를 바탕으로 한다. 백인 치료사들이 소수집단 내담자와 상담할 때, 인종적 특권의 이슈가 치료에 영향을 미친다(Addison & Thomas, 2009). 백인 특권은 인종에 근거하여 혜택을 보는 사회적 현상으로서, 백인이 아닌 사람들은 그런 혜택을 갖지 못한다.

대부분의 경우 백인 특권은 분명하지 않은 방식으로 일어난다. 이는 대부분의 영화와 TV 드라마 형태로 전달될 수 있는데, 여기서 주인공은 백인이며 백인은 상점에서 면밀히 관찰 당하는 모습으로 보여 주지 않는다. 이러한 사회적 혜택을 가짐으로써 백인 치료사는 소수민족 집단보다 더 많은 권력과 특권을 가질 것이다.

그러나 특권에 대해 이야기할 때, 다양한 차원의 억압이 일어날 수 있음을 염두에 두어야 한다. 예를 들어, 어떤 사람은 인종에 기초하여 특권을 가질 수 있는데, 백인 치료사의 경우가 그렇다. 하지만 이 치료사는 특권이 부여되지 않은 빈곤한 가족에서 성장했을 수도 있다. 사람들은 사회적 현상에 의해 희생양이 될 수 있고, 동시에 다른 사람을 무심코 희생시킬 수도 있다.

인종, 젠더, 문화, 성 등의 이슈에 대해 이야기하는 것이 때로는 어렵겠지만, 치료사는 이러한 두려움을 극복할 의무가 있다(Addison & Thomas, 2009). 이는 수업 중의 토론, 개인치료, 전문적인 슈퍼비전, 내담자와의 상호작용을 통해 극복할 수 있다.

문화적 역량

심리치료 분야는 문화적 혹은 다문화적 역량에 초점을 두는 것으로 변화해 왔다. 문화적 역량은 다양성의 이슈에 대한 자각과 타인에 대한 문화적 민감성을 모두 포함한다(Hardy & Laszloffy, 1995). 치료사가 문화적인 역량을 더 많이 갖출수록, 내담자 특히 문화적으로 유사하지 않은 내담자와의 상담을 더 잘 실천한다.

문화적 역량은 세 영역, 즉 태도, 지식, 기술의 영역에서 살펴볼 수 있다. 이는 치료사가 자신의 가치와 편견에 대해 자각해야 하고, 다른 문화에 대한 지식을 갖추고 있어야 하며, 자신에게 익숙하지 않은 분야와 협상할 수 있는 기술을 갖추고 있어야 한다는 의미이다. Collins와 Arthur(2007)는 다문화 역량 모델을 제시하였는데, 이 모델에는 세 영역이 있고 각 영역에 몇 가지 핵심 역량이 포함된다.

- 영역 I: 문화적 자각-자신: 개인적인 가정, 가치, 편견에 대한 적극적인 자각
  - 핵심 역량은 치료사 자신의 문화적 정체성, 자기 문화와 타인 문화 간의 차이, 자신의 다문화 역량의 사정에 초점을 둔다.
- 영역 II: 문화적 자각-타인: 내담자의 세계관 이해
  - 핵심 역량은 내담자의 문화적 정체성에 대해 자각하기, 누군가의 문화가 그 사람의 안녕에 미치는 영향, 문화가 사람들에게 영향을 미치는 사회적 맥락에 대한 자각에 초점을 둔다.
- 영역 III: 문화적으로 민감한 치료적 동맹
  - 핵심 역량은 내담자와 존중하는 치료적 동맹을 형성하여 내담자의 문화적 정

체성 안에서 치료 목표를 설정하는 데 초점을 둔다.

이 각각의 영역과 핵심 역량은 성취하는 것이라기보다는 항상 그것을 향해서 작업하는 기술이다. 자아실현과 마찬가지로 그것에 결코 도달하지는 못하지만, 그것에 도달하려고 노력하는 과정은 내담자에게 도움이 될 수 있는 치료사의 능력을 높인다.

치료사는 이런 각 영역을 향상시키기 위해 다양한 활동에 개입하는 것이 좋다. 강의실에서의 토론, 다양성의 이슈에 대한 독서, 다양한 문화의 내담자와 작업하기, 슈퍼비전에 참여하기, 자신과 타인에 대해 더 많이 배울 기회를 주는 다양한 활동을 하는 형태를 취할 수 있다.

연습 4-1

다음의 활동 중 몇 가지를 선택하여 스스로 해 보거나 계획해 보시오. 그 다음에 이것이 당신에게 어떤 영향을 미쳤는지 동료나 치료사와 논의해 보시오.

- 아메리칸 인디언 축제나 남아메리카 춤 축제 같은 타 문화 행사에 가 보기
- 이전에 한번도 가 보지 않았던 다른 민족의 레스토랑에서 식사하기
- 영화에서 말하는 언어를 말하지 못하는 외국의 영화 보기
- 이전에 가 보지 않았던 나라 여행하기. 그 나라 언어를 모르면 더 좋음
- 문화가 다른 친구나 동료와 대화하기. 그들의 문화가 현재의 가치에 어떤 영향을 미쳤는지에 대한 대화에 초점을 두기

추가 질문

1. 여러 측면의 다양성과 개인적 정체성의 연결이 얼마나 중요하다고 보십니까?
2. 다양성의 이슈가 얼마나 중요하다고 보십니까? 내담자에게? 당신 자신에게? 당신과 내담자 사이에?
3. 다양성에 초점을 두지 않는 치료는 어떨 것 같습니까?

제2부

가족치료사의 기본 기술

제2부는 모든 가족치료사가 활용하는 대부분의 기본 기술에 대해 다룬다. 어떤 치료사는 다른 치료사들보다 이런 기술들을 더 많이 사용할 것이다. 예를 들어, 모든 치료사는 적극적 경청(공감적 의사소통)을 하지만, 어떤 치료사는 다른 치료사보다 이 기술을 더 많이 사용할 것이다. 제2부는 실천적인 면에 초점을 두고, 치료사가 내담자를 만나 치료를 시작하는 순간부터 종결에 이르기까지 치료사의 기술을 어떻게 구축하는지 차례차례 살펴볼 것이다.

이런 기술들은 두 사람이 (혹은 그 이상이) 치료적 대화에 서로 참여하는 맥락에서 일어난다. 이 기술들을 익혀 나가는 동안에 치료사가 누구이고 내담자가 누구인지(제2장과 제3장 참조)뿐 아니라 다양성의 이슈(제4장 참조)에 대해서 지금까지 학습했던 바를 염두에 두기 바란다.

여러분이 이 장을 읽으면서 그리고 각 장의 끝에 있는 연습에 답하고 또 추가 질문에 답함으로써 가족치료의 기본 기술에 대해 배우고 성장할 수 있지만, 여러분의 주된 성장은 이런 기술들을 행동으로 옮기는 데서 나올 수 있다. 이것을 할 수 있는 첫 번째 방법은 이런 기술들을 일상적인 대화에 조금씩 섞어서 사용해 보기 시작하는 것이다. 다른 사람들을 대상으로 치료를 하려고 시도할 필요는 없으나, 이런 많은 기술은 치료사가 사람들의 말을 더 잘 경청하고 또 잘 들었음을 알려 주기 위해서 고안되었다. 이 기술들은 대부분의 모든 사람과의 상호작용에 통합시킬 수 있다. 이러한 기술들을 익히는 두 번째 방법은 한 사람 이상이 내담자 역할을 하고, 당신은 치료사 역할을 하는 역할극을 하는 것이다. 만일 당신이 이 역할극을 녹화하여 그 후에 다시 보고 거기서 당신, 상대방 그리고 가족치료를 경험했던 누군가가 피드백을 줄 수 있다면, 훨씬 더 향상될 수 있다.

이 책의 제2부는 사람들과 어떻게 대화하고 또 그들의 걱정에 대해 어떻게 대화하는지에 대한 개략적인 지침을 제공한다. 이 지침을 문제대화의 고리(issue cycle)라고 부른다. 문제대화의 고리는 부분적으로 사용할 수도 있고 전체로 사용할 수도 있는데, 어떤 치료모델에서든 채택하여 사용할 수 있다. 당신이 문제대화의 고리의 모든 구성요소에 정통할수록, 당신 자신의 치료모델뿐 아니라 당신이 작업하는 특정 맥락에 맞도록 그 문제대화의 고리를 잘 수정할 수 있다.

제5장 가족치료 회기 시작하기

이 장은 가족과의 첫 번째 접촉과 회기에 관한 몇 가지 요점에 대해 살펴본다. 치료사와 가족이 만나서 치료를 시작하는 순간은 중요하다. 그 순간은 무엇이 이루어질 것인지에 대한 단계를 정하고, 더 중요하게는 치료적 관계의 발달을 정하기 때문이다. 이 장에서 제시하는 것은 생각해 볼 만하지만 엄격한 규칙이라고는 할 수 없는 아이디어들이다. 내담자와의 관계에서 융통성 있게 접근하고 맥락을 고려하는 것이 중요하기 때문이다.

첫 번째 전화

치료는 치료사와 내담자 사이의 맨 첫 번째 접촉에서부터 시작한다. 이는 대개 첫 번째 전화를 하는 동안 이루어진다. 가족의 누가 치료사에게 전화를 하든지 그것은 대개 가족조직에 대한 신호를 말하는 것이다. 전화하는 사람은 고객형이나 불평형의 사람으로서 대개 변화 준비도 단계에서 준비 혹은 행동 단계에 있다. 그 사람은 문제에 대해 걱정을 가장 많이 하는 사람일 수 있지만, 가족의 증상 보유자라고는 할 수 없다.

Patterson과 동료들(2009, p. 17)은 첫 번째 전화를 하는 동안에 답해야 하는 질문을 다음과 같이 제시하였다.

① 무엇이 문제이고 내담자는 그것을 어떻게 제시하는가? 그것은 위기인가, 심각하거나 보통의 문제인가? 별도로 일어난 상황인가? 만성적인 어려움인가?
② 가족은 그 상황에 어떻게 반응해 왔는가? 지금까지 가족은 그 상황을 어떻게 관리해 왔는가?
③ 이전에 치료를 받은 적이 있는가?
④ 왜 가족은 현재 치료를 받고자 하는가?
⑤ 어떤 추가적인 요인이 이 상황에 영향을 미치고 있는가?(예: 다양한 스트레스원의 본질과 빈도-직업상, 개인적인, 신체적인, 혹은 기타 여부)

그러나 주의를 기울여야 할 점은 만일 치료사가 단 한 사람과 전화로 너무 많은 시간을 보내면, 전화를 건 사람과 치료사 사이에 의도하지 않는 동맹이 형성될 수 있다는 점이다. 이렇게 되면 치료사가 다른 가족원에 합류하여 그들의 시각에 개방적이기가 어려울 수 있다. 그래서 어떤 가족치료사는 첫 번째 전화 접촉을 할 때 너무 많은 시간을 보내려 하지 않는다.

치료사 자신을 소개하기

대부분의 새로운 관계에서 관계를 맺는 첫 번째 순간은 대개 사람들이 서로를 소개하는 것이다. 치료관계에서도 똑같다. 그러나 일반적인 소개와는 달리, 치료관계는 분명한 목적을 갖는다. 내담자는 서비스를 받기 위해 치료사에게 가며, 그 서비스는 내담자가 마음에 두는 어떤 목적을 성취하는 것이다. 치료사는 어떤 다른 서비스보다 요청된 서비스를 제공하는 서비스 제공자이다. 치료관계가 효과적인 치료의 주요 요소 가운데 하나이기 때문에 이렇게 처음에 맺는 관계는 유용한 협력을 위한 단계가 된다.

첫 번째 소개에서 치료사는 대개 내담자에게 치료를 어떻게 진행할 것인지 알려준다. 이는 비밀보장의 이슈 같이 내담자의 권리와 책임에 대해 주지시키는 것을 포함한다. 치료사는 또한 치료를 어떻게 진행할 것인지 논의해야 한다. 예를 들면, 몇 회기를 진행할 것이고, 회기 간의 일반적인 간격은 어떠하며, 치료비용은 어떠한지 알려야 하고, 또 대학교 훈련 프로그램의 경우에는 치료 팀이 있는지, 치료사가 자문하는 슈퍼바이저가 있는지 알려 준다.

연습 5-1

새로운 내담자에게 치료사인 당신 자신과 치료 과정을 어떻게 소개할 것인지에 대한 각본을 써 보시오. 그 내용을 당신이 원하는 대로 수정을 하고, 그다음에 그렇게 소개할 말을 암기하시오. 그리고 당신이 급우, 친구, 동료 혹은 낯선 사람 등의 사람들에게 그것을 말하는 연습을 할 수 있는지 물어보시오. 당신을 소개하고 마지막에 그 사람을 면담해서 당신의 소개 내용과 소개하는 방식의 어떤 점이 좋았고, 어떤 점이 좋지 않았는지에 대한 피드백을 받으시오.

누구와 시작하는가

가족이 상담실에 와서 모든 법적 서류(즉, 고지된 동의서)에 서명을 하고 나면, 치료사는 회기를 어떻게 시작할 것인지 정한다. 다음에서 말하겠지만, 한 가지 가능성은 사회적 단계로서 모든 공식적인 합류가 일어나는 것이다. 그러나 치료사는 가족이 이 시점에서 치료사의 서비스를 왜 받고자 하며, 치료에서 무엇을 얻어 가고 싶은지에 초점을 두어 회기를 시작할 수 있다.

이때 대부분의 사람들과 연결되고 또 소외되는 사람이 없도록 어떻게 진행할 것인가라는 질문을 하게 된다. 대부분의 치료사는 치료 과정의 이 시점 정도에는 호소문제가 무엇인지에 대한 아이디어를 대략적으로 갖게 될 것이다. 기관에서 일하는 경우에는 대부분 접수면접지에 치료 동기를 채우는 공란이 있을 것이다. 개인상담소일 경우에는 접수자나 치료사가 적어도 가족원 한 명과 이야기를 간단히 해서 초기의 치료 회기에 대한 몇 가지를 설명한다.

치료사가 이런 접수면접지에 있는 정보를 사용하여 회기를 시작할 때, ① 접수면접지에 적힌 정보가 치료에 오게 된 이유가 아니거나 혹은 ② 치료에서 원하는 바가 바뀌었다면 내담자는 연결감을 느끼지 못할 수 있다. 접수면접지 정보를 출발점으로 사용하는 것이 문제가 될 수 있는 하나의 예로서, 필자는 대학교 석사과정의 가족치료실습 수업에서 현장 슈퍼비전을 하였다. 한 학생이 새로 온 가족과 함께 상담실로 들어가서 “접수면접지를 보니 선생님은 성적인 문제 때문에 여기에 오셨더군요.”라고 말하면서 치료 회기를 시작하였다. 가족은 혼란스럽다는 듯 치료사를 쳐다보았다. 치료사는 접수면접지를 보니 성적인 문제가 호소문제로 기재되었다고 바꾸어서 말했다. 하지만 그렇게 하는 것은 치료 회기를 잘못 시작하는 것이다. 다른 걱정거리가 제시될 가능성이 있다는 것 외에도 치료사는 우선 가족과 합류하지도 않고, 혹은 각 구성원이 치료에서 바라는 바를 말할 여지를 주지도 않은 상태에서 가족에게 매우 심각한 이슈를 떠안긴 것이다. 때로 내담자가 치료사를 좋아하기까지는 시간이 좀 걸리고, 그때서야 내담자는 더 깊고 더 고통스러운 걱정거리를 편하게 털어놓는다.

그렇다면 치료사는 특정한 한 사람과 시작해야 하는가, 아니면 질문을 좀 더 일반적으로 해야 하는가의 질문이 생긴다. 대개 전화를 걸어서 치료 약속을 하는 사람은 가족 중의 한 사람이다. 호소문제라고 기록된 것은 이 사람의 관점이다. 아마 가족이 회기에 모두 참석하도록 이미 요청되었을 것이다. 한 가지 가능성은 치료에 와서 회기를 시작하게 만든 사람에게 왜 이 시점에서 전화를 걸어서 치료에 오게 되었으며, 치료에서 얻어 가기를 바라는 것이 무엇인지를 질문하는 것이다. 그러고 나서 치료사는 다른 구성원이 동의하는지 여부, 혹은 그 관점이 아닌지 여부를 사정하는 것으로 확장할 수 있다.

치료사: 어머니께서 남매가 너무 많이 싸워서 걱정이 된다는 말씀을 전화로 하셨습니다. 다른 사람들은 이 점에 대해 어떻게 보시는지요?

이러한 시작은 누가 전화를 걸었고 치료사에게 뭐라고 설명했는지를 분명하게 밝혀준다. 그러면 다른 가족원은 그런 설명에 이의를 제기할 기회를 갖게 된다. 그러나 초기 회기에서는 그 설명에 동의하지 않는 다른 가족원들이 그렇게 할 만큼 편안하지 않을 수도 있다.

또한 치료사는 아마 문화, 연령, 젠더를 기초로 할 때 가족 내 지배적 위치에서 기능하는 사람과 함께 시작할 수 있다. 예를 들면, 한부모가족에서 치료사는 한 부모와 함께 시작할 수 있다. 이러한 시작은 부모의 입장에 대한 존중을 표현하는 것이다. 그러나 이는 또 치료사가 자녀에 대항해서 부모와 연합하는 것처럼 보이게 할 수도 있다. 그 반대로 시작하는 것은 자녀와 함께하는 것이다.

치료사: 지미야, 너희 식구 모두 오늘 여기에 온 이유에 대해 너는 어떻게 알고 있니?

많은 경우, 자녀는 자기는 잘 몰랐다거나 문제는 부모님에게 있다고 말할 것이다. 자녀에게 치료에 오는 것에 대해 어떤 정보를 들었는지에 대해 질문하면 가족과정에 대한 정보를 얻을 수 있는데, 이는 치료 과정 동안에 도움이 될 것이다. 자녀와 함께 시작하는 것의 단점은 부모가 자신이 배제되었다고 느낄 수 있다는 점이다. 남성이 지배하는 가족에서와 같이 한 명의 어른이 책임을 확실하게 지고 있는 가족의 경우, 치료사는 이 사람과 맨 먼저 이야기하기로 결정할 것이다. 왜냐하면 이 사람이 가족의 주요 수문장 역할을 할 가능성이 크기 때문이다. 하지만 이 사람이 지배적인 위치를 차지하고 있기 때문에 이 사람이 치료에 온 이유라고 설명하고 제시한 것에 대해 다른 가족원이 이의를 제기하기가 어려울 수도 있다.

또한 가족치료사는 더욱 일반적으로 회기를 시작할 수도 있다. 즉, 치료사의 질문이 가족 전체를 대상으로 할 수도 있다. 이렇게 질문을 하면 가족 내 누구든 자신이 하고 싶은 대로 편안하게 답을 할 수 있다고 느낄 수 있다.

치료사: 누구든지 대답하고 싶은 사람과 먼저 시작하고 싶습니다. 오늘 여기서 무엇을 해야 여러분에게 도움이 될 것이라고 생각하는지요?

누가 첫 번째로 말하고, 두 번째로 말하고 등은 가족의 조직을 이해하는 데 좋은 정보가 될 것이다. 일반적인 질문으로 시작하는 것의 한 가지 단점은 가족의 책임을 맡고 있는 사람이 자신의 위치가 인정되거나 존중된다고 느끼지 못할 수 있다는 점이다.

앞에서 볼 수 있듯이, 특정인과 시작을 하는지 아니면 더욱 일반적으로 시작하는지, 어떤 경우든 모두 이점과 단점이 있다. 가족치료의 예술은 가족과 처음으로 접촉하는 순간부터 시작하는데, 이때 상황을 읽어서 가장 도움이 될 것 같은 경로에 관해서 결정을 한다.

치료관계

치료관계는 치료사가 주의를 기울여야 할 가장 중요한 요인이다. Lambert(1992)에 의하면, 내담자의 긍정적 변화의 30%가 강력한 치료관계를 기초로 일어난다. 내담자는 치료사가 수용, 긍정적 관심, 긍정, 비소유적 온정, 자기노출을 보일 때 강력한 치료관계를 보고하는 경향이 있다(Miller, Duncan, & Hubble, 1997).

모든 이론적 접근은 치료사와 내담자 관계가 중요하다는 입장을 취하는데, 치료사-내담자 간의 상호작용은 변화가 가능하기 때문이다(Short, 2010). 그 관계는 역동적이며 끊임없는 협상이 일어난다. 치료사는 자신과 내담자 간의 상호작용에 대해 지속적으로 자각해야 하고 또 자신이 내담자와 접촉하는 방식을 조정해야 한다. 치료사가 내담자에게 맞추어 변화하면, 내담자도 상호적으로 변화한다.

또한 치료관계는 상호작용-실행(interactive-performative) 틀 안에서 살펴볼 수 있다(Sutherland, 2005). 이 틀은 사회구성주의 관점에 기초하는데, 이 관점에서 치료관계는 치료적 상호작용으로 더 많이 간주된다. 이 관점에서 치료사와 내담자는 서로의 담론으로 들어가서 대화에 공동으로 개입하고 의미를 만들며 행동을 맥락에 놓고서 본다. 이 관점은 치료사가 관계를 만들어서 쭉 끌고 가는 것이 아니라 내담자와 공동으로 구성하는 과정으로서 계속해서 서로 개입하는 것임을 상기시킨다. 이것은 치료관계가 소위 치료적 동맹이라고 할 가능성이 더 높은 상황으로서, 협동적인 과정 속에서 치료사와 내담자 모두의 기여를 중시한다.

치료사와 내담자의 두 사람 사이에 (가족치료에서는 두 사람 이상 사이에) 강한 긍정적인 관계가 존재하며 사람들은 모두 똑같지 않다는 점을 놓고 볼 때, 치료사는 그 순간에 만나고 있는 사람에게 스스로 적응해야 한다. 이를 위해서 치료사는 융통성을 가지고 내담자의 요구에 맞출 수 있는 능력을 갖추어야 한다(Duncan, Hubble, & Miller, 1997). 치료사는 다양한 내담자들뿐 아니라 동일한 내담자에게도 융통성 있게 적응해야 한다. 그 이유는 사람(치료사 포함)은 바뀌며, 또 상담실에 들어갈 때와 매 치료 회기마다 서로 다른 공간에 있기 때문이다.

이제 치료관계를 발전시키는 과정인 합류에 대해 이야기하고자 한다.

합류

합류는 내담자와 연결되는 적극적인 과정이다. 합류는 대개 치료사가 내담자와 하는 첫 번째 활동 중 하나이다. 이는 첫 접촉에서부터 일어나며, 많은 경우 치료사가 내담자와 함께 대기실에서 상담실로 걸어 들어가는 동안에 볼 수 있다. 이러한 형태의 합류는 잡담을 하는 형식으로서 내담자가 상담실을 쉽게 찾았는지 여부, 날씨 혹은 어떤 중립적인 주제에 대해 이야기하는 것이다. 일단 치료 회기가 시작되면, 치료사는 내담자에게 다음과 같은 질문을 하면서 합류를 시도할 수 있다.

- 여기에 어떻게 오셨는지에 대한 이야기를 나누기 전에, 당신에 대해 좀 더 알고 싶습니다. 당신이 어떤 분인지 조금 더 말씀해 주시겠습니까?
- 여러분 각자에 대해 조금 더 알고 싶습니다. 자신에 대해 한 분씩 말씀해 주시겠습니까? 예를 들면, 어떤 일을 하시는지, 어느 학교에 다니는지 등이지요.

합류라는 목적을 위해 이러한 형태의 시작 질문을 계획할 수 있으며, 한편으로 언어적 · 비언어적 정보는 치료사에게 가족에 관한 정보를 제공한다. 가령, 가족이 말하는 실제 내용뿐만 아니라 가족이 어디에 앉고, 누가 먼저 말을 시작하며, 누구에 대한 말을 하고, 누가 누구를 바라보는가는 모두 가족에 관한 정보이다.

합류에 대해 언급했던 첫 번째 가족치료사 중 한 사람은 Salvador Minuchin이었다. Minuchin(1974/2012)은 합류와 조정을 구분하였다. 그에 의하면 "합류는 가족원 혹은 가족체계와 관계 맺는 것을 직접적인 목표로 삼는 치료사의 행동을 강조할 때 사용된다. 조정(accommodation)은 치료사가 합류하기 위하여 적응을 강조할 때 사용된다"(p. 95). 처음에 내담자에게 적응하는 사람은 치료사이지만, 가족도 치료사에게 맞추어 조정한다.

Minuchin(1974/2012)은 치료사가 하는 조정의 세 측면을 제시하였는데, 그것은 유지, 추적, 모방이다. 유지는 치료사가 가족의 현재 조직을 계획적으로 지지하는 적극적 과정이다. 이는 치료사가 자녀의 설명을 칭찬하고, 가족원의 관점을 수용하고, 가족에게 도움이 되었던 구성원을 칭찬하는 형태로 이루어질 수 있다. 추적은 치료사가 내담자의 이야기의 내용을 따라가는 것이다. 이는 최소한의 격려 형태(예: 그렇군요, 음음), 어떤 내용을 되풀이(다른 말로 바꾸어 표현하기), 혹은 이미 한 말을 확장하기 위한 질문 형태로 이루어질 수 있다. 모방은 치료사가 언어적으로나 비언어적으로 가족이 기능하는 방식에 적응하는 것이다. 이는 가족의 속도에 맞추려고 치료사 자신의 속도를 바꾸거나 가족을 그대로 반영하여 좀 더 편안하게 앉거나 좀 더 딱딱한 자세로 앉는 것과 같은 형태로 이루어질 수 있다.

가족치료 창시자 중의 한 사람인 Jay Haley(1987)는 초기 가족치료 회기의 첫 번째 부분은 사회적 관계여야 한다고 하였다. 이때 치료사는 각 구성원과 접촉하고 가족원 모두가 치료 과정의 부분이라는 메시지를 전달한다. 치료사가 첫 회기의 초기 단계에서 어떤 사람과 접촉하지 않으면, 그는 치료 과정에 개입하지 않을 것이다.

합류는 치료사의 첫 번째 전략 가운데 하나이지만, 그렇다고 해서 합류가 첫 회기의 시작 부분에서만 일어나고 다시는 일어나지 않는 어떤 특별한 행동은 아니다. 치료사는 계속해서 내담자와 합류하는데, 내담자와 연결되어 있을 때 그들에게 가장 잘 도전할 수 있기 때문이다([그림 5-1] 참조). 더욱이 합류는 치료관계를 향상시키며, 따라서 치료 과정 내내 합류가 이루어져야 한다.

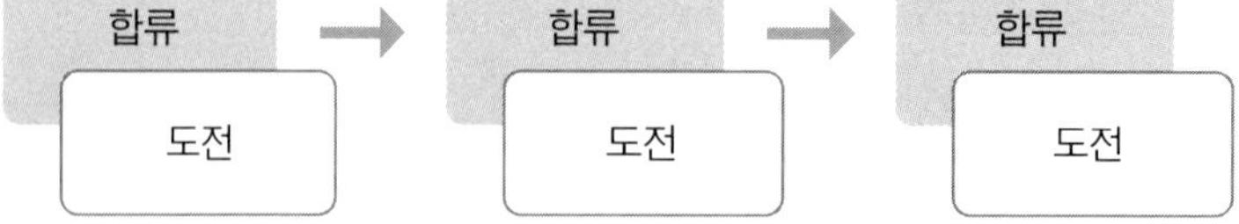

[그림 5-1] 합류와 도전의 관계

가족치료에서의 합류는 개인과 작업할 때보다 조금 더 복잡하다. Sprenkle과 Blow, Dickey(1999)에 의하면, 부부가족치료사에게 고유한 점은 치료적 동맹 시 한 사람 이상과의 작업이 공통요인으로 간주될 수 있다는 점이다. 이 연구자들은 치료적 동맹이 유대, 과제, 목표에 기초한다고 하였다. 치료적 동맹의 유대는 치료관계의 질에 대한 측정치이다. 다양한 하위체계(부모, 부부, 형제자매)와 관련된 구성원이 치료사의 지지를 더 많이 받고 더 많은 인정을 받을수록 치료는 더 많은 힘을 받게 되는 것 같다. 과제는 치료사가 사용하는 특정 기법을 말한다. 과제가 내담자의 걱정거리에 더 많은 초점을 둘수록 치료사와 내담자 사이의 시너지가 더 크다. 목표는 치료에서 바라는 합의된 성과이다. 내담자와 치료사가 목표를 공동으로 구성할 때 치료적 동맹에 도움이 된다. 치료사가 목표를 내담자에게 강제하려고 할 때 내담자는 그 목표를 성취하고 싶은 동기를 갖지 못할 수 있다.

거장(巨匠)의 메시지
Salvador Minuchin

가족에의 합류는 기법이기보다는 태도이며, 합류라는 우산 아래서 모든 치료적 상호작용이 일어난다. 합류는 치료사가 가족을 이해하고 있으며, 가족과 함께 가족을 위해 일하고 있음을 가족에게 알리는 것이다. 치료사의 보호 아래에서만 가족은 대안을 탐색하고 일상적이지 않은 다른 것을 시도하며 변화하기 위해 필요한 안전감을 느낄 수 있다. 합류는 치료체계를 하나로 붙여 주는 풀이다.

(Minuchin & Fishman, 1981, pp. 31-32)

치료사와 내담자가 합류할 때 서로 일종의 친밀감을 형성한다. 이런 친밀감은 관계의 깊이 면에서 생각해 볼 수 있는데, 이것은 "두 사람 간의 심층적인 접촉과 관여 상태로서, 그 상태에서 각자는 상대방에게 완벽한 진짜가 되며, 상대방의 경험을 높은 수준에서 이해하고 그 경험에 가치를 부여할 수 있다"(Mearns & Cooper, 2005, p. xii). 치료사가 내담자에게 진짜일 수 있고, 또 상호적으로 내담자가 치료사에게 진짜일 수 있게 되는 것은 치료사의 능력이며, 이는 두 사람의 연결에 의해 변화가 일어날 수 있게 한다(Wilkins, 2010).

첫 회기의 목표

치료사는 자신의 이론적 성향과 상관없이 첫 번째 회기를 위한 일반적인 목표를 갖고 있어야 한다. 치료사가 사용하는 모델은 목표 도달 방식에 대한 실마리를 제공하는 데 도움이 될 수 있다.

첫 회기 동안 치료사는 모든 서류작업이 완료되었음을 확인해야 하고, 치료관계에 주의를 기울여야 하며, 내담자가 치료에 오게 된 이유를 탐색하고, 치료사가 어떤 서비스를 제공할 것인지 알려 준다.

Worden(2003)은 치료사가 첫 회기 동안에 주의를 기울여야 할 여섯 가지 영역을 다음과 같이 제시하였다.

① 치료에 오게 된 이유를 탐색하기

- 누가 가장 치료를 원하는가?
- 가족원은 치료에 오게 된 이유에 대해 동의하는가?
- 가족원은 어떻게 해서 이 시점에 치료에 오게 되었는가?

② 치료사에게 기대하는 가족의 안건 탐색하기

- 가족원은 치료사에게 어떤 요구를 하고 있는가?
- 가족원은 치료사에게서 어떤 역할(판단자, 심판자 등)을 기대하는가?
- 치료사와 동맹을 맺으려고 하는 사람은 누구인가? 누가 치료사를 피하는가?

③ 인사하는 과정

- 가족원의 다양한 동기 수준은 어떠한가?
- 누가 가장 적극적이고, 누가 덜 적극적인가?

- 가족 안에서 누가 말하고, 누가 말하지 않는지 그 과정은 어떠한가?

④ 과정을 정의하기
- 누가 IP인가?
- 문제에 대한 설명을 모든 사람이 지지하는가?
- 문제에 대한 가족의 정의에 대해 다른 대안이 가능한가?

⑤ 가족체계적 정의를 발전시키기
- 가족원은 상이한 이해를 어떻게 제시하는가?
- 가족원은 갈등을 어떻게 협상하는가?
- 가족원은 어떤 방식으로 문제를 유지하는 데 도움을 주는가?

⑥ 개입을 계획하기
- 어떤 전략이 내담자의 세계관과 맞는가?
- 가족원의 강점을 어떻게 활용할 수 있는가?
- 어떤 개입이 가족으로 하여금 목표에 도달하는 데 도움이 될 것인가?

이러한 일반적인 영역은 치료사가 첫 번째 회기를 협상하는 데 도움이 되며 가족에게 무슨 일이 일어나고 있는지에 대한 체계론적 이해를 할 수 있게 한다.

여기서 중요한 점 가운데 한 가지는 내담자가 개인이 아니라 전체로서의 가족이라는 이해로 전환하는 것이다. 그러나 가족은 하나의 단위이지만, 모두 같은 의견을 갖지는 않을 여러 구성원으로 이루어진다. 그래서 가족치료사는 자신의 특정 초점을 바꾸는 데 능숙해야 한다. 어떤 경우에는 개인을 이해하기 위해 줌렌즈를 사용한다. 또 다른 시점에서 치료사는 렌즈를 넓혀서 두 사람 상호작용 혹은 세 사람 상호작용을 볼 수 있어야 한다. 그러나 가족치료사는 광렌즈를 사용하여 가족을 교육, 법, 확대가족, 문화 등과 같은 더 넓은 체계와의 관계에서 볼 수도 있어야 한다. 이런 광렌즈는 치료사가 가족과 맺는 관계도 포함한다.

추가 질문

1. 치료사가 자신을 내담자에게 소개하는 방식에 따라 어떠한 차이가 있을 수 있습니까? 예를 들어, 자신의 이름에 '박사' '교수' '선생님' 같은 명칭을 붙여서 소개하면?
2. 어떻게 해서 합류는 공동으로 이루는 과정입니까? 치료사는 가족원 중 누군가가 치료에 합류하도록 강제할 수 있습니까? 치료사가 가족원 중 누군가와 연결되지 못할 때, 어떻게 하면 연결을 더 잘할 수 있습니까?
3. 첫 회기에서 치료사의 주요 목적은 무엇입니까?

제6장

기초 공감 기술

이 장은 적극적 경청 기술을 배우는 과정으로 시작한다. 초보 치료사가 공부하기 위해 가장 중요한 사람은 Carl Rogers이다. Rogers는 모든 시대를 통틀어 가장 중요한 심리치료사일 것이다. 그 이유는 그가 신봉했던 가장 기본적인 아이디어가 자신의 모델인 인간중심 치료의 범위를 뛰어넘는 것이기 때문일 것이다. Rogers는 내담자의 내적 경험을 이해하는 데 초점을 두었다. 이 장은 내담자의 세계관을 이해하기 위한 첫 번째 시도이다.

세 가지 핵심 조건

Rogers는 치료사가 해야 하는 세 가지 핵심 조건인 치료사의 일치성, 무조건적인 긍정적 존중, 정확한 공감적 이해를 제안한 사람으로 가장 잘 알려져 있다(Rogers & Truax, 1967). Rogers(1989)에 의하면 이 세 가지 조건은 내담자가 변화하기 위해서 꼭 필요한 것이다([그림 6-1] 참조). 이러한 조건이 없으면 내담자의 변화는 가능하지 않다. 그러나 Rogers는 또 이 조건이 변화를 위해 충분하다고 믿었다. 대부분의 치료사는 첫 번째 조건, 즉 치료는 치료사가 진실되고 내담자를 좋아하며 내담자를 이해할 때 진전을 크게 이룬다는 생각에 동의한다. 그러나 이 조건들이 치료를 위해 필요한 모든 것인지의 여부에는 많은 논란이 있다.

이 조건들 중 가장 기본적인 것은 치료사의 일치성으로서 이것은 치료사가 진실해야 나오는 것이다(Rogers & Truax, 1967). 그다음에는 무조건적인 긍정적 존중이다. 치료사는 내담자를 한 사람으로 존중해야 하는데, 이는 치료사가 진실해야 함을 의미한다. 치료사가 있는 그대로의 자기 자신이 되고 또 내담자를 변화시킬 수 있는 능력을 가진 가치 있는 인간으로 볼 때, 치료사는 타인의 세계관을 조정함에 있어서 더 정확할 것이라는 점이 정확한 공감적 이해다. 이제 조금 천천히 진행해서 치료적 실천의 필수 요소인 이 세 가지 핵심 조건 각각을 조금 더 깊이 살펴보자.

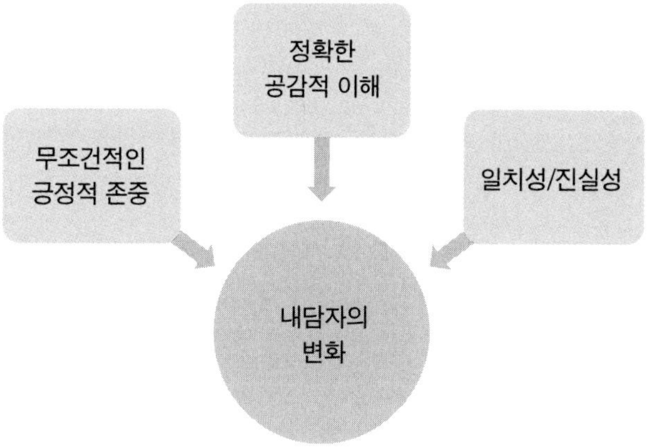

[그림 6-1] Rogers의 세 가지 핵심 조건

Rogers는 상담실에서 자기 자신이 되는 치료사의 개념을 위해 몇 가지 용어를 제안했는데, 그것은 일치성, 투명성, 진실성이다. 일치적이기 위해 치료사는 자신의 경험과 접촉해야 한다. 오늘날 우리는 성찰과 마음챙김이라는 견지에서 이러한 자각에 대해 말할 수 있다.

상담실에서 한 사람의 치료사로서 진짜가 된다는 것이 무엇을 의미하는가? 어떤 사람에게 이것은 자기 마음에서 나오는 대로 말하고 행하는 것을 의미한다. 이는 일종의 극단적 입장이다. 대부분의 치료사는 진실성이 내담자에게 부과되는 그 어떤 것이 아니라는 입장이다. 치료사가 감정, 사고 혹은 상상을 가지고 있다면, 자기 행동의 파급효과를 생각하지 않고 그것들을 불쑥 내뱉지는 않는다. 대신에 일치성은 첫 번째이자 가장 중요한 개인내적 경험이다. 치료사는 그 순간에 자신이 활용할 수 있는 생각과 감정을 가지고 있어야 한다. 치료사가 자기 입장을 일단 수용하면, 그 경험을 내담자에게 전하는 것이 적절한지 여부를 결정할 수 있다. 다음은 아주 명백하게 적절한 투명성의 예이다.

치료사: 방금 당신이 말할 때, 제가 좀 지루해하는 것 같아요. 우리는 이 문제에 대해 그 전에도 여러 번 이야기했거든요. 지금도 제가 지루해하는 것이 불편해요. 왜냐하면 이건 당신과 저 사이에 거리가 있음을 의미하고, 저는 그 거리를 좁혀서 연결하고 싶거든요. 이렇게 당신에게 말하니 더 이상 지루하지는 않아요. 하지만 당신이 어떤 말씀을 하실지 정말 듣고 싶어요.

이제 무조건적인 긍정적 존중에 대해 이야기해 보자. Rogers와 Truax(1967)에 의하면 "이것은 치료사가 내담자를 인간으로서 잠재가능성을 가진 사람으로 보며, 깊고 진실됨 그리고 보살핌(치료사 자신의 사고, 감정, 행동의 평가에 의해 오염되지 않은 보살핌)을 내담자와 소통하는 것"(p. 102)이다. 무조건적인 긍정적 존중에 대한 흔한 오해는 치료사가 상대방의 모든 것을 다 좋아해야 한다는 것이다. 이는 사실이 아니다. 무조건적인 긍정적 존중은 판단을 하지 않는다는 데 초점이 있다. 치료사는 한 가지 행동을 못마땅하게 여길 수도 있으나 그래도 여전히 그 사람이 왜 그런 행동을 하였는지 이해할 수 있다. 이것이 공감의 전형적인 특징이다. 타인이 생각하고 느끼고 행동하는 그대로가 어떻게 이해가 되는지를 납득하고 이해할 수 있는 능력이다.

사람들이 변할 수 있고 성장할 수 있음을 진정으로 믿는다면(모든 치료사가 그래야 하며, 그렇지 못한다면 이 분야가 적합한 직업이 아닐 것임), 무조건적인 긍정적 존중을 하기가 더 쉬울 것이다. 인간에게 경이로운 점은 흠도 있지만 가능성 역시 가지고 있다는 것이다. 사람들에게 필요한 것은 현재 처해 있는 상황에 대한 대안적인 조건을 갖게 되어서 현재보다 더 훌륭하게 존재할 수 있게 되는 것이다.

마지막 핵심 조건은 정확한 공감적 이해로서, 이는 대부분의 사람들이 치료를 어떻게 하며 또 적극적 경청을 어떻게 하는지를 배울 때 생각할 수 있다. 이는 "심리치료를 하는 매 순간 만나는 내담자의 경험과 감정 그리고 그것들의 의미를 정확하고 민감하게 이해할 수 있는 치료사의 능력”(Rogers & Truax, 1967, p. 104)이다. 어떤 사람들은 공감을 내담자가 느끼는 것을 그대로 느끼는 것으로 이해한다. 이런 이해는 옳지 않은데, 그렇게 하는 것은 불가능하기 때문이다. 우리들 각자는 고유한 인간이기 때문에 누군가가 하는 그대로 느끼거나 이해할 수는 결코 없다. 그러나 그 상황에서 우리가 어떻게 느낄 수 있을지, 타인이 그 상황에서 어떻게 느낄 것이라고 생각하는지를 근거로 해서 누군가에게 무슨 일이 일어나고 있는지를 추측하기 위해 최선을 다할 수 있다. 그리고 가장 중요하게는 타인이 자기 삶을 어떻게 경험하는지 알기 위해 그가 누구이며 그의 상황은 어떤지를 맥락에 놓고서 보기 위해 최선을 다할 수 있다.

공감

정확한 공감적 이해를 위한 두 가지 주요 부분이 있다. 첫째, 치료사의 내적 경험이다. 내담자가 (말과 신체로) 무엇을 말하는가를 기초로 치료사는 내담자의 경험을 맥락에 놓고서 보고자 한다. 이를 내적 대화라 할 수 있다. “나의 내담자는 34세의 남미계 여성으로서 이전에 차별을 받은 경험이 있다. 잠재 고용주가 그녀에게 영어를 할 수 있는지 물어서 그녀는 좌절감을 느끼게 되고, 더 중요하게는 고유한 한 인간으로서 자존감이 떨어진다고 느끼고 있다.” 둘째, 내담자에게 이런 이해를 전달하는 것이다. “캐롤린 씨, 그런 코멘트를 듣고 당신은 좌절감을 느낄 것 같고, 더 중요하게는 다소 자존감이 떨어진다고 느낄 것 같아요.”

치료사의 무조건적인 긍정적 존중과 정확한 공감적 이해가 효과가 있기 위해서는 내담자가 그것을 지각해야 한다(Wilkins, 2010). 치료는 대인 간의 의사소통 과정이기 때문에 내담자가 주목하지 않은 행동은 대부분 쓸모가 없을 것이다.

치료사가 내담자의 내적 세계를 인식하기 위해 시간을 들일 때, 내담자는 가치 있고 중요한 사람으로 보인다. 그때 치료사가 무조건적인 긍정적 존중을 하고 있음을 내담자에게 보여 주게 된다(Rogers & Truax, 1967). 또 내담자는 어떤 한 사람(치료사)이 자기 이야기의 표면뿐 아니라 더 중요하게는 자기가 하는 말에 대해 자신이 부여한 의미를 열심히 이해하려고 노력할 만큼 충분히 가치 있는 존재이다. 이 장의 나머지 부분에서는 이 과정을 조금 더 자세히 살펴보고자 한다.

거장(巨匠)의 메시지
Carl Rogers

치료 경험에 의해 내담자는 자신의 가족관계에서 살아가는 방식을 바꾸는 것 같다. 내담자는 양방향 의사소통을 실제로 어떻게 시작하고 유지하는지에 대한 어떤 것을 학습한다. 다른 사람의 생각과 느낌 그리고 그런 생각과 느낌이 그의 삶에 갖는 의미를 철저히 이해하는 것, 그런 반대로 그 사람에 의해 철저히 이해를 받는 것—이것은 가장 보람 있는 인간의 경험이지만, 모두가 그렇게 하기는 거의 어렵다. 치료에 오는 사람들은 그런 진솔한 의사소통이 자기 가족의 구성원과 함께 가능하다는 점을 발견하고서 기쁨을 토로한다.

부분적으로 이는 상담사와의 직접적인 의사소통 경험 때문인 것 같다. 그러한 안도감, 그렇게 훌륭하게 방어를 하지 않는 것, 자신이 이해를 받는다는 것을 학습하게 되기 때문에 사람들은 타인을 위해서 이러한 분위기를 만들고 싶어 한다. 치료관계에서 자신의 가장 나쁜 생각, 가장 이상하고 비정상적인 감정, 가장 우스운 꿈과 희망, 가장 나쁜 행동이 타인에 의해 모두 이해될 수 있음을 아는 것은 굉장히 안심이 되는 경험이다. 이 사람은 그러한 경험을 타인에게 확장할 수 있는 자원으로 보기 시작한다.

(Rogers, 1961, p. 323)

여는 말

내담자(그리고 치료사)가 치료에서 다루고자 하는 여러 주제와 이슈가 있다. 어떤 내담자는 상담실에 와서 바로 자신의 걱정거리를 말하는 한편, 또 다른 내담자는 치료사의 지시를 기다린다. 대화를 지속하기 위해서 치료사가 뭔가 대단한 것을 말할 필요는 없으며, 내담자에게 서둘러 질문을 하면 된다.

주택의 비유를 사용하자면, 주택에는 많은 방이 있는데 각 방마다 문이 있다. 각 방은 한 가지 이슈(문제)를 담고 있다. 그 이슈들 중 어떤 것에 대해 내담자는 '나쁨' '보통' '좋음'의 여러 수준으로 해석한다. 방의 크기는 다양하다. 예를 들어, "이 방에서 내 발가락을 다쳐서 5분 동안 아팠다." 같은 이슈가 있는 방은 아마 꽤 작을 것이다. "파트너가 암 진단을 받았다는 것을 알게 되었다."는 방은 아마 가장 큰 방 중의 하나일 것이다. 그런 이슈들에 따라서 방은 문으로 서로 연결되어 있다. 예를 들어, "일자리를 잃음"의 방은 "내 삶이 행복하지가 않음"의 방과 문으로 연결되어 있다.

치료 과정 내내, 그리고 각 회기마다 치료사와 내담자는 여러 방을 왔다 갔다 한다. 아마도 어떤 회기에는 방 하나만 탐색하는가 하면, 다른 회기에서는 5~6개의 방에 들어간다. 치료사가 문을 노크하면, 내담자는 문을 열고 치료사를 환영하여 맞을 것인지 살펴본다. 아마 어떤 내담자는 문을 닫아걸고 아주 조그만 틈새로만 보이도록 열어서 치료사가 그 틈으로 방을 엿볼 수 있게 하거나, 또는 문을 활짝 열고 치료사를 초대해 그 방에 머물 수 있게 할 것이다. 여는 말(door openers)은 내담자의 한 가지 이슈/걱정을 살펴보기 위해 시작하는 질문이다. [그림 6-2]는 여러 문을 여는 질문을 보여 주고, 이 질문과 내담자 이슈의 관계를 보여 준다.

문을 여는 질문은 일반적일 수도 있고 구체적일 수도 있다. 일반적으로 여는 말은 그 순간에 내담자에게 가장 적합한 문을 열도록 하는 것이다. 문을 여는 일반적인 질문은 대개 첫 회기에서 사용되는데, 내담자가 왜 치료에 오게 되었는지에 대한 자기의 생각을 표현할 기회를 준다. 문을 여는 일반적인 질문은 그다음 회기들을 시작할 때에도 사용될 수 있다.

- 어떻게 해서 치료에 오게 되셨습니까?
- 오늘 무엇에 대한 이야기를 하고 싶으십니까?
- 이번 주는 어떻게 지내셨습니까?
- 어떤 걱정거리가 있습니까?
- 이번 회기에서 나누고 싶은 것이 무엇인지 말씀해 주세요.

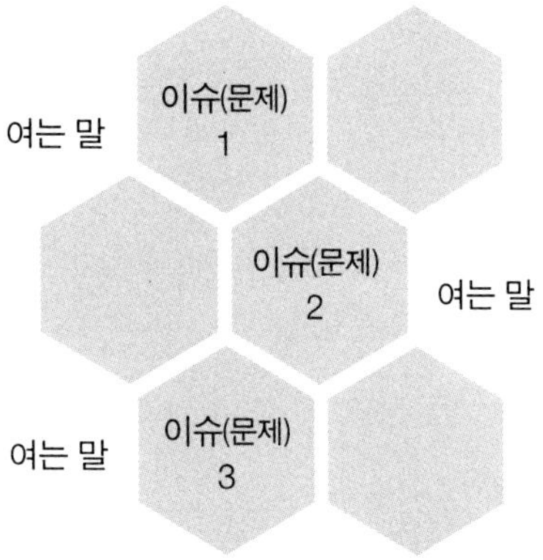

[그림 6-2] 여는 말과 내담자 이슈(문제)의 관계

구체적으로 여는 말은 특별한 방과 이슈(문제)에 초점을 두기 위해 이전에 얻은 지식이나 내담자의 현재 행동을 활용하는 것이다. 예를 들어, 내담자가 자신의 영성에 대한 느낌을 살펴보고 싶다고 말하였다면, 치료사는 "지난주에 우리는 영성에 대한 이야기를 나누었지요. 이것이 당신에게 어떤 의미인지 말씀해 주시겠어요?"라고 말할 수 있다. 여기서 치료사는 어떤 이슈를 탐색할 것인지를 직접 언급한다. 또한 구체적으로 여는 말은 비언어적으로 지각된 메시지를 기초로 할 수 있다. 만일 부부가 상담실에 들어와 떨어져 앉아서 서로 얼굴을 쏘아보고 있다면, 치료사는 "지금 이 순간 두 분 사이에 뭔가 흐르는 게 있는 것 같아요. 두 분 각자 지금 어떠신가요?"와 같이 말할 수 있다.

또한 치료사가 얼굴 표정에 주의를 기울여서 더 탐색할 부분을 찾아갈 수도 있다. "재키 씨, 눈물을 흘리셨던 것 같아요. 지금 기분이 어떠신지 말씀해 주실 수 있는지요?" 치료사가 어떻게 시작하든지, 목적은 내담자에게 중요한 부분에 관한 대화를 내담자와 시작하는 것이다.

문을 여는 질문은 내담자와의 의미 있는 대화를 시작하고 싶은 치료사의 진솔한 소망을 전달하기 위해 사용된다. 치료사가 이런 태도를 취하지 않을 때 대화의 가능성이 차단될 수 있다. 그때 여는 말을 시작할 수 있다. 닫는 말(door closers)은 문제에 대해 말할 여지를 열고 싶은 소망처럼 보이지만, 실제로는 치료사가 그런 대화를 하고 싶지 않다는 것을 내담자에게 전달하는 메시지이다.

- 히로 씨, 당신은 형제간의 경쟁에 대해 다시는 이야기하고 싶지 않으신 거군요. 그렇지요?
- 오늘 당신이 원하는 것은 무엇이든 이야기하실 수 있습니다. 하지만 직장에서 얼마나 힘든지에 대한 이야기는 더 이상 안 하면 좋겠군요.
- 로드리고 씨, 드디어 오늘 나타나기로 결정하셨군요! 그래서 정말 당신이 말하고 싶은 것에 대해 생각해 보셨습니까?

내담자는 치료사의 이러한 말을 자신을 질책하는 것으로 받아들일 수 있고, 그래서 인간 대 인간으로서 접촉을 하고 싶다는 소망을 제한할 가능성이 매우 크다.

가벼운 격려

일단 내담자가 다루기를 원하는 이슈로 문이 열리면, 대화를 지속하기 위해 치료사가 해야 할 일은 많지 않다. 그렇게 하기 위해서 치료사는 가벼운 격려(minimal encouragers)를 하는데, 이는 대화를 계속하기 위해서 내담자에게 메시지를 보내는 진술이나 행동을 말한다. 만일 당신이 손가락으로 농구공을 돌리는 사람을 본 적이 있다면, 여는 말과 가벼운 격려가 연결되어 있음을 볼 수 있다. 손가락에서 움직이는 공을 잡기 위해 맨 처음에 밀고 돌리는 것은 문을 여는 질문으로 간주할 수 있다. 일단 공이 돌아가면, 공을 계속 움직이기 위해 더 많은 것을 할 필요가 없고, 그저 손을 살짝 움직이면 된다. 이것은 가벼운 격려라고 볼 수 있다. 가벼운 격려는 맞장구 의사소통이라고도 할 수 있다.

문을 여는 질문은 내담자의 이슈(문제)마다 한 가지만 쓰이는 반면, 치료사와 내담자 간 상호작용 내내 사용되는 가벼운 격려는 아주 많다([그림 6-3] 참조). 이것은 쉽게 배울 수 있는 기술이다. 우리가 살아가면서 내내 의사소통을 하면서 지내 왔기 때문이다. 그러나 너무 많이 사용하거나 너무 적게 사용하지 않는 것이 기예(技藝)이다. 하지만 더 많이 사용하거나 더 적게 사용하는 기준을 말해 주는 구체적인 숫자가 있는 것은 아니다. 이것은 치료사와 내담자의 관계에 달려 있다. 말을 많이 하는 내담자에게는 가벼운 격려를 조금 덜 사용할 필요가 있다. 말을 잘하지 않는 내담자에게는 가벼운 격려를 더 많이 사용하는 것이 좋을 것이다.

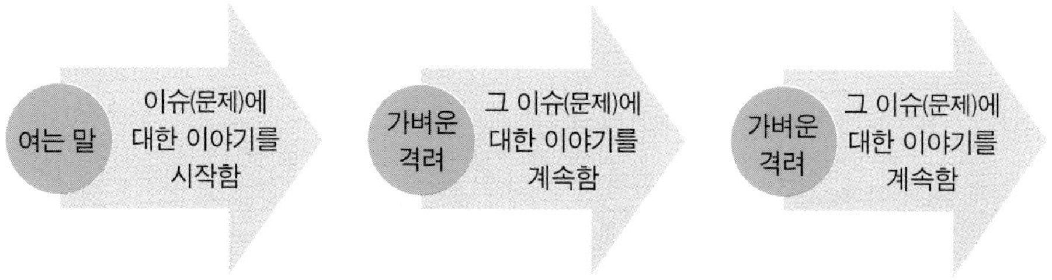

[그림 6-3] 여는 말과 가벼운 격려

비언어적인 가벼운 격려는 치료사가 신체를 사용해서 내담자에게 계속 말하도록 알려 주는 것이다. 눈 맞춤, 고개 끄덕이기, 손짓이 포함된다. 언어적인 가벼운 격려는 내담자에게 그가 말할 차례임을 알려 주는 것이다. 가장 흔한 언어적 격려는 다음과 같다.

- 그렇군요.
- 조금 더 말씀해 주세요.
- 계속하시지요.

이런 말들은 고작 몇 단어를 사용하는 것에 불과하지만, 언어적인 가벼운 격려는 이런 말들보다 더 길 수도 있다. 예를 들면, "제나 씨, 남편과의 관계에 대해서 하셨던 말씀이 아주 중요합니다. 그것에 대해 조금 더 말씀해 주시겠습니까?" 이는 치료사가 영어 22단어로 말한 것에 불과하지만, 대표적인 가벼운 격려이다. 치료사는 내담자가 그전에 말했던 방향으로 계속해서 말하도록 요청하고 있다. 더 깊이 말하라거나 다른 방향의 말을 하라는 메시지가 아니라 그저 이전에 했던 그 경로를 유지하라는 메시지이다.

가벼운 격려는 의사소통을 교환할 때 차례를 협상하는 주요 방법들 중 하나이다.

그러나 이 기술을 활용할 때 생기는 두 가지 주요 함정이 있을 수 있다. 첫 번째 주요 함정은 치료사가 가벼운 격려를 다양하게 사용하지 못하는 것이다. 당신이 내담자인 것처럼 상상하고 다음의 치료사-내담자 대화를 읽어 보기 바란다. 치료사를 어떻게 인식하게 되는가?

내담자: 남편하고 어려움이 정말 많아요.
치료사: 그렇군요.
내담자: 남편은 집안일에 그다지 관심이 없는 것 같아요.
치료사: 그렇군요.
내담자: 남편한테 말하려 하면, 남편은 바쁘다거나 어떻게 해야 할지 모른다고 말해요.
치료사: 그러시군요.
내담자: 그래서 어떻게 해야 할지 모르겠어요.
치료사: 그렇군요.

독자도 필자와 같다면, 아마 치료사와 연결감을 느끼지 못할 것이다. 그는 '치료사' 역할을 하고 있는데, "그렇군요"가 표준 반응인 것처럼 하고 있다. 내담자가 그런 반복되는 단어에 집중하기 시작하면 자신의 경험에 초점을 못 맞추게 된다. 그러면 내담자는 아마 속으로 치료사를 비난하고 치료사의 기술을 존중하지 못할 것이다. 그렇지만 치료사가 가벼운 격려를 다양하게 사용하면 그런 감정은 없어질 것이다.

내담자: 남편하고 어려움이 정말 많아요.
치료사: 그렇군요.
내담자: 남편은 집안일에 그다지 관심이 없는 것 같아요.
치료사: (치료사가 눈 맞춤을 하면서 고개를 끄덕인다.)
내담자: 남편한테 말하려 하면, 남편은 바쁘다거나 어떻게 해야 할지 모른다고 말해요.
치료사: 그 부분에 대해 조금 더 말씀해 보시지요.
내담자: 그래서 어떻게 해야 할지 모르겠어요.

치료사: 우리 함께 조금 더 찾아볼까요.

앞의 대화를 읽고 나서의 경험은 조금 달랐는가? 치료사가 뭔가 획기적인 말을 한 것은 아니지만, 내담자는 치료사가 기계적인 반응을 하기보다는 자신과 함께 있다고 더 많이 느낄 것이다.

가벼운 격려를 사용할 때 가지게 되는 두 번째 주요 함정은 내담자가 방해를 받는다고 느낄 수 있다는 것이다. 이는 "으흠"이라는 격려와 함께 사용할 때 특히 더 그렇다. 대부분의 치료사는 이 말을 때맞추어 적절하게 사용하지만, 너무 자주 사용하면 대화의 흐름에서 벗어날 수 있다.

다음의 축어록에서 치료사의 "으흠" 사용을 괄호 안에 표시하였다. 당신이 마치 가벼운 격려가 당신에게 미친 영향을 결정하는 내담자인 것처럼 가정하고 다음을 읽어 보기 바란다.

내담자: 저, 제가 (으흠) 지난번에 (으흠) 직업을 좀 바꾸고 싶다는 (으흠) 생각을 했어요. (으흠) 제 인생에서 (으흠) 좀 더 많은 일을 할 수 있는 것으로요. (으흠) 너무 장시간 일하는 것은 (으흠) 생활에 별로 도움이 안 되는 것 (으흠) 같아요. (으흠)

치료사 자신이 대화에 참여하고 있고 주의를 기울이고 있음을 보여 주고 있지만, 이런 한 가지 격려를 너무 많이 사용하기 때문에 내담자의 주의가 오히려 분산될 수 있다. 하지만 치료사가 어떠한 언어적 혹은 비언어적인 가벼운 격려도 사용하지 않으면, 내담자는 치료사가 그 자리에 있는지 의문이 들 것이다.

내담자의 이야기

정보의 교환은 내러티브나 이야기에 대해 말하는 것이라고 할 수 있다. 어떤 이야기는 다른 이야기보다 더 복잡하다. 간단한 이야기는 "우리 데이트했어요."이지만,

더 자세한 이야기는 언제 했고 어디에 갔고 어떻게 느꼈고 데이트에서 무슨 일이 있었는지를 담을 수 있다.

그러나 모든 이야기는 그것이 얼마나 자세하든 상관없이 치료사가 주의를 기울일 필요가 있는 다양한 수준을 담고 있다. 이야기의 어떤 수준은 분명한 반면, 다른 수준의 이야기는 치료사가 그것을 확인하기 위해서 몇 계단을 밟아야 한다. 내담자 이야기의 세 가지 수준은 내용, 감정, 의미이다. 내용 수준은 누가, 무엇을, 어디에서, 언제, 어떻게를 포함한다. 또 내용은 사람들이 어떻게 생각하는지를 말한다. 감정 수준은 사람이 경험했던 정서에 초점을 둔다. 마지막 수준인 의미는 가장 중요하지만, 사람들이 자각하고 표현하기가 가장 어려운 수준이다. 또 의미는 치료사가 주의를 기울이기가 가장 어려운 부분이다. 의미 수준은 내담자의 자아감에 초점을 둔다. 이는 무슨 일이 있었는지를 바탕으로 특정 방식의 감정에 근거해서 자신을 어떻게 이해하는지를 나타낸다. [그림 6-4]는 이런 세 가지 수준을 나타내는데, 삼각형의 많은 부분은 내용이 차지한다. 치료사가 내담자의 경험에 더 깊이 들어갈수록 감정에 초점을 두는 데 시간이 덜 쓰인다. 의미는 가장 깊은 수준이지만 가장 중요하다. 이곳은 내담자의 실제 변화가 가장 잘 일어나는 경향이 있는 바로 그곳이다. 이 그림을 볼 때, 삼각형은 의미 수준에 기초를 두고 있음을 알 수 있다.

제7장에서 내담자 경험의 감정과 의미 수준에 어떻게 접근해서 수용하는지 자세히 살펴볼 것이다.

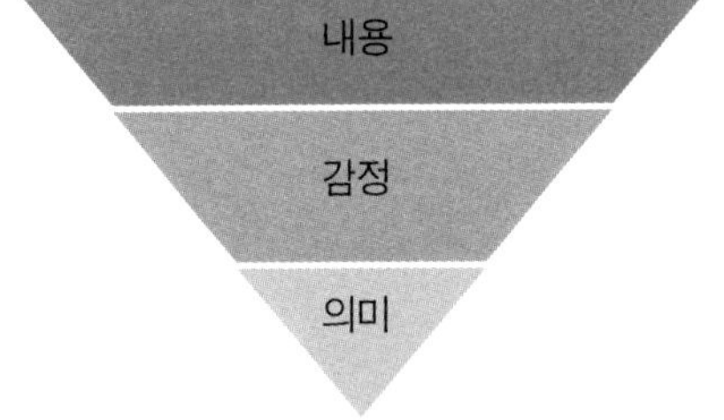

[그림 6-4] 내담자 이야기의 세 가지 수준

바꾸어 말하기

사람들은 이야기를 시작할 때, 대개 내용부터 시작한다. 이는 치료에 온 내담자와 일상생활의 사람들 모두에게 해당한다. 누군가가 당신에게 했던 마지막 이야기를 생각해 보자. 그 사람이 이야기를 어떻게 시작했는가? 그것은 아마 당신에게 상황을 설명하는 이야기였을 것이다. 아마도 다음과 같은 어떤 말이었을 것이다.

> "그녀를 온라인에서 만났는데, 지난 3주 동안 그녀와 이야기를 나누었어요. 그녀는 진짜 멋있고 우리는 잘 맞아요."

보면 알겠지만, 이 모두는 내용이다(여자를 온라인에서 만났다. 3주 동안 이야기를 나누었다. 그 여자가 멋있다고 생각한다. 둘이 잘 맞는다고 생각한다). 그러나 다음 장에서 보겠지만, 이 말의 표면 아래 살펴봐야 할 더 많은 것이 있다.

치료사가 내담자의 이야기를 따라가고 있다는 점을 알게 하는 첫 단계는 이야기의 자세한 사항에 주의를 기울이는 것이다. 여기서 치료사는 내담자의 말을 하나하나 다 인정할 필요는 없으며, 무엇이 가장 중요한 측면인지를 결정해야 하고, 그만큼 내담자가 한 말의 어떤 면이 치료가 바람직한 방향으로 가는 데 더 적합한지 결정해야 한다. 치료사가 어떤 정보에 집중할 것인지를 구분하기 위해 더 많은 맥락이 필요할 수도 있지만, 어떤 면은 중요성이 좀 떨어진다는 점만은 분명하다.

연습 6-1

다음 이야기의 내용에 관한 다양한 정보를 내담자에게 중요한 수준에 따라 그 순서를 매기시오. 가장 중요한 정보부터 시작하시오.

예시

지난주에 빨래를 하면서 결혼생활에 대해 생각해 보았어요. 4년간 결혼생활을 했는데, 남편이 저를 사랑하는지 도무지 확신이 안 들어요.

1. 남편이 저를 사랑하는지 도무지 확신이 안 들어요.
2. 결혼생활에 대해 생각해 보았어요.
3. 4년간 결혼생활을 했는데
4. 지난주에
5. 빨래를 했어요.

1. 딸이 이번 학기에 성적이 별로 좋지 않았어요. 아내하고 제가 카페에서 어떻게 해야 할지 이야기했는데, 서로 의견이 달랐어요. 딸이 시내에 사는 친구 파티에 초대를 받았는데, 만일 성적이 오르지 않으면 우리는 딸을 파티에 보내지 않을 생각이에요.

2. 친정엄마가 건강이 안 좋으셔서 우리 집에 모시고 살고 싶어요. 남편은 친정엄마를 우리 집에 모시기를 원하지 않아요. 그러면 남편은 스포츠 경기를 보는 데 방해가 될 거라고 생각하죠. 그렇지만 엄마는 조용하고 하루 종일 뜨개질을 하셔서 방해가 되지 않을 거예요.

3. 어떻게 해야 할지 모르겠어요. 그동안 파트너 몰래 외도를 했거든요. 지난번 그 사람과 극장에서 만났어요. 최근 개봉한 영화를 함께 봤어요. 그런데 정말 좋더군요. 그런데 파트너가 결혼하자고 넌지시 말하더군요.

일단 내담자의 이야기에서 무엇이 중요한지 구분할 수 있게 되면, 치료사는 자신이 잘 따라가고 있음을 내담자에게 알려 줄 필요가 있다. 바꾸어 말하기(paraphrasing)는 이야기의 내용에 초점을 두고 내담자에게 하는 진술이다. 한 사람이 하는 모든 진술에는 다중의 수준이 있음을 우리 모두 알고 있지만, 치료사는 의도적으로 단일한 혹은 다중의 수준에 초점을 둘 수 있다. 바꾸어 말하기는 의사소통의 표면 수준에 초점을 둔다. 여기서 내담자 이야기의 어떤 면을 바꾸어 말해 주고, 어떤 식으로 그렇게 하는가라는 질문이 생긴다.

이 책에서 제시한 대부분의 기술과 마찬가지로 바꾸어 말하기는 새로운 것이 아니다. 당신은 일상생활에서, 가족이나 친구와의 대화에서, 그리고 논문을 쓸 때 바꾸어 말하기 기술을 무심코 사용해 왔다. 책이나 논문에서 제시된 정보를 읽고 저자들이 무엇을 말했는지 논문에서 요약할 때면 언제나 바꾸어 말하기를 하였다. 이제 치료사는 이 기술을 살아 있는 면 대 면 상호작용에서 사용해야 한다.

많은 사람의 경우, 당신이 이야기의 중요한 부분이 무엇인지를 잘 듣지 않았다고 생각한다면, 그들은 그것을 되풀이하여 말할 것이다. 그렇게 되면 의사소통의 흐름이 느려질 것이고, 그 사람은 당신이 온전히 그와 함께 있는지 확신하지 못하기 때문에 실망할 것이다. 우리 가족의 경험을 들어서 이에 대해 설명해 보자. 필자의 아들 코지가 세 살이었을 때, 커다란 건설용 기계차에 관심이 아주 많았다. 우리가 차를 운전하고 이리저리 다녔을 때, 아들은 자기가 봤던 차들의 이름을 댈 수 있었다. 하지만 아들은 필자 혹은 아내가 자기가 말한 것(사실상 아들의 이야기)을 들었음을 인정해 줄 때까지 그 차의 이름을 계속해서 말했다. 아들을 데리고 자동차를 운전하는 것은 때로 다음과 같았다.

코지: 스키드 스키어…스키드 스키어…스키드 스키어.
나: 스키드 스키어를 봤구나.
코지: 백호우 로우더… 백호우 로우더…백호우 로우더.
나: 백호우 로우더~.

아들은 아내나 필자가 자기 말을 듣고 인정해 준다는 것을 알고서야 자기 이야기를 더 할 수 있었다. 내담자들도 똑같은 경향이 있다(물론 그들은 건설용 기계차를 고집하여 말하지는 않겠지만). 하지만 내담자는 치료사가 자기가 한 말을 들었다는 점이 분명해질 때까지 이야기의 정보 조각을 자주 반복하는 경향이 있다.

두 가지 형태의 바꾸어 말하기가 있다. 일반적으로 바꾸어 말하기는 상대방이 무슨 말을 하고 있는지 전반적으로 이해하기 위해서 그 이야기의 모든 세세한 사항은 고려하지 않는 것이다. 일반적으로 바꾸어 말하기는 치료사가 잘 들었고, 또 내담자의 전체적인 경험을 인정하고 있음을 내담자에게 알려 준다. 내담자가 전달하는 각각의 정보를 전달할 필요는 없다.

내담자: 우리는 3년 전에 결혼했고, 텍사스주에서 일리노이주로 이사했어요. 아내는 6개월째 직장을 구하는 데 어려움을 겪었어요. 저도 전근하였고, 가계부양자이지요. 그것이 우리 사이에 큰 문제가 되었어요.

치료사: 이런 변화가 두 분 모두에게 힘드셨겠군요.

여기서 치료사는 자신이 이야기의 줄거리를 잘 따라가고 있음을 알려 준다. 이사를 하였고, 그 결과 부부 모두에게 긍정적이지 않았다고 들었음을 알려 준다.

일반적인 바꾸어 말하기의 몇 가지 예를 들면 다음과 같다.

- 이 시점에서 당신이 처리해야 할 일이 참 많은 것 같군요.
- 당신의 삶에서 정말 많은 일이 일어나고 있군요.
- 당신이 바랐던 대로 일이 잘되어 가고 있는 것 같지 않군요.
- 한꺼번에 모든 일이 당신에게 밀려오고 있는 것 같군요.

구체적으로 바꾸어 말하기는 치료사가 내담자에게 이야기의 여러 자세한 내용을 들었음을 알려 주는 것이다. 이는 내용의 가장 중요한 면을 들었음을 확인시켜 주는 것이다. 앞의 내담자 진술에서 구체적으로 바꾸어 말하기는 다음과 같을 수 있다.

치료사: 두 분이 비교적 최근에 결혼하셨고, 꽤 멀리 이사를 하셨군요. 아내분은 직장을 구하는 데 어려움을 겪고 있고, 남편분은 그 전 직장을 갖고 있었지만 새로운 지역으로 옮기셨군요. 그리고 남편분이 밖에서 일하는 유일한 사람이다 보니 두 분 사이에 문제가 좀 생기신 것 같군요.

치료사는 내담자 이야기의 요점을 떠올려서 이야기하였다. ① 3년간 결혼생활을 했고, ② 텍사스주에서 일리노이주로 이사했으며, ③ 아내가 직장을 구할 수 없었고, ④ 전근을 할 수 있었고, ⑤ 한 사람만 수입이 있고, ⑥ 둘 사이에 문제가 있다.

이미 보다시피, 내담자가 말한 모든 단어를 그대로 반복할 필요는 없다. 특정한 단어나 문장을 사용하는 것이 매우 중요한 때도 있겠지만, 바꾸어 말하기는 치료사가 내담자의 말과 경험을 마음속으로 받아들여서 내담자의 말을 사용하여 말할 때 일어난다. 예를 들면, 텍사스주에서 일리노이주로 이사했음을 치료사가 말하는 것이 중요한가? 아마도 아닐 것이다. 하지만 치료사는 부부 중 한 사람 혹은 둘 모두 그 두 주에 가족이 있는지, 날씨가 아주 다른 주로 이사를 하는 데 대해 어떤 생각인지, 각 주에서 경험은 어떤지 등에 대해 호기심을 가지고 시작할 수 있다.

연습 6-2

다음의 내담자 진술에 대해 일반적으로 바꾸어 말하기와 구체적으로 바꾸어 말하기를 해 보시오.

예시

내담자: 최근에 딸이 태어났어요. 하지만 의사가 말하길 딸 심장에 작은 구멍이 있대요. 이것이 딸한테 어떤 영향을 미칠지 아직 확신할 수 없다면서요. 우리는 돈이 별로 없는데, 치료비용이 엄청날 거예요. 이제 우리는 딸이 안전하게 성장하도록 확신하기 위해 어떻게 해야 할지 생각해야 해요.

일반적으로 바꾸어 말하기: 두 분이 감내해야 할 일이 많은 것 같군요.

구체적으로 바꾸어 말하기: 딸이 태어난 후 딸의 심장에 작은 구멍이 있다는 사실을 알게 되셨군요. 이제 두 분이 치료비용에 대해 어떻게 할지 고심하고 계시는군요. 치료비용이 엄청날 거라고 생각하니 말이에요. 하지만 더 중요한 것은 두 분이 따님의 의료처치가 잘되는지 확신하기 위해 무엇을 해야 할지 생각하는 것이로군요.

1. 지난주에 남편이 어떤 여자와 성적인 내용의 문자메시지를 주고받았다는 것을 알게 되었어요. 그 여자가 누구인지 잘 모르겠어요. 아마 남편이 직장에서 만난 여자이거나 아니면 인터넷에서 만난 것 같아요. 이번은 남편이 외도한다는 것을 제가 알게 된 두 번째에요. 제가 얼마나 오래 이 일을 받아들일 수 있을지 모르겠어요.

2. 부모님이 방문하셔서 우리 집에 머무르실 예정이에요. 부모님은 이전에도 저의 파트너를 만난 적이 있지만, 우리가 커플이라는 것을 알고 있는 것 같지는 않아요. 제가 게이라는 것을 부모님께 말씀드린 적이 없거든요. 부모님이 받아들이실 것 같기도 하지만, 잘 모르겠어요. 하지만 이번이 부모님께 솔직히 말씀드리고, 있는 그대로의 저 자신이 될 때인 것 같아요.

3. 우리는 아버지를 요양원에 보내 드려야 해요. 아버지가 넘어져 엉덩이를 크게 다쳐서 더 이상 혼자 사실 수가 없거든요. 아버지가 우리 집으로 이사 오셔서 함께 사는 것이 어떻겠냐고 아내에게 물어볼까 잠시 생각했지만, 아내와 아버지는 결코 잘 지내지 못했지요.

4. 이 남자를 온라인상에서 만났고, 우리는 밖에서 두세 번 만났어요. 제가 이 관계를 계속하고 싶은지 잘 모르겠어요. 함께 있을 때, 우리는 궁합이 아주 잘 맞아요. 하지만 그 사람은 슬로바키아에서 왔고 2년 후에 그곳으로 돌아갈 계획이에요. 어차피 끝날 관계에 제가 시간과 마음을 투자하고 싶은 건지 잘 모르겠어요.

5. 남편이 이혼을 원해요. 우리는 언쟁도 하고 싸움도 하였지만, 저는 그것이 그렇게까지 나쁘다고는 생각하지 않아요. 남편은 수년 동안 저를 사랑하지 않았다고 말해 왔죠. 저는 예전처럼 젊지도 않고, 이제 더 이상 전성기는 아닌 것 같아요.

비판단적으로 바꾸어 말하기

바꾸어 말하기를 할 때, 무엇이 정확하고 무엇이 정확하지 않은지를 항상 구분할 필요는 없다. 내담자가 말하는 것이 정확하지 않다거나 현실에 기초하지 않는다는 점을 내담자에게 직면시키는 것이 매우 중요할 때도 있다. 하지만 이러한 점을 그냥 놔두는 것이 관계와 치료에 더 도움이 될 때도 있다. 가령, 한 내담자가 "옛 시절로 돌아가고 싶어요. 백악관에서 살면서 너무 행복했었죠."라고 말했다면, 치료사는 그 사람이 (대통령이거나 대통령의 가족이 아니라면) 백악관에서 살았음을 반박할 필요가 없을 것이다. 아마 치료사는 그 순간 그 말에 도전할 수도 있고, 나중까지 기다릴 수도 있으며, 또는 그냥 지나칠 수도 있다.

이러한 도전은 무엇이 사실인지 여부를 평가하는 데서 나온다. 치료사는 내담 여성이 출산을 했는지, 두 사람이 공식적으로 결혼을 했는지, 어떤 이가 대학을 공식적으로 졸업했는지 여부를 알 수 있다. 하지만 더욱 어려운 점은 한 사람이 지각한 것과 실제로 알려진 것을 구분하는 것이다. 말을 할 때 우리는 말을 마무리하고 접는 과정을 통해서 타인에게 설명하는 경향이 있다. 우리는 상대방이 스스로 정당한 이유를 대지 못할 때, 누군가의 행동에 원인을 돌린다.

사람들은 모호함을 싫어하는 경향이 있다. 무슨 일이 일어나거나 누군가가 행동을 하면 우리는 왜를 알고자 한다. 그 답을 즉시 알지 못하면 어떻게 해서든 이해하려고 하는 경향이 있다.

- 배우자가 외도를 했어요. 제가 직장에 너무 많은 에너지를 쏟아부었으니 아내가 실망하지 않을 리 없었겠죠.
- 어찌된 일인지 잘 모르겠어요. 아들이 자살하겠다고 협박을 해 왔죠. 아들은 틀림없이 이혼을 견뎌 내느라 무척 힘든 시간을 보내고 있겠지요.
- 이 남자와 세 번이나 만났어요. 우리가 즐거운 시간을 보냈다고 저는 생각했죠. 그런데 그는 지난주에 전화 한번 안 했어요. 그 사람은 저 같지는 않은가 봐요.

앞의 각 진술에서 내담자는 누군가의 동기에 대한 추론을 하고 있다. 그런 추론이 정확할 수도 있지만, 틀릴 수도 있고 잘못된 신념에서 이루어진 것일 수도 있다.

치료사가 내담자의 경험을 내담자의 지각 및 사고와 분리하는 것이 중요하다. 이것이 이루어질 수 있는 한 가지 방법은 비판단적으로 바꾸어 말하기를 하는 것이다. 판단적으로 바꾸어 말하기는 어떤 사람에 대해 한 사람의 편을 드는 진술, 혹은 내담자가 행한 것이 나쁘다거나 잘못되었음을 전달하는 메시지이다. 가령, 앞에서 내담자가 "배우자가 외도를 했어요. 제가 직장에 너무 많은 에너지를 쏟아부었으니 아내가 실망하지 않을 리 없었겠죠."라고 말했을 때, 치료사는 "직장 일에 많은 시간을 보냈군요. 그래서 아내가 외도를 하였구요."라고 바꾸어 말하기를 하고 싶은 마음이 들 수 있다. 치료사는 내담자가 했던 말을 인정하고 또 바꾸어 말하기가 정확했지만, 또 다른 문제의 가능성을 열어 주었다. 우리는 이 시점에서 배우자가 외도를 했는지 여부를 아직 모른다. 내담자는 배우자가 외도를 했을 것이라고 믿을 수 있다. 치료사가 이렇게 표현함으로써 배우자가 외도를 했다는 생각을 확실하게 하도록 도와주는 상황이 될 수 있다. 더욱이 배우자가 바람을 피웠다면 그것은 내담자의 직장과 관계가 있기 때문이라는 점을 굳히게 된다.

치료사는 내담자를 지지해야 하지만, 내담자가 말한 모든 것을 진실로서 한 치의 의심 없이 받아들여서는 안 된다. 비판단적으로 바꾸어 말하기는 내담자가 말한 것이 누군가에 대한 내담자의 지각이자 생각이지, 반드시 그 누군가의 동기나 행위가 아니라는 점을 강조한다. 이러한 이해를 전달하기 위해서 치료사는 내담자가 말한 것은 추측일 뿐이라는 점을 분명히 해야 한다.

다음의 구절은 바꾸어 말하기를 비판단적으로 하는 데 도움이 될 수 있다.

- 당신에게는
- 당신 마음에는
- 당신이 이해하기로는
- 당신에게는……인 것 같군요
- 당신이 이해한 관점에서 보면

이 각각의 구절은 그런 생각에 대한 책임을 내담자에게 돌리며, 내담자가 자신의 생각과 신념에 책임을 지게 한다.

연습 6-3

다음의 내담자-치료사 대화에서 치료사의 판단적으로 바꾸어 말하기를 비판단적으로 바꾸어 말하기로 바꾸시오.

예시

내담자: 아내가 직장에서 받은 불만을 저한테 쏟아 내요. 어제 아내가 집에 오자마자 제가 고양이 똥을 미처 안 치웠다고 저한테 소리를 지르더군요.

치료사: 아내분이 직장에서 어려움이 있다 보니, 집에 오면 그 일 때문에 당신을 따라다니는군요.

비판단적으로 바꾸어 말하기: 당신이 느끼기에는 아내분이 직장생활의 어려움 때문에 집에서 당신과 갈등을 빚게 된다는 말씀이군요.

1. 내담자: 남편이 저를 더 이상 사랑하지 않는 게 분명해요. 남편은 "사랑해"라고 말한 적이 없고, 더 이상 키스도 하지 않아요. 남편은 제가 더 이상 매력이 없다고 생각하죠.

치료사: 남편이 당신을 더 이상 사랑하지 않고, 더 이상 당신에게 애정도 보이지 않

고, 당신에게서 매력을 찾지 못하신다구요.

비판단적으로 바꾸어 말하기:

2. 내담자: 부모님이 어떻게 그러실 수 있죠? 통제가 너무 심하세요. 제가 데이트하게 그냥 놔두지를 않으세요. 여자 친구가 집에 와서 부모님을 만날 때까지 저를 그냥 두지 않으시죠. 부모님은 여자 친구의 부모님에게 말씀드리고 싶어 하세요. 너무 심하게 억누르시지요.

치료사: 부모님이 통제가 심하고 너무 심하게 억누르시는군요. 당신이 데이트를 하기 위해서는 많은 규칙이 있네요.

비판단적으로 바꾸어 말하기:

3. 내담자: 아들을 어떻게 할 수가 없어요. 아들은 자기가 마치 주인이라고 생각하는 것 같아요. 우리가 말하는 것은 전혀 듣지 않기 때문이죠.

치료사: 아드님이 집에서 말썽을 부리고 있고 통제하기가 어렵네요.

비판단적으로 바꾸어 말하기:

이제 판단적 및 비판단적으로 바꾸어 말하기를 구분할 수 있게 되었으니, 내담자와 작업할 때 비판단적으로 바꾸어 말하기를 사용하는 데만 초점을 둘 수 있다.

연습 6-4

다음의 내담자 진술에 대해 비판단적으로 바꾸어 말하기를 하시오.

1. 어젯밤 여자 친구가 헤어지자고 했어요. 여자 친구는 우리의 관계를 끝내는 데 대해 아무 이유도 대지 못하는 것을 보니 자기가 저보다 더 잘났다고 생각하는 게 분명해요.

2. 데이트를 시작했던 남자를 우리 부모님에게 소개시킨 이후로 그 사람이 전화를 안 했어요. 엄마 때문임이 분명해요. 그날 데이트를 마칠 때 그가 말하길 제가 화장실에 갔을 때, 저의 엄마가 그 사람에게 "있잖아요, 리사하고 잘 지내기는 참 어려워요."라고 말했다고 하더군요.

3. 언니는 세상에서 가장 나빠요. 언니는 저한테 물어보지도 않고 제 옷을 가져가고 제 생각은 안중에도 없어요.

4. 우리는 바보 같은 일로 싸우죠. 이건 모두 올리비아가 늘 옳아야 하기 때문이에요. 올리비아가 늘 최종 결정을 해야 하거든요.

5. 교수님은 제 견해를 좋아하지 않으세요. 과제에서 한 번도 A를 받은 적이 없어요. 제가 교수님에게 어떻게 했는지 모르겠지만, 계속해서 나쁜 성적을 주세요.

문제대화의 고리 시작하기

이 장에서는 내담자를 정확하게 공감적으로 이해하기 위해 필요한 일반적인 적극적 경청 과정에서 사용되는 몇 가지 분명한 기술을 배웠다. 이런 기술들은 개별적으로 사용되는 것이 아니라 서로 조합하여 사용된다. 이제 문제대화의 고리(issue cycle)에서 시작 부분들을 조합해 보자. 문제대화의 고리는 내담자의 한 가지 이슈(문제)를 처음부터 마지막까지 탐색하는 것이다. 다음의 몇 장에서 문제대화의 고리에 대해 몇 가지를 계속 추가할 것이다. 이제 이 장에서 배웠던 세 가지 기술(여는 말, 가벼운 격려, 바꾸어 말하기)을 사용할 것이다.

문제대화의 고리는 문을 여는 대화와 함께 시작하며, 내담자가 원하는 것은 무엇이든 대화를 시작할 기회를 내담자에게 준다. 내담자가 말하고 싶어 하는 모든 것을 즉시 말하기는 극히 어렵기 때문에, 치료사는 대개 이야기를 펼칠 수 있도록 돕기 위해 가벼운 격려를 사용할 필요가 있다. 문제대화의 고리의 세 번째 부분은 바꾸어 말하기다. 사람들은 보통 자기 이야기를 '사실'로 시작하는데, 이는 치료사가 너무 빨리, 너무 깊이 들어가지 않기를 바라기 때문이다. 치료사가 너무 빨리, 너무 깊이 들어가려고 하면 내담자는 이야기의 기본적인 사항을 잘 말하지 못했다고 느낄 수 있다. [그림 6-5]는 문제대화의 고리의 시작 단계를 보여 준다.

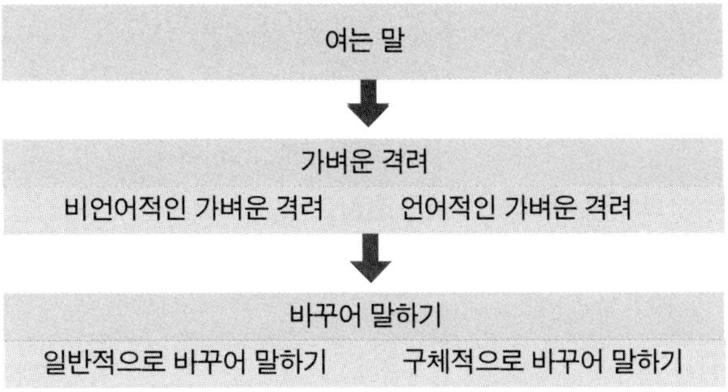

[그림 6-5] 문제대화의 고리의 첫 번째 세 부분

그러나 문제대화의 고리에 정확한 순서가 있는 것은 분명히 아니다. 그것은 여는 말과 함께 시작하는 경향이 가장 크다는 점은 우리 모두 알고 있다. 비록 치료사가 어떤 말이든 하기 전이라도, 내담자는 자신의 걱정거리에 대해 말하기 시작할 수 있지만 말이다. 대부분 문제대화의 고리는 여는 말과 함께 시작하지만, 그 지점에서 어디로든 갈 수 있다. 하지만 추천하고 싶은 점은 치료사가 천천히 진행을 해서 이야기가 서서히 펼쳐지도록 하는 것이다. 이는 대개 몇 가지의 가벼운 격려와 일반적 및 구체적으로 바꾸어 말하기의 조합을 활용함으로써 이루어진다. 모든 치료사는 이러한 기술과 또 다른 기술을 잘 알고 있지만, 그런 기술들을 언제 어떻게 사용하는지를 결정하는 것은 치료의 예술적 기교의 일부분이다.

다음은 문제대화의 고리의 시작이 첫 번째 세 가지 기술을 통합할 때 어떤 모습인지를 보여 주는 예이다.

치료사: 오늘 무슨 말씀을 나누고 싶은지 말씀해 주세요. (여는 말)

내담자: 부모님이 저를 이해하지 못하세요.

치료사: 조금 더 자세히 말씀해 보세요. (가벼운 격려)

내담자: 부모님이 지정한 많은 방과 후 활동을 하고 싶지 않아요. 바이올린이나 가라테 같은 것이요. 제가 그런 것들을 하고 싶지 않다고 말씀을 드리면, 부모님은 해야 한다고 하세요.

치료사: 정말 힘들겠군요. (일반적으로 바꾸어 말하기)

내담자: 네, 그래요. 언제나 제 말을 들으실까요? 저는 그냥 비디오 게임을 하고 싶어요. 그리고 가라테보다 체조를 하고 싶어요.

치료사: 그렇군요. (가벼운 격려)

내담자: 제가 하고 싶은 것을 언제쯤 선택할 수 있을까요?

치료사: 바이올린과 가라테 같은 방과 후 활동을 해야 하는군요. 이런 활동은 부모님이 지정한 것들이라고 했고요. 하지만 당신은 무엇을 하고 싶은지에 대해 좀 다른 생각을 가지고 있군요. 예를 들면, 비디오 게임이나 체조하는 것 말이에요. 그렇지만 당신에게 가장 중요한 일은 자신이 스스로 선택할 수 있는 것인 것 같군요. (구체적으로 바꾸어 말하기)

이 장면에서 치료사는 내담자에게 지시하지 않고, 내담자가 자신의 이야기를 풀어내기 시작하도록 했다. 이후의 장에서는 치료사가 더욱 의도적으로 대화의 흐름을 어떻게 지시할 수 있는지에 대해 다룰 것이다. 그러나 지금은 치료 면담의 기본적인 기술을 배우기 위해서 내담자가 이끄는 대로 따라가는 것이 중요하다.

연습 6-5

다음의 치료사-내담자 대화에서 치료사가 요청한 대로 반응해 보시오. 모든 바꾸어 말하기는 비판단적으로 하기 바랍니다.

여는 말:

내담자: 남편과 결혼생활을 한 지 7년이나 되었어요. 앞으로 7년을 더 살고 싶은지 확신이 없어요. 1년 더 사는 것조차도요.

가벼운 격려:

내담자: 제가 기대했던 결혼생활이 아니었던 것 같아요. 우리가 함께했을 때는 둘이 똑같이 열정이 있었던 것 같았어요. 서로에 대해서도 그렇고, 각자의 커리어를

발전시키는 데 있어서도요. 저는 성장을 위해 도전하는 것 같고, 남편은 따라 가지 못하는 것 같아요.

일반적으로 바꾸어 말하기:

내담자: 그래요. 저에게는 분명히 몇 가지 기대와 꿈이 있어요. 파트너가 저랑 여행을 하고, 저를 지적으로 자극하고, 그에게서 성적인 관심을 받기를 원해요. 그런데 더 이상 그런 것 같지가 않아요.

구체적으로 바꾸어 말하기:

문제대화의 고리의 시작을 다루었으니 이제 다음 장으로 가서 감정과 의미의 반영에 대해 더욱 발달된 공감 기술을 살펴볼 것이다. 이것들을 문제대화의 고리에 첨가해서 내담자 경험의 더 깊은 영역을 탐색할 수 있도록 할 것이다.

추가 질문

1. Rogers가 제시한 세 가지 핵심 조건은 학습될 수 있습니까? 그렇다면 어떻게? 그렇지 않다면 그것은 가족치료사에게 무엇을 말합니까?
2. 치료사는 한 사람의 이야기를 얼마큼 존중해야 합니까? 치료는 이야기에 도전하는 것에 관한 것입니까?
3. 상담실 안과 밖의 사람들에 대한 공감을 높이기 위한 방법은 무엇입니까?

제7장

고급 공감 기술

앞 장에서는 문제대화의 고리에서 내담자에게 개입하는 데 필요한 기술을 쌓는 것으로 시작하였다. 우리는 여는 말을 사용하여 이 고리를 시작했고, 언어적 및 비언어적인 가벼운 격려를 줄곧 사용했고, 일반적 및 구체적으로 바꾸어 말하기 기법을 써서 내담자가 하는 이야기의 내용을 잘 듣고 있고 또 이해했음을 알렸다. 이 장에서는 내담자 경험의 더 깊은 수준(감정과 의미)에 초점을 두고 고급 공감 기술을 살펴본다.

정서의 확인

모든 의사소통에는 여러 수준이 있으며, 보고(report)와 명령(command) 수준을 포함한다(Bateson, 1987; Watzlawick, Bavelas, & Jackson, 1967). 보고 측면은 무엇이 일어났는가에 관한 것이며, 명령 측면은 그다음에 무엇이 오는가를 말한다. 또한 보고가 메시지의 내용을 강조한다면, 명령은 관계 즉 메시지를 어떻게 받아야 하는가에 관한 것으로 볼 수 있다. 가령, 내가 딸에게 "고양이 똥을 치워야 해."라고 말하면, 그 보고는 분명하다. 즉, 집에 있는 고양이 대소변 통에 고양이의 대소변이 있으니 치워야 한다는 것이다. 그러나 또한 나는 더 중요한 메시지를 보내고 있다. 즉, 명령은 딸이 그것을 치워야 하며, 내가 이런 요구를 할 권위를 가지고 있다는 것이다.

그리고 메시지는 내적인 면에서 여러 수준이 있다. 메시지는 내용, 감정, 의미를 전달한다. 먼저, 메시지는 내용과 감정 수준에 초점을 둔다. 내담자가 무슨 일이 있었는지를 분명하게 표현할 때도 있지만, 무엇이 일어났는지에 대해 어떻게 느꼈는지를 말할 때도 있다. 이때는 치료사가 그런 감정에 주목하기가 쉽고, 내담자 덕분에 그렇게 이해할 수 있다고 인정하기가 쉽다. 그러나 내용은 명확하게 전달되지만, 그 아래 있는 정서는 그렇지 못한 때도 있다. 이때 치료사는 내담자를 우선적으로 이해하려는 의도를 가지고 제3의 귀로 들어야 한다. 치료사는 메시지에서 말하지 않은 의미를 들어야 한다. 그렇게 하기 위해서 치료사는 사회적으로 탈중심적이 되어야 하고, 내담자의 상호교차성(인종, 연령, 젠더, 문화, 사회경제적 지위, 성적 지향 등)뿐만 아니라 그 사람의 과거 경험에 기초해서 그 사람이 무엇을 느끼는지를 추측해야 한다. 다음의 내담자 진술을 살펴보자.

내담자: 열다섯 살 먹은 우리 집 강아지가 어젯밤에 죽었어요. 남편과 아이들뿐만 아니라 그 강아지도 제 인생에서 가장 의미 있는 존재였어요.

이 내담자의 치료사로서 우리는 이 사람이 어떤 느낌인지 생각해 보기 시작한다. 아마 좀 더 일반적인 수준에서 시작할 수 있다. 말하자면, 대부분의 사람이 가까운 누군가(혹은 무언가)가 죽었을 때 어떨 것 같은지에 대해 생각해 볼 수 있다. 이때의 정서는 슬픔과 비애일 가능성이 가장 크다. 이런 정서를 이 내담자는 느낄 수 있다. 우리에게 이러한 점을 알려 줄 단서를 찾아보면, 내담자는 강아지가 아주 의미 있었다는 말로 시작했다는 점이다. 그러나 강아지의 죽음으로 슬픔과 비애를 느끼지 않는 때도 있을 수 있다. 만일 강아지가 오랫동안 말기 질병을 앓았고 신체적인 고통을 받았다면, 슬픔 외에도 강아지의 고통이 끝났음에 안도감을 느낄 수 있다. 혹은 강아지가 매일 밤 짖어 대서 내담자를 깨운 이웃집 강아지라면, 아마 조금은 좋기도 했을 것이다.

연습 7-1

다음 내담자의 진술에서 나타난 여러 가지 감정을 모두 써 보시오. 다음의 예를 지침으로 삼으시오.

예시
내담자: 전 너무 지쳤어요. 집에 오면 늘 싱크대에 씻지 않은 그릇들이 있어요. 아들에게 좀 더 책임감이 있으면 좋겠다고 여러 차례 말했어요.
감 정: 좌절된, 화난, 무력한

1. 내담자: 6개월이나 성생활을 안 했어요. 이러면 안 되죠. 부부는 서로 성관계를 해야 하는 것 아닌가요? 남편이 외도를 하기 때문에 성관계를 원하지 않는 걸까요?
   감 정:

2. 내담자: 딸이 식이장애가 있어서 상담을 받으러 왔어요. 딸이 먹지를 않아서 체중이 엄청 빠졌어요. 우리는 곧 딸을 입원시키려 해요. 상태가 너무 나빠져서 집에서 아내와 제가 서로 싸워요.
   감 정:

3. 내담자: 최근에 이 사람을 만났는데, 그는 정말 멋져요. 우리가 함께할 때 정말 좋죠. 그는 우리가 게이라는 사실을 완전히 공개했는데, 저는 아직이에요. 부모님께 뭐라고 말씀드릴지 모르겠어요.
   감 정:

4. 내담자: 지난해에 줄곧 아내와 잘 지내보려고 엄청 노력했어요. 어젯밤에 아내가 귀가해서 난데없이 저에게 키스를 하더군요. 우리는 서로 포옹했고, 아내는 사과하면서 저를 사랑한다고 말했어요.
   감 정:

5. 내담자: 엄마는 정말 간섭이 심하세요. 제가 무엇을 하든 엄마를 기쁘게 해 드리지 못해요. 엄마에게 말씀드리려고 했지만 그만뒀어요. 엄마가 받아들이실지 잘 몰라서요.
   감 정:

감정 강도의 수준

감정을 정확하게 반영하는 첫 번째 단계는 메시지의 정서적 내용이 무엇인가를 결정하는 것이며, 그다음 단계는 그런 정서의 강도를 파악하는 것이다. 사람들은 정서를 서로 다른 정도로 느낀다. 동일한 사건에 대한 감정은 시간이 지나면서 변할 수 있다. 때로 우리는 배우자에게 심하게 화가 날 수 있지만, 한편 여러 다른 각도에서 그 상황을 곰곰이 생각해 보면 화가 조금 덜 날 수도 있다([그림 7-1] 참조).

사람들의 정서 상태를 인정하는 것은 부분적으로 그런 감정을 어떤 수준의 강도로 경험하는지를 정확하게 이해하는 것이다. 예를 들어, 두 내담자가 했던 다음의 진술을 보자.

내담자 1: 어젯밤에 엑스맨을 보러 가고 싶었는데, 매진되었어요.

내담자 2: 직장에서 일찍 귀가했는데, 뜻하지 않게 아내가 어떤 남자랑 성관계를 하고 있는 것을 보게 되었어요.

두 내담자 모두 화가 났지만, 두 사람은 각각 매우 다른 정도로 화가 났다고 할 수 있다. 내담자 1은 화가 났지만 보통 수준의 실망에 더 가깝다. 반면, 내담자 2의 화는 훨씬 더 심각하다. 그는 극단적으로 화가 났다고 추측할 수 있다.

또한 치료사는 감정 강도의 수준을 의도적으로 바꿀 수 있다. 이는 내담자가 자신의 경험과 일치한다고 생각되지 않는 방식으로 정서를 보일 때 이루어진다. 때로 사람들은 자신의 감정을 덜 표현하거나 과하게 표현할 수 있다. 이런 일이 있을 때, 치료사는 내담자의 진짜 경험이라고 치료사가 생각하는 것과 일치하는 말과 문장을 사용하며, 내담자가 표현한 정서를 높거나 더 낮은 강도로 선택하여 묘사할 수 있다.

[그림 7-1] 정서 강도의 수준

한 내담자가 자기 아내가 천생연분이라고 믿으면서 치료에 왔는데, 아내가 이혼을 청구했다고 상상해 보자. 내담자가 별 감정 없이 "그거 별거 아니에요."라고 말한다면, 치료사는 필시 이 말을 전적으로 일치적이지 못한 내담자의 표현방식으로 듣는다. 여러 이유 때문에 이 내담자는 자신의 경험과 접촉하지 못하고 있을 것이다. 이때 치료사는 좌절감 이상의 감정을 들었다고 내담자에게 말해 줄 수 있고, 그렇게 해서 내담자는 진짜로 심한 좌절감을 느낄 수도 있다.

또한 내담자들은 자신의 정서 상태를 과하게 표현할 수도 있다. 한 내담자가 치료에 와서 남편이 세탁을 했는데 흰 옷과 색깔 옷을 분리하지 않아서 흰 티셔츠 몇 개가 핑크색으로 변했다는 상황에 대해 이야기했다고 상상해 보자. 만일 내담자가 "너무 화가 나서 폭발할 것 같았어요."라고 말했다면, 치료사는 그런 정서를 좀 덜한 정서, 즉 '속상한' 혹은 '좀 실망한' 같은 정서로 덜 강조하여 표현할 수 있다.

연습 7-2

다음 연습에서 원래의 감정 단어보다 더 강한, 동일한, 덜 강한 감정 단어를 찾으시오. 다음의 예를 지침으로 사용하시오.

예시
원래 감정: **슬픈**
더 낮은 강도: 가라앉은
동일한 강도: 속상한
더 높은 강도: 괴로운

1. 원래 감정: **행복한**
   더 낮은 강도:
   동일한 강도:
   더 높은 강도:

2. 원래 감정: **화난**
   더 낮은 강도:
   동일한 강도:

더 높은 강도:

3. 원래 감정: **흥분되는**
   더 낮은 강도:
   동일한 강도:
   더 높은 강도:

4. 원래 감정: **좌절된**
   더 낮은 강도:
   동일한 강도:
   더 높은 강도:

5. 원래 감정: **우울한**
   더 낮은 강도:
   동일한 강도:
   더 높은 강도:

내용과 감정의 구분

이제 사람들의 메시지의 정서적 내용에 주의를 기울일 수 있게 되었으므로, 대화의 내용과 감정을 구분할 수 있는지 확인해 보자. 앞에서 살펴보았듯이, 모든 메시지는 내용과 감정을 모두 포함한다. 때로 각각은 어느 정도 분명하다. 치료사가 이 둘을 구분할 수 있는 능력은 매우 중요하다(이 두 가지가 어떻게 함께 가는지를 살펴볼 수 있는 능력도 중요함). 이는 이야기의 줄거리를 잘 따라가고 있는지를 확인하기 위해서뿐만 아니라 내담자가 경험의 더 깊은 수준으로 들어가도록 도울 수 있기 때문이다.

앞에서 설명하였듯이, 내용은 누가, 무엇을, 어디에서, 언제, 어떻게이다. 여기에는 사람들의 생각도 포함한다. 감정은 사람들의 정서 상태를 말한다. 내용과 감정을 구분할 때, 치료사는 스스로 "무엇이 일어났는가?"를 질문하고, 그다음에는 "무엇이 일어났는가에 기초해서 이 사람이 어떻게 느꼈는가?"를 질문할 수 있다. 첫 번째 질문에 대해서 내담자는 자기 이야기를 설명해야 할 것이다. 여기서 여는 말, 가벼운 격려, 바꾸어 말하기가 내담자의 이야기를 확장하는 데 도움이 될 수 있다. 두 번째 질문에 답하기 위해서 치료사가 더 많은 정보를 반드시 필요로 하는 것은 아니다. 치료사가 제3의 귀로 듣기 시작하면, 말하지 않은 부분을 들을 수 있다.

대부분의 초보 치료사는 내담자에게 "그래서 그것에 대해 어떻게 느끼셨어요?"라는 질문을 해서 두 번째 질문에 답하도록 한다. 한편으로 이는 아주 좋은 시도이다. 이 질문은 내담자가 자신의 정서적 경험에 대해 설명하도록 한다. 다른 한편으로 이 질문은 아주 문제가 된다. 첫째, 이는 진부한 질문이다. 만일 당신이 치료사가 아니고 치료에 간 적이 없는 누군가에게 치료사가 일반적으로 무슨 말을 할 것 같은지 질문한다면, 그 사람은 다음의 세 가지 반응을 할 가능성이 크다.

① 어머니와의 관계는 어떠십니까?
② 당신이 꾸었던 꿈은 무엇입니까?
③ 그래서 그것에 대해 어떻게 느끼십니까?

이 질문은 치료사의 일반적인 반응으로서 당연히 기대되는 것이기 때문에, 만일 치료사가 그런 질문을 하면, 내담자는 치료사가 '치료사 모드'에 있는 것으로 받아들일 가능성이 있고, 이는 치료사가 진솔하지 못하다고 내담자가 생각하게 될 가능성이 있다. 둘째, 그 질문에 대한 반응을 얻기 위해 치료사가 더 큰 기술을 갖출 필요가 없다는 점이다. 치료사로서 주된 목표 중 하나는 공감적이 되는 것이다. 그렇게 하기 위해서 치료사는 어느 정도 내담자의 경험을 내면화해야 한다. 그렇게 치료사는 내담자의 메시지의 맥락을 이해할 수 있어야 하고, 직접 질문할 필요 없이도 그 사람이 어떤 느낌인지를 가늠하기 시작할 수 있어야 한다.

연습 7-3

다음의 내담자 진술에서 내담자 메시지의 내용과 감정을 구분하시오. 제시된 예를 지침으로 삼으시오.

예시

내담자: 유타주로 이사 갈 것이라고 아들에게 말하자, 아들이 자살하겠다고 협박했어요. 이사 가는 것이 제 직장생활에 더 좋다고 설명하려고 했지요. 아들이 울었고, 아들이 실제로 잘 이겨 낼지 모른다고 생각하니 저도 눈물이 나더군요.

내 용: 부모가 아들에게 이사 갈 것이라고 말했고 아들은 자살하겠다고 협박했으며, 부모는 왜 이사를 가는지 설명했고 아들은 울었으며 부모도 울었다.

감 정: 겁난, 혼란스러운, 단호한

1. 내담자: 4개월 전에 남자 친구와 함께 이사를 갔어요. 난생 처음으로 좋은 관계를 갖는 것 같았어요. 그런데 지난주 제가 직장에 있었을 때, 남자 친구가 모든 것을 다 가지고 이사를 갔어요. 저에게는 아무것도 남은 것이 없어요. 가구도, 소지품도, 남자 친구도 아무것도 없어요.

   내 용:

   감 정:

2. 내담자: 남편이 여자로 성전환 수술을 원한다고 말하더군요. 사실 남편은 지난 5년 동안 전부 다 온전히 느끼지 못하였죠. 저 자신은 이성애자라고 여기고 있어요. 하지만 아직도 그를 사랑해요.

   내 용:

   감 정:

3. 내담자: 하루 종일 직장에서 보내다가 귀가하자 집에 불이 다 꺼져 있고 아무도 없는 것 같았어요. 저는 잠시 식구들한테 무슨 일이 일어난 것 같아 걱정이 되었어요. 부엌으로 들어가서 불을 켜자 식구들이 저의 마흔 번째 생일 파티로 놀래 주더군요. 정말 훌륭한 축하 표현이었어요.

내 용:

감 정:

감정 반영하기

이제 내담자의 정서에 귀를 기울일 수 있고, 또 내용과 감정을 구별할 수 있게 되었으므로, 치료사가 내담자 이야기의 더 깊은 수준을 이해하고 있음을 내담자에게 어떻게 알려 주는지 살펴보자. 감정 반영하기는 내담자의 메시지의 정서적 내용을 치료사가 들었음을 내담자에게 알려 주는 치료사의 진술이다.

직설적인 반영하기 대 조합한 반영하기

감정을 반영하는 두 가지 형태가 있다. 직설적인 반영하기와 조합한 반영하기다. 직설적인 반영하기는 감정과 그 감정이 일어난 상황을 관련시키지 않고서 감정을 말한다. 부록에 있는 직설적인 감정 반영하기에 대한 '한눈에 참고하기'의 예는 다음과 같다.

당신은 ____________하게 느끼는군요.

밑줄은 정서로 채워지는데, 예를 들면 "당신은 화가 났군요." "당신은 기쁘시군요."

“당신은 실망했군요.”와 같다. 치료사는 감정을 단순히 반영해 줌으로써 직설적인 반영을 더욱 간단하게 할 수 있다.

내담자: 모임에서 남편이 저를 창피하게 했을 때, 남편에게 너무 화가 났어요.

치료사: 화가 나셨군요.

내담자: 네. 우리는 서로 도와야 하잖아요.

이 상황에서 직설적인 반영하기는 내담자의 정서 상태를 인정할 뿐 아니라 내담자가 그러한 정서를 조금 더 탐색하게 하는 가벼운 격려로 기능하기도 한다. 치료사는 또 내담자의 정서 강도의 수준이 더욱 정확하다는 것을 확인시켜 주기 위해 직설적인 반영하기를 할 때 수식어를 활용할 수 있다.

내담자: 모임에서 남편이 저를 창피하게 했을 때, 남편에게 너무 화가 났어요.

치료사: 몹시 화가 나셨군요.

연습 7-4

다음의 내담자 진술에서 감정에 대한 직설적인 반영하기를 하시오.

예시
내담자: 오늘 우리 집 고양이가 죽었어요.
치료사: 슬프시겠군요.

1. 내담자: 지금 막 제가 학점을 받기 위해 필요했던 시험에서 낙제했다는 사실을 알았어요. 통과하려고 정말 열심히 노력했는데요.
   치료사:

2. 내담자: 제가 좋아했던 사람이 방금 데이트 신청을 했어요.
   치료사:

3. 내담자: 엄마가 저한테 얼마나 실망하셨는지 말씀하셨어요. 저는 그렇게 못났어요.
치료사:

4. 내담자: 제가 그토록 바랐던 사랑을 드디어 남편이 보여 주었어요.
치료사:

5. 내담자: 발표를 해야 하는데 잘 준비한 것 같지가 않아요.
치료사:

감정 반영하기의 두 번째 형태는 조합한 반영하기다. 조합한 반영하기는 내담자의 감정을 그 감정을 느끼게 했던 내용과 연결하는 것이다. 이러한 반영하기는 치료사가 내담자의 이야기를 따라가고 있고, 또 이해하고 있다는 점을 더욱 분명하게 해준다. 이는 또한 내담자에게 상황을 자신의 감정과 관련하여 생각해 볼 수 있는 기회를 준다. 조합한 반영하기의 예는 다음과 같다.

당신은 ______ 때문에 ______하게 느끼는군요.

이 문장에서 첫 번째 밑줄은 내용으로 채우고, 두 번째 밑줄은 정서로 채운다.

내담자: 남편이 모임에서 저를 창피하게 했을 때, 남편에게 너무 화가 났어요.
치료사: 당신이 원하는 대로 대접받지 못했기 때문에 화가 나셨군요.

이 반영하기는 치료사가 내담자의 말을 적극적으로 경청하고 있음을 보여 준다.

연습 7-5

다음의 내담자 진술에 대해서 감정에 대한 조합한 반영하기를 하시오. 제시된 예를 지침으로 쓰시오.

예시
내담자: 우리 팀이 큰 게임에서 경기를 했는데, 아주 형편없이 졌어요.
치료사: 당신 팀이 큰 경기에서 이기지 못해서 실망하셨군요.

1. 내담자: 엄마는 제가 남자 친구와 헤어지도록 수를 쓰시는데, 저는 그러고 싶지 않아요.
   치료사:

2. 내담자: 파트너와 벌써 6개월째 사귀고 있어요. 이번이 제가 누군가와 사귄 지 가장 오래되었지요. 정말 잘해 보고 싶어요.
   치료사:

3. 내담자: 요새 기분이 별로 좋지 않아요. 침대에서 일어나기가 어렵고, 제 자신을 돌보기는 더 어려워요.
   치료사:

4. 내담자: 제 절친한 친구가 남자 친구에게 추근거렸어요. 이것은 우리의 우정을 깨는 행위죠.
   치료사:

5. 내담자: 지난주에 할머니가 돌아가셨어요. 할머니는 우리 집안에 큰 영향을 미친 분이셨죠.
   치료사:

문제대화의 고리에서 언제 직설적인 반영하기를 쓰고, 언제 조합한 반영하기를 쓰는지에 대한 명확한 지침은 없다. 이는 대화하기 전에 무슨 일이 있었고, 또 치료사는 대화를 그다음의 어디로 가져가고 싶은지를 기초로 결정한다. 하지만 이 책에 있는 모든

기술과 마찬가지로 어느 한 가지 기술의 과다 사용은 문제가 될 수 있는데, 그 이유는 내담자가 자신의 대화 과정 대신에 그런 반응에 집중하기 시작할 수 있기 때문이다.

이렇게 치료적 기술의 다양한 활용은 어떤 기술을 사용할 것인지뿐 아니라 그런 기술을 어떻게 표현하는가에 관한 것이기도 하다. 반영하기에 대한 부록의 '한눈에 참고하기' 표현을 치료사가 계속해서 사용하면, 내담자는 짜증이 날 수 있다. 다음의 대화에서 당신이 내담자라고 상상해 보자.

내담자: 오늘 사장실로 불려 갔어요. 제가 고객에게 보내야 할 메일을 잊어버렸기 때문이죠. 새 메일을 찢어 버리더군요. 그런 일도 못했다니, 저답지 않죠.

치료사: 당신이 잘할 수 있었는데, 잘하지 못해서 당황하셨군요.

내담자: 네. 그런데 거기다가 상황이 더 나빠졌어요. 집으로 돌아오는 길에 자동차 사고가 났어요. 뒤에서 제 차를 박아서 새 차가 망가졌어요.

치료사: 차가 사고를 당해서 좌절하셨군요.

내담자: 집에서 남편은 자기가 하기로 했는데도 아이들을 데리러 가지 않았어요. 남편은 자기 책임을 계속해서 다하지 않고 있어요.

치료사: 남편한테 받기를 원하는 지원을 받지 못해서 실망스러우시군요.

내담자: 그리고 우리 집 물고기가 죽었어요.

치료사: 물고기가 죽어서 슬프시군요.

내담자: 그만 좀 하실래요!!!

아마 내담자가 마지막 말을 하지 않았을지도 모른다. 이 대화를 읽으면서 치료사가 무슨 말을 하였는지 눈여겨보기 바라며, 앞의 두세 번의 대화 다음에는 아마 너무 지나치다고 할 수 있을 것이다. 내담자가 치료사의 패턴(당신은 ____때문에 ____하군요)에 집중하는 데 더 많은 시간이 걸릴 수 있으며, 하지만 일단 그렇게 되면 그것을 무시하기는 극히 어렵다.

이런 문제가 일어나지 않게 하기 위해서 치료사는 반영하기의 구조를 바꾸어야 한다. 이는 수없이 많은 방식으로 이루어질 수 있는데, 내용을 먼저 제시하거나 혹은 대안적인 형식을 찾는 것이다.

- 배우자와 또 싸우셨는데, 이제는 당신 자신이 화를 내고 있음을 알게 되셨군요.
- 시간이 지나면서 당신에게 일어났던 모든 것을 생각해 보니 화가 나셨군요.
- 그렇게 해서 당신은 행복하셨군요. 관계가 긍정적인 방향으로 흘러가고 있다는 신호를 받았으니 말이에요.

그러나 이런 기술을 처음으로 배울 때, 실제 내담자와 만나기 전에 적어도 연습 회기에서 부록의 '한눈에 참고하기'를 사용해 보기를 권한다. 이는 치료사가 내담자 말(감정과 내용)의 특정 영역에 주의를 기울이도록 고안되었기 때문이다.

한 가지 명심해야 할 것은 비어 있는 감정을 사용하지 말아야 한다는 점이다. 비어 있는 감정(empty feeling)은 치료사가 "느끼는군요"라는 말을 하지만 어떤 특정 정서와 연관시키지 않고서 감정을 반영하려고 할 때 일어난다. 치료사는 대개 내담자의 사고, 즉 감정이라기보다 내용이라고 할 수 있는 것에 대해 말한다. 비어 있는 감정 진술의 대표적인 예를 들면 다음과 같다.

- 당신은 그 관계에 있고 싶지 않은 것처럼 느끼는군요.
- 당신은 자기가 하는 일이 잘되어 가지 않는 것처럼 느끼는군요.
- 당신은 이것이 좋은 관계의 시작일 것이라고 느끼는군요.

위의 각 예에서 치료사는 자신이 감정을 탐색하기 시작했다고 생각할지 모르나, 여전히 내용 영역에만 머물러 있는 것이다. 치료사가 "느끼는군요"라는 말을 하기 전에 '~처럼' '~것이라고'는 말을 사용할 때, 여전히 비어 있는 감정을 사용하고 있는 것이다. 이렇게 고정하여 말하기가 쉽다는 것이 좋은 점이기는 하다. 치료사는 그냥 "느끼는군요"라는 말 이전에 감정 단어(정서)를 쓰기만 하면 된다. 그러나 일상적인 대화에서 대부분의 사람은 비어 있는 감정의 말을 한다. 이런 반응을 하는 더욱 적합한 방식은 다음과 같을 수 있다.

- 당신은 그 관계에 더 이상 있고 싶지 않군요.
- 당신이 하고 있는 일이 잘되어 가지 않는다고 생각하는군요.
- 이렇게 하는 것이 좋은 파트너십의 시작이 될 수 있다고 생각하는군요.

직설적인 반영하기와 조합한 반영하기는 문제대화의 고리 안에서 매끄럽게 쓰여야 한다. 지금까지 치료사가 표면에서 시작하여 천천히 더 깊은 수준으로 작업해 들어가는 것에 대해 말했다. 대화 시 감정 반영하기를 맨 처음 도입할 때는 대개 맨 처음의 바꾸어 말하기 다음에 둔다. [그림 7-2]는 확장된 문제대화의 고리를 시각적으로 보여 준다.

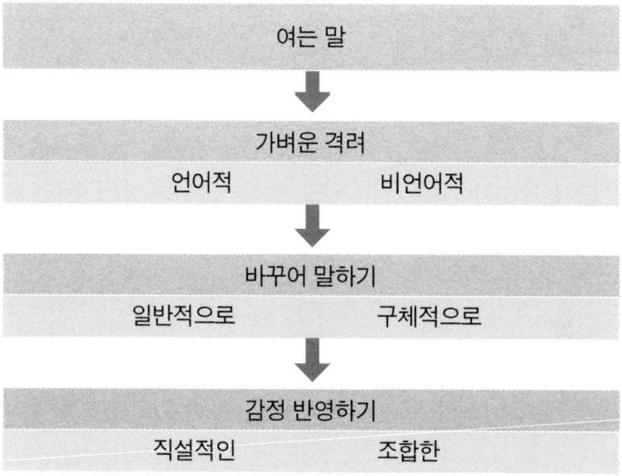

[그림 7-2] 감정 반영하기를 포함한 문제대화의 고리

내담자에게 초점 유지하기

이야기를 할 때 우리는 자신뿐만 아니라 관계에 대해서도 초점을 맞추는 경향이 있다. 하지만 누군가가 무엇을 했는지를 설명하는 데 시간을 더 많이 들일수록 그것이 우리에게 어떤 영향을 미치는지를 살펴볼 기회가 더 줄어든다. [그림 7-3]은 한 사람이 타인에게 초점을 둘 때 어찌 되는지를 보여 준다. 말하자면 자신에 대한 탐

색을 덜 하게 된다.

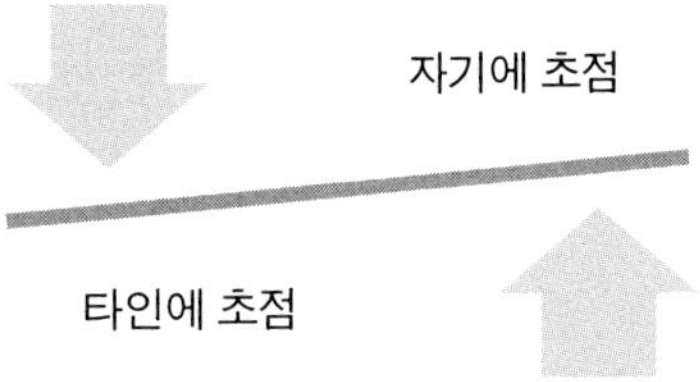

[그림 7-3] 자기 초점과 타인 초점의 관계

대화의 초점을 내담자에게 계속 두는 것은 치료사의 몫이다. 이는 때로 매우 어려울 수 있다. 내담자가 상대방이 잘못을 했다고 생각할 때 특히 그렇다. 치료사는 상대방의 행동이 내담자에게 어떤 영향을 미쳤는지를 살펴보기 위한 실력을 연마해야 한다.

내담자: 엄마가 이번에 어떻게 하셨는지 믿기 어려우실걸요. 학교에서 집에 돌아오니, 엄마가 제 방을 뒤져서 제가 먹었던 음식을 모두 찾아내셨어요. 물론 엄마가 싫어하는 싸구려 음식들이죠. 하지만 제 방이잖아요!

치료사가 반응할 수 있는 방법은 많다. 각각의 방식은 내담자가 그다음의 반응을 하는 데 대해 암묵적인 지시를 하는 것이다.

치료사 반응 1: 당신이 집에 없을 때 엄마가 당신 방에 들어가서 화가 났군요.

이 반응은 내담자의 화를 인정하며, 그 감정을 느끼게 했던 어떤 행동을 화와 연결짓는 것이다. 그러나 이는 내담자가 그다음에 어떤 말을 하도록 요청하는가? 내담자는 아마 자기가 싫어하는 것을 엄마가 했던 많은 일에 대해 이야기할 것이다. 내담자가 이런 말을 더 많이 하면 할수록 자신의 내적 경험에 대해 자각할 시간이 더 줄어든다. 다음에서 치료사가 내담자에게 초점을 두려고 할 때의 예를 보자.

치료사 반응 2: 당신의 사생활을 존중받기를 원했기 때문에 화가 났군요.

이 반응에서 치료사는 감정을 인정하며, 또 그것을 정서의 내적 원인과 연결하였다. 이 반응은 내담자가 그다음에 무슨 말을 하도록 요청하는가? 아마 그의 사생활에 대한 느낌을 말하도록 할 것이다. 누군가가 관여되어 있음을 함축하고 있지만, 그래도 이 반응은 내담자가 자신의 소망과 가치에 대해 이야기할 공간을 열어 준다.

연습 7-6

다음의 내담자 진술에 대해 감정에 대한 조합한 반영하기(내담자에게 초점을 두게 함)를 하시오. 제시된 예를 지침으로 사용하시오.

예시

내담자: 파트너는 우리가 다른 사람도 만날 수 있기를 바란다고 말해요. 저는 우리 관계가 일부일처제 관계라고 생각했어요. 하지만 파트너는 우리가 다른 사람을 만날 수 있으면 우리 관계에 도움이 될 것이라고 생각한다고 말하죠.

치료사: 당신의 관계가 당신이 바라는 방향으로 가지 않아서 실망스럽군요.

1. 내담자: 이번 주에 너무 힘들어요. 남편이 심장절개 수술을 받을 예정이죠. 잘될 가능성이 꽤 크지만, 아주 큰 수술이에요.

   치료사:

2. 내담자: 딸에게 어떻게 해야 할지 모르겠어요. 남자 친구가 딸을 차서 헤어졌거든요. 첫 번째 남자 친구였는데 말이죠. 첫사랑요. 딸은 아주 예민한 아이에요. 가슴이 찢어지겠죠.

   치료사:

3. 내담자: 할머니께서 너무 과잉보호를 하세요. 저를 돌봐줄 때마다 제가 외출하는 것을 허락하지 않으시죠. 할머니는 시골 출신인데, 우리가 21세기에 살고 있다는 것을 이해하지 못하시는 것 같아요.

   치료사:

4. 내담자: 학교에서 파이퍼와 좀 어울리려고 나갔는데, 파이퍼가 아무 말도 안 하고 그냥 걷기만 했어요. 그렇게 걸어가더니 에미와 이야기를 하더군요. 제가 에미와 사이가 안 좋다는 것을 알면서도요. 둘은 웃기 시작하더니 함께 걷더군요.

치료사:

5. 내담자: 선생님이 싫어요. 선생님이 매일 저에게 뭔가를 시키세요. 일부러 그런 것 같아요. 다른 학생들도 그 선생님에 대해 불평을 하죠. 학교에서 선생님에게 뭔가 조치를 해야 해요.

치료사:

내담자의 목소리에 근거한 반영하기

치료사가 반영하기를 할 때, 내담자의 코멘트가 치료사에게 어떤 인상을 주는지를 알려 준다. 어떤 치료사는 자신의 지각을 내담자에게 강요하지 않는다는 점을 분명히 알리고자 한다. 이런 치료사가 반영할 때는 다음과 같은 문구로 시작할 수 있다.

- 당신이 말하고 있는 것은……
- 제가 지금 듣고 있는 것은……
- 저는……한 느낌이에요.

그러나 이런 문구가 늘 쓸모 있는 것은 아니지만, 때로 대화가 흘러가도록 이끌어 갈 수 있다. 직설적으로 말하고, 또 내담자에 대한 이해를 바탕으로 반영하는 것은 괜찮다. 반영하기는 분석이 아니라 내담자가 치료사에게 무엇을 표현하였는지를 바꾸어 말하는 것이다. 반영하기는 치료사가 내담자에게서 무엇을 들었는가이다. 치료사가 정확하지 않다면, 내담자가 그것을 알려 줄 것이다. 이런 일이 있을 때, 더 정확한 반응을 다시 반영하여 말하는 것이 중요하다.

고유한 반영하기 방식도 있는데, 치료사가 내담자의 경험에 맞추어서 마치 치료사가 내담자인 것처럼 반영하는 것이다. 그렇게 할 때 치료사는 일인칭 언어를 사용하고, 동시에 내담자의 목소리를 낸다. Rogers는 여기서 일인칭 반영하기라고 부른 것의 많은 부분을 사용하는 경향이 있다. 일인칭 반영하기는 내담자의 관점을 취하면서 반영하기를 하는 것이다.

내담자: 여자 친구가 너무 부정적이에요. 저는 긍정적인 사람인데, 그래서 실망스러워요. 여자 친구가 저를 응원해 주고 저를 너무 실망시키지 않기를 바랄 뿐이죠.

치료사: 정말 힘들겠군요. 나는 좋은 마음을 유지하려고 엄청 노력하는데 여자 친구랑은 때로 힘들군요. 나는 응원을 받는다는 느낌을 원하는데요.

일인칭 반영하기를 위해서 치료사는 내담자의 경험을 진짜로 수용해야 하며, 자신이 그런 경험에 푹 빠져 있음을 받아들여야 한다. 그렇게 치료사가 일인칭 반영을 할 때, 내담자를 말하기 위해서 '나는'이라는 표현을 사용하더라도 그 표현은 내담자와 진실로 연결되어 있다는 느낌을 전달한다.

일인칭 반영하기를 활용하는 치료사가 반영할 때마다 늘 그렇게 하는 것은 아니며, 내담자가 말했던 어떤 것이 실제로 치료사에게 울림을 줄 때를 강조하기 위해서 주로 그렇게 한다. 이는 대개 내담자가 표면에 드러나지 않았던 감정을 표현할 때 주로 일어난다.

문제대화의 고리 쌓아가기

감정에 대한 직설적인 반영하기와 조합한 반영하기를 어떻게 하는지 배웠으므로, 이제는 이것들을 기본 기술에 추가할 수 있다. 이렇게 하면 문제대화의 고리에 있는 레퍼토리 범위가 확장된다.

연습 7-7

다음의 치료사-내담자 대화에서 치료사에게 요청한 반응을 하시오.

여는 말:

내담자: 한동안 저의 결혼생활이 불행했어요.

가벼운 격려:

내담자: 결혼한 지 7년 되었는데, 지난 2년은 좋지 않았어요. 아내와 제가 입장이 서로 다른 것 같아요. 아내는 더 이상 외출하고 싶어하지도, 재미있게 보내고 싶어하지도 않죠. 저는 여행도 하고 싶고 주말에는 외출하고 다른 사람들과 함께 시간을 보내고 싶어요.

일반적으로 바꾸어 말하기:

내담자: 그래요. 제가 그 문제에 대해 아내에게 이야기하려고 하면 아내는 입을 다물어요. 우리 앞날의 기반을 다지고 있다고 설명하려고 노력해 왔거든요. 기초가 안정적이지 않아서요.

구체적으로 바꾸어 말하기:

내담자: 우리 관계가 잘되어 갈지 확신이 없어요. 아내의 부모가 이혼을 했고, 아내는 우리의 결혼서약(죽음이 우리를 갈라놓을 때까지)을 제가 존중하고 있는 만큼 똑같이 존중한다는 생각이 안 들어요.

감정에 대한 직설적인 반영하기:

내담자: 맞아요. 이미 저는 삶의 너무 많은 부분을 아내에게 헌신했어요. 만일 일이 잘되지 않아서 우리가 이혼을 하면, 저는 어떻게 해야 하죠?

감정에 대한 조합한 반영하기:

은유

은유는 어떤 것을 나타내기 위해 사용되는 단어나 문구이다. 은유는 심리치료의 모든 영역에서 매우 공통적인 기법이다. 은유는 아주 다양해서 하나의 단어일 수도 있고, 하나의 문구, 문장 혹은 전체 이야기일 수도 있다. 은유는 또 비언어적일 수도 있어서 음악, 미술 혹은 다른 매체일 수도 있다. 이 단락에서는 한두 문장으로 전달될 수 있는 언어적 은유에 초점을 둘 것이다. 치료에서 은유의 사용은 이 책의 제한된 지면으로 말하는 것보다 훨씬 더 복잡하므로 독자들이 은유에 대해 더 많은 문헌을 읽기를 바란다(Lankton & Lankton, 1986; Rosenblatt, 1994; Tay, 2013 참조).

두 가지 형태의 은유가 있는데, 한 가지는 내담자가 만든 것이고, 다른 한 가지는 치료사가 만든 것이다. 내담자가 만든 은유는 내담자가 만들어서 대화에서 쓰는 은유이다. 이 은유를 쓰는 것의 이점은 이것이 내담자에게서 원래 나온 것이므로 내담자가 받아들일 가능성이 가장 크다는 것이다. 치료사가 만든 은유는 치료사가 만들어서 대화에서 쓰는 은유이다. 대화 시 누가 먼저 은유를 쓰느냐와 상관없이 은유는 치료사와 내담자 간에 공동으로 만드는 것이 된다.

은유의 사용은 내담자가 머릿속에 담아 나중에 돌아보거나 미래에 구축할 수 있는 시각적 이미지가 되는 단어나 그림을 만드는 데 도움이 되므로 유용하다. 이러한 이미지는 내담자의 경험과 관련하여 쉽게 울림을 줄 수 있다. 또한 그런 이미지는 내담자에 대해 다른 관점을 제공할 수도 있다. 은유는 감정을 바꾸어 말하거나 반영하는 기능을 할 수 있다.

내담자: 매일 똑같은 일이 반복돼요. 아무것도 변하지 않죠.

치료사: 당신의 삶은 레코드 바늘이 매번 똑같은 시작 지점으로 되돌아가서, 가장 안 좋아하는 노래에서 걸려서 다시 시작되는 레코드판 같군요. (바꾸어 말하기로서의 은유)

내담자: 온라인상에서 만난 여러 명의 남자와 데이트를 해 왔죠. 때로 각각의 남성과 충분한 시간을 보내는지 잘 모르겠어요.

치료사: 당신이 각각의 남성과 시간을 보내려고 이리저리 굴리느라 바쁜데, 굴리는 공들 중의 하나를 떨어뜨릴까 걱정하는군요. (감정 반영하기로서의 은유)

연습 7-8

다음의 내담자 진술에 대해서 은유로 반응을 해 보시오. 내담자가 만든 은유의 경우 내담자의 은유를 기반으로 하시오. 내담자가 은유를 사용하지 않으면, 치료사가 은유를 만들어 보시오. 어떤 은유는 간단하게, 또 다른 은유는 복잡하게 만들도록 노력해 보시오.

예시

내담자: 남편이 아이들을 조금 더 사랑해야 한다고 거듭 말했어요. 남편은 제 말을 듣지 않아서 제가 다시 말해야 해요.

치료사: 때로 당신은 벽에다 머리를 계속해서 치는 것 같겠군요.

1. 내담자: 파트너가 여러 자세의 성행위를 하자고 하는데, 저는 그것이 편치 않아요. 파트너가 아직 저에게 압력을 가하지는 않지만, 저는 그 문을 열기를 원하는지 잘 몰라서 압박감을 느껴요.

   치료사:

2. 내담자: 남편이 아이들을 대하는 방식을 저는 좋아하지 않아요. 남편은 늘 얼굴을 찌푸리고 아이들의 별명을 부르면서 아이들에게 말을 함부로 해요. 우리 집은 난장판이죠.

   치료사:

3. 내담자: 이 집에서 살면서 저는 외로워요. 이 집에 다섯 명이나 살고 있는데도 저는 누구와도 가깝지 않아요.

   치료사:

4. 내담자: 직장에서 너무 스트레스를 받아요. 상사가 저를 조금도 응원하지 않죠. 매일 상사는 지나간 문제를 가져와서 들추어요. 매일 가서 얼굴을 주먹으로 맞은 것 같아요.

   치료사:

5. 내담자: 아내가 최근에 사망했어요. 우리는 50년 이상이나 함께 살았어요. 아내는 저의 모든 것이었죠. 더 이상 아내가 없어요.
치료사:

시간성

사람들은 때로 자신과 자신의 상황을 실제보다 더 영구적으로 본다. 사람들이 슬픔을 경험할 때, 슬픔이 마치 아주 오랫동안 그들의 삶에 있을 것처럼 여길 수 있다. 이미 꽤 오랫동안 슬픔이 삶에 있었을 수도 있다. 치료사의 작업이 내담자의 반응 선택권을 늘리고 내담자가 치료를 시작했을 때보다 내담자에게 더 많은 대안을 제공하는 것이라는 점을 놓고 볼 때, 시간의 개념은 내담자의 변화를 위한 또 다른 영역이 된다. 이는 치료사가 내담자의 현재 상황을 식별하고 미래는 어떨 것 같은지를 식별함으로써 이루어진다. 치료사가 상황의 시간적 유한성을 표현할 수 있도록 돕는 몇 가지 문구는 다음과 같다.

- 이 시점에서
- 현재
- 지금 당신에게
- 이 순간에

이러한 문구는 내담자가 자기 경험의 부정적인 표현에 초점을 둘 때 특히 유용하다.

내담자: 어느 누구도 기쁘게 해 줄 수 없을 것 같아요. 제가 잘하는 일은 농담을 하는 것인데요. 누구도 저랑 데이트를 안 할 거예요. 저한테는 진짜 희망이 없죠.
치료사: 현재 당신에게 어떤 가능성이 있는지 보기가 어려운거군요.

이러한 시간적 문구를 사용할 때, 치료사는 두 가지 수준에서 소통하는 것이다. 한 수준에서 치료사는 내담자의 현재 상황을 인정한다. 그러나 더 중요한 메시지는 상황이 돌에 고정되어 있는 것은 아니라는 점이다. 미래에는 어떤 형태든 차이가 있을 가능성이 있다. 치료사의 이러한 암묵적인 메시지는 변화에 대한 치료사의 희망과 기대를 전달한다.

거장(巨匠)의 메시지

Tom Andersen

우리가 대화를 어떻게 만들어 가면, 사람들이 자신이 되고자 하는 사람으로 보이고 그들의 말을 들어주게 되며, 또 이러한 것들을 확인받을 수 있게 되는가? 사람들이 자신의 가족 맥락에서 가장 의미 있음을 확인할 수 있도록 이끄는 대화에 치료사는 어떻게 기여할 수 있는가? 아마도 때때로 다음의 질문을 제기함으로써 가능할 것이다. "누가 어느 시점에서 어떤 방식으로 어떤 이슈에 관해 누구와 말할 수 있는지, 누가 말할 수 있고 혹은 말해야 하는가?"

하나의 문제는 하나의 의미체계를 만든다. 의미체계가 문제를 만드는 것이 아니다. 이러한 의미들이 적당히 차이가 있을 때, 그 의미의 소지자들은 서로의 말을 경청할 수 있고, 다양한 의미에 대해 논의할 수 있다. 그런 조건에서 새로운 아이디어가 나올 수 있다. 그렇지만 의미에 있어서 차이가 너무 벌어질 때, 의미의 소지자들은 서로 경청하지 않고 대화가 안 되며, 의미의 소지자들이 더 이상 보이거나 들리거나 확인받지 못하며, 문제는 더 커진다. 그리고 당사자 모두 자신이 불편한 곳에 있음을 지각하게 된다.

(Andersen, 1993, p. 310)

의미 반영하기

지금까지 내담자 이야기의 첫 번째 두 가지 수준인 내용과 감정에 대해 살펴보았다. 문제대화의 고리의 가장 깊은 수준은 의미에 초점을 두는 것이다. 내담자 의사소통의 의미는 내담자가 자신을 어떻게 이해하는지, 즉 자신의 자아개념을 말한다. 이는 일어났던 것에 대해 어떻게 느끼고 있는지를 놓고서, 사람들이 한 개인으로서 자신에 대해 어떻게 생각하는가에 기초한다. 대개 사람들은 자신의 의미에 대해 자각하지 못하고 있으며, 그래서 그것에 접근하기 위해서는 알려지지 않는 것을 탐색하기 위한 시간과 능력이 필요하다. 이것이 바로 문제대화의 고리에서 아마 가장 어려운 기술인 내담자의 의미에 초점을 두는 것이다. "그것이 당신에게 어떤 의미를 부여합니까?"라고 단순히 질문을 하지는 않는다.

그러나 내담자의 의미를 밝혀내도록 돕는 몇 가지 질문이 있다.

- 그것으로 인해 자신을 어떻게 느끼십니까?
- 이를 경험하였다는 점을 놓고 보니, 자신이 어떻게 보입니까?
- 이것이 당신에게는 어떤 것 같습니까?

앞에서 내담자의 정서에 주의를 기울여 말했듯이, 치료사가 항상 질문을 하지 않더라도 내담자의 의미를 찾을 필요가 있다. 이 단락에서는 질문에 의존할 필요 없이 공감에 개입하는 데 초점을 둔다. 그러나 제9장의 문제대화의 고리에서는 의도적인 질문 사용에 대해 소개할 것이다.

내담자의 의사소통의 가장 깊은 수준을 이해하고 있음을 내담자에게 알려 주기 위해서 치료사는 의미 반영하기를 활용할 수 있다. 이것은 내담자가 말한 상황과는 별개로 내담자의 의미를 인정하는 것이다. [그림 7-4]는 이런 새로운 기술을 포함한 문제대화의 고리를 보여 준다.

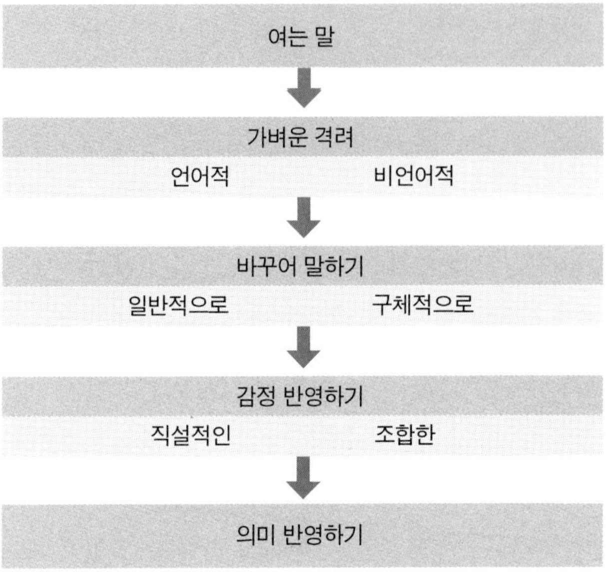

[그림 7-4] 의미 반영하기를 포함한 문제대화의 고리

다음은 의미 반영하기를 위한 부록의 '한눈에 참고하기'의 예이다.

당신은 _____때문에 ____하게 느끼는군요.

이것이 조합한 의미 반영하기와 똑같은 부록의 '한눈에 참고하기' 자료이기 때문에 조금 혼란스러울 수도 있다. 이 말은 맞기도 하고 틀리기도 하다. 의미 반영하기에 대한 '한눈에 참고하기' 자료에서 첫 번째 밑줄은 정서로 채우고, 두 번째 밑줄은 개인의 자아감에 대한 영향이다.

초보 치료사가 의미 반영하기를 하려고 할 때, 첫 번째 밑줄에 내용을 채우는 경향이 있다. 의미에 더 다가가기 위해서 치료사는 스스로 "왜?" 질문을 해야 한다. 예를 들어, 내담자가 다음과 같이 말할 수 있다.

내담자: 우리의 결혼생활은 지독히 힘들어요. 저는 잘해 보려고 엄청 노력하고 있는데, 아내는 그렇지 않아요. 저의 종교는 결혼생활을 지속해야 한다고 해서

저는 이혼을 원하지 않아요. 하지만 너무 불행해요.

여기서 우리는 이 말이 이 사람에게 어떤 의미를 가지는지에 초점을 둘 수 있다. 첫 번째 반응은 아마 그가 이혼을 고려하지 않기 때문에 화가 나 있다는 것일지 모른다. 첫 부분이 내용이기 때문에 이것은 감정 반영하기일 수 있다. 그다음에는 스스로 "왜 이 일이 그를 힘들게 할까?"라고 질문해야 할 것이다. 좀 더 깊이 파면, 그는 행복하고 싶은 것과 종교의 교리를 따르는 것 사이에서 고민하기 때문에 갈등을 한다고 생각할 수도 있다. "이것이 왜 그를 힘들게 할까?"라고 한 번 더 질문하면, 다음과 같은 이해를 하게 될 수 있다. 즉, 그는 자신의 이상과 가치에 따라 살아가기 어렵기 때문에 좌절감을 느끼고 있다.

내담자의 의미를 파악하기 위해 또 다른 예를 들어 보자.

내담자: 엄마가 참견을 안 하시면 좋겠어요. 엄마와 싸우고 싶지 않아요. 엄마가 저를 위해서 해 주셨던 모든 것에 감사하지만, 엄마는 너무 간섭이 심하세요. 이제 저도 스무 살이고, 엄마가 탯줄을 끊을 때죠.

여기서 첫 번째 시도는 내담자는 엄마가 자기에게 독립성을 부여하지 않아 좌절해 있다는 것일지 모른다. 이것은 감정 반영하기로서, 첫 부분이 내용이다. 그다음에 "이것이 왜 그를 힘들게 할까?"라고 질문한다. 그는 스스로 선택을 할 수 없기 때문에 화가 났다. 그러나 아직 거기까지는 아니고 다시 "이것이 왜 그를 힘들게 할까?"라고 질문해야 한다. 그래서 그는 자신을 효녀라고 여기며 어머니를 존중하고 싶지만 동시에 자아감을 존중받고 싶기 때문에 갈등한다고 이해할 수 있다.

연습 7-9

다음의 내담자 시나리오에서 의미 반영하기를 해 보시오.

1. 7년 동안 결혼생활을 했습니다. 아내가 아이를 갖자는 이야기를 했지만 저는 언제나 피했

어요. 저는 아이를 원하지 않아요. 한번도 그런 적이 없어요. 하지만 아내에게 어떻게 말해야 할지 모르겠어요. 이렇게 저는 아내를 속이는 사람인 것 같아요. 아내를 아주 많이 사랑하지만 아이만은 원하지 않아요.

2. 어머니가 점점 나이가 드셔서 이제는 일상적인 돌봄이 필요합니다. 우리 문화에서는 자식들이 노인을 돌볼 책임이 있지요. 하지만 저는 이제 막 저의 인생과 커리어를 시작했고, 만일 제가 어머니를 돌봐야 한다면 더 늦어질 것 같아요. 저의 일부분은 체면을 세워서 어머니를 우리 집으로 모시고 싶지만, 다른 부분은 어머니에게 맞는 요양원을 찾고 싶습니다.

3. 아기를 막 출산했는데, 아기가 다운증후군이라는 것을 알게 되었어요. 처음 알았을 때 정말 너무 힘들었습니다. 저는 늘 스스로 아이를 잘 키울 것이고, 그래서 결국에는 할머니가 될 것이라고 믿었어요. 이제 그런 일은 일어나지 않을 것 같아요. 그래서 우리 모두 현재 직면한 어려움에 너무 화가 나지만, 딸의 눈을 쳐다보면 그저 사랑스럽기만 하답니다.

문제대화의 고리 쌓아가기

다음의 대화는 이렇게 확장된 문제대화의 고리의 예를 보여 준다.

치료사: 여기서 나누고 싶은 말씀을 해 보시지요. (여는 말)

내담자: 저한테 가장 힘든 일은 아들과의 관계인 것 같아요.

치료사: 그렇군요. (가벼운 격려)

내담자: 아들이랑 사이가 아주 좋았거든요. 그런데 새로운 아가씨랑 연애를 하고부터 우리 사이가 꽤 멀어졌어요. 아들이 새로운 관계를 시작하기 위해서 시간을 보낼 필요가 있다는 것은 알지만, 아들이 마치 저를 끊어 내는 것 같다니까요.

치료사: 아주 힘드시겠군요. (일반적으로 바꾸어 말하기)

내담자: 그럼요. 아들이지만 아주 가까운 친구이기도 하거든요.

치료사: 아드님하고 사이가 아주 좋았는데, 아드님이 새로 연애를 시작하고 나서부터 예전처럼 아무 때나 이야기를 나누지 못한다는 말씀이시군요. (구체적으로 바꾸어 말하기)

내담자: 맞아요. 아들에게 무슨 말이라도 좀 하고 싶지만, 아들이 연애하도록 내버려 두고 싶기도 해요. 어쩌면 제가 손주를 보게 될 기회가 될지도 모르잖아요!

치료사: 뭔가 버려진 느낌이시군요. (감정에 대한 직설적인 반영하기)

내담자: 네. 저도 알지요. 아들이 저를 위해 늘 함께 있어서 다른 관계를 못 맺게 해서는 안 된다는 것을요. 하지만 아들이 그렇게까지 극단적으로 갈 필요도 없지요.

치료사: 아들과의 관계가 어머니께서 원하는 관계가 아니라서 슬프시군요. (감정에 대한 조합한 반영하기)

내담자: 아니에요, 그렇지 않아요. 저도 결혼생활을 하였고, 새로운 관계를 시작하는 데는 뭐가 필요한지 잘 알지요. 하지만 여전히 엄마이고, 아들이 성인이라 할지라도 자식과 가까운 관계를 맺고 싶은 거죠.

치료사: 아들이 행복하고 또 자신의 삶을 사는 것이 어머니에게는 중요하군요. 하지만 엄마로서 어머니는 아직 역할의 일부가 자식의 삶의 주요 부분이라고 보기 때문에 어려움이 있는 거군요. 그래서 지금 이 순간에 자신이 원하는 어머니가 될 수 없어서 실망스러우시군요. (의미 반영하기)

연습 7-10

다음의 치료사-내담자 대화에서 요청된 치료사의 반응을 하시오.

여는 말:

내담자: 3년 동안 결혼생활을 했는데요, 이제 막 그 생활에서 벗어나야겠다고 깨달았어요.

가벼운 격려:

내담자: 그가 저한테 결혼하자고 청했을 때 압박감을 느꼈어요. 그 사람 때문이라기보다는 사실 저희 부모님 때문이에요. 저는 서른 살이 넘었는데, 아직 아이가 없고 부모님은 손주를 원하세요.

일반적으로 바꾸어 말하기:

내담자: 그렇지요. 하지만 저는 성적 성향이 남성과의 관계가 아니라는 점을 알았죠. 저는 그와의 관계 이전에 몇 번의 레즈비언 관계를 맺었어요. 하지만 아직도 남녀 관계에 대한 사회적인 압박감을 느껴요.

구체적으로 바꾸어 말하기:

내담자: 그 사람이 매우 화낼 것임을 알기 때문에 그와 이런 대화를 하고 싶지 않아요.

감정에 대한 직설적인 반영하기:

내담자: 그가 저한테 빠져 있다는 것은 알고 있습니다. 그리고 저도 그를 사랑하지만, 사랑에 푹 빠지지는 않았어요. 그 사람을 화나게 하고 싶지 않지만, 또한 이 관계에서 행복하게 되고 싶지 않은 것도 아니죠.

감정에 대한 조합한 반영하기:

내담자: 저는 삶의 많은 부분을 남을 위해서 일했어요. 결혼하라는 기대가 있다고 생각했기 때문에 결혼했지요. 하지만 저 자신에게 솔직해져야 해요. 그리고 이렇게 하는 것이 저에게는 물론 제가 사랑하는 사람들에게 힘들 것이라는 점은 알지만, 저는 장기적인 행복에 집중하고 스스로 결정을 해야 한다는 점을 분명히 해야 합니다.

의미 반영하기:

추가 질문

1. 정서는 치료적 대화에서 어떤 역할을 합니까?
2. 치료사가 은유로 많은 말을 할 수 있습니까?
3. 내담자의 의미에 집중하는 것이 치료적 진전에 어떤 영향을 미칩니까?
4. 시간성과 희망 간의 관계에 대해 논의하시오.

제8장
상호화하기

지금까지 적극적 경청을 할 때 일대일 기술에 초점을 두었기 때문에 한 사람 이상일 경우에 공감을 어떻게 하는지 궁금할 것이다. 한 사람에게 사용하는 기술은 두 사람 이상과 이야기할 때의 기술과 똑같다. 몇 가지 이유 때문에 의도적으로 한 사람과의 공감에 대해 두 장이나 할애했다. 내담자 메시지의 여러 수준에 명확하게 주의를 기울일 수 있고 또 내담자의 경험을 치료사가 이해할 수 있는 능력은 치료 과정에서 너무 중요해서 이런 기술들을 쌓기 위해서는 시간을 상당히 들여야 한다. 그렇게 하는 것이 쉬워 보일 수도 있지만 사실은 그렇지 않다. 두 사람 이상이 자기 입장을 표명할 때 이런 기술들을 활용하기란 훨씬 더 어렵다. 이 장은 지금까지 배운 기술들을 활용해서 치료사가 동시에 여러 사람과 작업할 때 운용하는 방법을 다룬다.

상호화하기

두 사람 이상이 자기만의 독특한 관점을 가지고 있을 때, 치료사는 개인과 그 개인의 관점을 구분하여 반응할 수도 있고 혹은 다중의 메시지를 하나의 응집된 관점으로 합하는 방법을 찾을 수 있다. 후자의 과정을 상호화하기(mutualizing)라 하며, 다른 말로 다리놓기(bridging)라고 한다(Hoyt & Berg, 2000). 상호화하기란 치료사가 두 가지 이상의 관점을 합쳐서 공동의 이해가 가능한 한 가지로 만들 수 있을 때를 말한다. 이렇게 될 때, 개별적인 관점이 아니라 상호적인 관점이 생긴다. Ziegler와

Hiller(2007, pp. 93–94)는 다음과 같이 설명하였다.

> 상호화하기는 두 파트너가 적대적 입장에서 벗어나도록 촉진하고 두 사람을 같은 편에 두는 방식으로 문제 정의를 재구성하는 것이다. 그리하여 그들은 때로 다르지만 관련된 방식으로 둘 다에게 문제가 되는 것으로 간주되는 공동의 문제 또는 외부 힘에 대항해서 협력할 수 있다.

치료사는 한쪽 편을 들어 달라는 요구를 받는 입장에서 벗어나 가족원과 협동적으로 작업하는 방향으로 움직여서 공동의 문제해결을 위해 노력한다.

다리놓기란 집단상담에서 비슷한 문제를 경험하는 사람들을 의미 있는 다자 대화로 엮어 주도록 돕기 위해 사용되었다. Ormont(1990)는 집단상담 맥락에서 다리놓기를 다음과 같이 정의하였다. "다리놓기란 용어는 구성원들 간의 정서적 연결을 강화하기 위해서 혹은 이전에는 존재하지 않았던 연결감을 발전시키기 위해서 고안된 모든 기법을 말한다"(p. 4). 다리놓기는 집단에 전적으로 참여하도록 촉진하고 또 구성원의 에너지와 의도성을 높이기 위해 활용된다. Ormont(1997)는 두 가지 형태의 다리놓기를 소개했는데, 유사성에 의한 다리놓기와 대립적인 다리놓기가 그것이다. 유사성에 의한 다리놓기는 두 사람 이상을 연결하는 데 도움이 되기 위해 그들이 가지고 있는 어떠한 측면들, 예를 들어 공통의 역사, 생활경험, 혹은 상황을 찾는다. 대립적인 다리놓기는 서로 다른 관점을 가진 두 사람 이상을 연결해서 상대방 입장의 부족한 면을 통해서 자신의 입장을 탐색할 수 있게 하는 것이다.

다리놓기와 상호화하기는 아마 집단치료보다 가족에서 하기가 더 쉬울 것이다. 왜냐하면 참여자들이 비슷한 문제를 다룰 뿐 아니라 정서적으로 연결되어 있기 때문이다. 이처럼 치료사는 구성원이 서로를 알게 하도록 굳이 노력할 필요는 없지만, 그들의 공통적인 소망과 경험을 이해할 필요가 있다. 이 말은 중요한데, 만일 치료사가 한 구성원에게 공감적 반응을 하면 다른 구성원은 치료사가 편을 들고 있다고 생각할지 모르기 때문이다. 이런 딜레마에서 벗어나는 한 가지 방법은 치료사가 누구 한 개인의 편이 아니라 가족 편이라는 점을 알려 주는 것이다(Whitaker & Bumberry, 1988).

가족치료사는 치료 회기에 참여하는 모든 사람이 자신의 관점이 경청되고 있고 인정되고 있음을 알려 주기 위해 노력한다. Anderson(1997)은 이런 과정을 다각적인 편들기(multipartiality)라고 하였다. 다각적인 편들기란 치료사가 모든 사람의 편을 동시에 드는 것이다([그림 8-1] 참조). 그래서 개인은 각자 중요하다고 느낀다. Anderson은 다각적인 편들기와 중립성을 구분했는데, 중립성은 치료사가 누구 편도 들지 않는 것이다. 이렇게 되면 사람들은 자신이 이해받지 못한다고 느낄 수 있다.

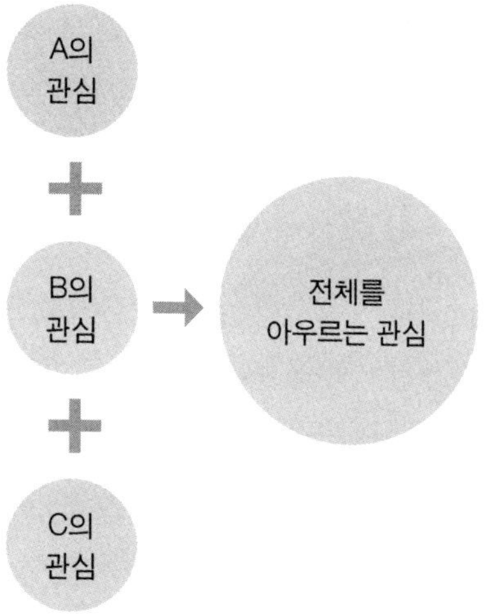

[그림 8-1] 상호화하기 과정

상호화하기 과정은 치료 회기가 누군가를 공격하기 위한 장으로 활용되는 것을 막는데 극히 중요하다. 사람들이 공동의 토대와 목표를 가질 때 치료 과정에 함께 참여하고 함께 작업하기가 훨씬 더 쉬울 것이다.

합류

가족치료사의 첫 번째 기술은 가족과 합류할 수 있는 능력이다. 이는 각 개인과 연결됨으로써 이루어진다. Haley(1987)는 상담실에 있는 각 개인에게 다가가서 반응을 얻는 것이 중요하다고 생각했다. 그렇게 하면 상담실의 모든 구성원이 치료 과정에서 중요하다는 메시지를 가족에게 전달하기 때문이다. 이렇게 일대일로 관계를 맺는 것은 치료사와 가족이라는 더 큰 관계를 맺는데 출발점이 된다. 가족치료사가 가족을 알게 되는 방식은 많다. 예를 들어, 호소문제와의 관계를 통해서 알 수 있고 혹은 호소문제 밖에서 가족에 대한 치료사의 감을 통해서 알 수 있다. 합류는 최초의 접촉 시기부터 마지막의 종료 시기까지 계속되는 과정인데, 이제 치료의 초기 단계와 합류 과정에 대해 살펴보자.

치료사는 가족에 대해 알기를 원하는 호기심을 가지고 회기에 참석한다. 이 과정을 쉽게 하는 데 도움이 될 수 있는 초기의 몇 가지 진술을 보면 다음과 같다.

- 여러분이 모두 가지고 있는 여러 가지 걱정에 대해 다루기 전에, 저는 여러분이 한 가족이라는 데 대해서 어떻게 느끼고 있는지 알고 싶습니다. 한 분씩 돌아가면서 두세 개의 형용사로 가족을 표현하여 말씀해 주시겠습니까?
- 여러분은 모두 한 가족으로서 무슨 활동을 함께하십니까?
- 여러분의 가족은 보통 하루를 어떻게 보내십니까?
- 여러분의 가족을 어떤 가족이라고 할 수 있습니까?

이런 질문에 대한 답을 통해서 가족을 알게 되고 또 대화를 시작할 수 있게 되며, 또 치료적 대화를 할 수 있게 된다. 치료사는 누가 말하고, 누가 말하지 않으며, 어떤 순서로 말하고, 사람들이 다른 사람의 생각에 어떻게 반응하며, 각 개인의 메시지의 실제 내용은 무엇인지에 주의를 기울일 수 있다. 이러한 정보는 치료사가 문제형성과 문제해결을 위한 이슈들을 결정하기 위해 가족을 개념화하는 데 도움이 된다.

이렇게 치료사는 '가족을 알게 되는' 초기 단계를 재미있게 시작해서 가족의 여러 면을 탐색할 수 있다. 여기서 가족의 역사를 탐색할 수 있는데, 부모(둘 다 상담실에 있으면)가 어디서 태어났고, 어떻게 만났고, 아이들은 어디서 태어났는지 등에 대해 알아볼 수 있다. 또한 치료사는 가족이 좋아하는 스포츠, 스포츠 팀, 활동, 가족여행 등은 무엇인지 물어볼 수 있다. 치료사는 누가 누구랑 가장 사이가 좋고, 어머니(혹은 아버지)와 가장 많이 닮은 자녀는 누구이며(이성애 부부에게 해당되지만, 동성애 부부 가족에게도 질문할 수 있음), 자녀와 부모가 확대가족과 어떤 관계인지 질문할 수 있다.

잘만 이루어진다면 첫 회기의 초반 부분은 사정의 수단이 되고 또 치료목표를 상호적으로 만드는 하나의 방법으로서 가족에 합류하는 데 활용될 수 있다. 두 가지 목적을 모두 달성하기 위해서 치료사는 일상적인 방식처럼 편안하게 대하고 호기심을 가져야 한다. 한 사람에게 합류뿐만 아니라 전체로서의 가족에 합류함으로써 치료사는 구성원들이 고유의 개인이지만 하나의 단위로 이루어졌다는 메시지를 가족에게 전달한다.

거장(巨匠)의 메시지

Milton H. Erickson

어머니가 나를 자기 편으로 끌어들이려는 바로 그 순간에 나는 일부러 아버지 편을 들고, 그래서 우리는 어머니 말을 공감적이면서도 이성적으로 들을 수 있다. 그러면 나와 아버지가 이성적으로 듣고 있기 때문에 어머니는 자기 이야기를 아버지와 나에게 해야 한다. 이제 어머니는 아버지가 이성적으로 들을 수 없음을 알지만 내가 그럴 수 있음을 안다. 바로 그 이유 때문에 어머니가 나에게 말하고 있지만, 아버지와 내가 이성적으로 듣고 있다. 즉, 우리가 이성적으로 듣고 있다. 어머니는 아버지가 이성적으로 듣고 있음을 인정해야 한다. 그래서 나는 어머니가 우리에게 이야기하게 하였고, 그다음에 나는 어머니에게 다음과 같이 말할 수 있다. "지금 어머니는 이것을 설명하셨는데, 우리는 할 수 있는 최선을 다해서 이해하려고 노력했어요. 이제 어머니와 제가 어머니가 하신 말씀을 아버지가 어떻게 이해했는지 들어본다고 가정해 봐요. 들어보면 우리는 아버지가 얼마나 잘 이해하고 있는지 알 수 있습니다. 그리고 우리는 아버지가 잘 이해한 하나하나를 모두 알아야 합니다. 우리는 정말로 그래야 합니다." 이렇게 해서 나의 편들기는 갑자기 어머니에게로 바뀌었다. 아버지가 설명하고 있는 동안에 어머니와 내가 편을 먹는 것이다.

(Haley, 1985, pp. 5–6; Vol. III)

문제대화의 고리를 상호화하기

앞의 두 장에서 문제대화의 고리의 구성요소를 대부분 다루었다. 즉, 여는 말, 가벼운 격려, 바꾸어 말하기, 감정 반영하기, 의미 반영하기(그리고 은유 사용하기)에 대해 다루었다. 이 절에서는 치료사가 어떻게 문제대화의 고리에서 한 사람 이상에게 개입할 수 있는지 논의한다. 각 개인이 이슈가 있듯이 가족도 그렇다. 하지만 가족의 모든 구성원이 그 이슈가 무엇인지에 대해 동의하지 않을 수 있고, 치료에 대해 상반된 목표를 가질 수 있다. 개인치료사에 비해 가족치료사의 고유한 기술 중 하나는 두 사람 이상의 걱정을 통합해서 일관된 초점을 발전시킬 수 있는 능력이다.

이 절에서는 문제대화의 고리의 기술들을 활용해서 상호화하기 실천의 여러 기회를 제공한다. 일단 두 사람으로 이루어진 가족으로 시작해서 점차 가족원의 숫자를 늘려 가자.

히나와 아이샤는 치료를 받으러 온 동성애 커플이다.

치료사: 두 분 모두 오늘 치료에서 무슨 이야기를 나누고 싶은지요? (여는 말)

히 나: 아이샤가 지난 몇 달 간 자제력을 잃고 저한테 이래라저래라 했어요.

치료사: [눈 맞춤] (가벼운 격려)

아이샤: 아니에요, 그렇지 않아요. 당신이 너무 게으르지.

히 나: 게으르다고? 최근에 당신의 행동을 얼마나 참아 왔는데. 그게 게으르다고?

치료사: 현재 두 분의 관계가 어느 누구도 원하는 그런 관계가 아닌 것 같군요. (일반적으로 바꾸어 말하기)

아이샤: 그렇지 않아요. 우리는 정말 사이가 좋았어요. 어떻게 된 건지 잘 모르겠어요.

히 나: 어떻게 된 거냐 하면 당신이 나를 화나게 만들기 시작했지. 내 별명을 부르고, 내가 어디 있는지 맨날 문자 보내고 정 떨어지게 굴었지.

아이샤: 정이나 있었어? 당신이 점점 더 거리를 두었잖아.

치료사: 두 분 각자 지난 몇 달간 두 분의 관계가 좀 달라졌다고 보셨군요. 어느 분도 각자가 바라는 사랑을 받지 못하고 있고, 각자 상대방에게서 무엇을 기대하

는지 분명하지 않은 것 같아요. (구체적으로 바꾸어 말하기)

아이샤: 맞아요. 마지막으로 언제 우리가 성생활을 하였는지 모르겠어요. 제가 히나에게 더 이상 특별한 존재라는 느낌이 없어요.

히 나: 당연히 당신은 특별하지. 하지만 그렇다고 해서 당신이 나를 숨 막히게 한다는 사실이 바뀌지는 않아.

치료사: 두 분 모두 거리감을 느끼시는군요. (감정에 대한 직설적인 반영하기)

히 나: 그래요. 거리감도 느껴지고 힘을 휘두른다는 느낌도요. 아이샤가 뒤로 물러나서, 제가 숨 좀 쉴 수 있게 해 주면 좋겠어요.

아이샤: 당신 헤어지고 싶다고 말하는 거야?

히 나: 아니. 헤어지자고 말하는 게 아니지. 내가 원하는 건, 당신에게 모든 것을 맞추어야 하는 데 대해 휴식을 좀 갖자는 거야.

치료사: 제가 드리는 말씀이 틀릴 수도 있지만, 두 분 모두 허덕이고 있고 전전긍긍하고 있다고 느끼시는 것 같아요. 두 분 모두 가라앉고 있고…… 두 분의 관계가 점점 더 가라앉고 있고 서로 행복하지 않은 것 같아요[치료사는 내담자 중 한 사람이 소개했던 은유를 사용했다]. (감정에 대한 조합한 반영하기)

아이샤: 우리 모두 익사하고 있는 것 같아요. 정말 무서워요. 히나를 몹시 사랑하는데 말이에요. 그녀는 저의 전부에요.

히 나: 저도 아이샤를 사랑하죠. 우리 관계는 저한테 너무 중요해요. 우리 가족이 힘들어한다는 것을 알면서도 가족에게 사실을 알린 것은 아이샤가 저한테 너무 특별한 존재였기 때문이죠.

아이샤: 우리 가족에도 쉬운 일은 아니었어요.

치료사: 이 관계는 두 분 모두에게 너무 중요하군요. 왜냐하면 두 분은 친구와 가족과의 연을 멀리했을 뿐 아니라, 더 중요한 것은 서로에게 약한 모습을 보여줘도 되는 그런 관계이기 때문이죠. (의미 반영하기)

앞의 문제대화의 고리에서 치료사는 모든 반응을 상호화했다. 이는 필수조건이 아니다. 치료사가 단 한 사람의 경험만을 반영하고 싶을 때도 있고, 또 다른 때는 그런 반영을 상호화한다.

다음의 치료적 대화에서 치료사는 개별적인 반영하기와 상호적인 반영하기를 의도적으로 하려고 한다. 이는 내담자 자신의 개인적인 고통뿐만 아니라 두 사람 모두 치료에서 무엇을 요구하는지를 치료사가 듣고 있음을 내담자에게 알려 주는 데 도움이 된다.

치료사: 어떻게 해서 두 분 모두 오시게 되었는지 말씀해 주세요. (여는 말)

스 탠: 아내가 바람을 피워서 여기 왔어요.

로 즈: [침묵]

치료사: 조금 더 말씀해 주시죠. (가벼운 격려)

스 탠: 아내가 동료와 문자메시지를 주고받았더군요. 둘이 지난 두어 달 동안 놀아났던 것 같아요.

로 즈: [아직도 조용함]

치료사: [스탠에게] 그 일로 정말 힘드셨겠군요. (일반적으로 바꾸어 말하기)

스 탠: 정말이에요. 우리 결혼생활에 아무 문제도 없다고 생각했거든요.

로 즈: 우리가 싸우지는 않았어요. 하지만 열정도 없었어요.

치료사: 당신이 원했던 방식으로의 열정은 아니었군요. (일반적으로 바꾸어 말하기)

로 즈: 전혀 아니에요. 남편은 너무 현실적이고 논리적인 사람이에요. 감정이 없어요.

치료사: 두 분 모두에게 지금의 부부관계가 바라던 관계가 아니군요. (상호화하면서 일반적으로 바꾸어 말하기)

스 탠: 아니죠. 전혀 아니에요. 그래요. 제가 로맨스 영화에나 나오는 그런 인물은 아니죠. 하지만 전 충실했다고요.

로 즈: 여보, 난 행복하지 않았어. 약간의 로맨스를 원했다고. 흥이 나기를 원했어. 이미 사과했잖아.

치료사: 결혼생활에서 두 분 모두 원하지 않는 일들을 겪고 계시군요. 스탠 씨, 아내와 동료와의 관계가 당신이 기대했던 것과는 반대로 갔고요. 로즈 씨, 당신은 열정을 더 원하셨군요. 이제 두 분 모두가 원하는 곳으로 되돌아가기 위해 어

떻게 해야 하는지를 두 분 모두가 찾고 계시는군요. (상호화하면서 구체적으로 바꾸어 말하기)

스 탠: 하지만 아내가 저한테 사과조차 하지 않았어요.

로 즈: 뭐에 대해 사과하라고? 우리가 침실에서 거의 아무 일도 없어서 그 이후로 내가 다른 사람과 성관계를 가졌다고.

스 탠: 결혼반지는 당신에게 아무 의미가 없는 거야?

치료사: 스탠 씨, 배신감을 느끼고 계시군요. (감정에 대한 직설적인 반영하기)

스 탠: 바로 그거에요.

치료사: 그리고 로즈 씨, 어떤 면에서는 당신도 배신감을 느끼고 있어요. 당신이 결혼했을 때 불꽃이 튀고 신이 나기를 기대했다는 면에서의 배신감이요. 그런 것이 최근에는 없었다는 면에서요. (감정에 대한 조합한 반영하기)

로 즈: 맞아요. 없었어요.

치료사: 그리고 상황이 이렇게 되어 버린 데 대해 두 분 모두 실망하신 것 같아요. (상호화하면서 감정에 대한 조합한 반영하기)

스 탠: 이건 제가 원했던 결혼생활이 아니에요. 로즈와 저는 이보다 훨씬 더 행복할 수 있어요.

로 즈: 당신은 아내한테 소중하다는 느낌을 받아야 하는 것 아냐?

치료사: 그게 두 분을 실제로 이렇게 힘들게 만든 바로 그 점이죠. 그 점이 바로 두 분 모두 결혼생활에서 상대방에게 기대했고 간절히 바라던 것이었죠. 하지만 바로 그 점이 배우자로서 당신 자신에게서 기대했던 점이기도 하고요. 그리고 여러 가지 이유 때문에 지금 두 분 다 결혼생활에서 각자 원했던 배우자가 될 수 없었던 것 같아요. (상호화하면서 의미 반영하기)

이 대화에서 치료사는 각 배우자의 이야기를 듣고 있고 또 그 사람이 이해받고 있다는 점을 분명하게 알려 주고자 하였다. 상대방의 입장을 배제하고 어느 한 사람의 입장만 존중하지 않았고, 매 순간 각 배우자를 인정하였다. 이것이 바로 치료사가 다각적인 편들기 입장을 취하고 있음을 보여 주는 대화이다.

문제대화의 고리의 순서

지금까지 이 책에서 제시된 문제대화의 고리를 살펴보았다면, 치료 기술에는 분명한 순서가 있었다.

- 여는 말
- 가벼운 격려
- 일반적으로 바꾸어 말하기
- 구체적으로 바꾸어 말하기
- 감정에 대한 직설적인 반영하기
- 감정에 대한 조합한 반영하기
- 의미 반영하기

문제대화의 고리를 의도적으로 이런 순서로 제시하였다. 그 이유는 표면 수준에서 이해하는 것부터 시작해서 후반에는 더 깊은 수준에서 이해하도록 이야기를 쌓아 갈 수 있기 때문이다. 그러나 이 순서가 이런 기술들을 사용할 수 있는 유일한 방법은 아니다. 더구나 대화를 하는 과정에서 각각의 기술은 한 번 이상 사용될 것이다. 예를 들어, 문제대화의 고리에서 단 한 번만 사용될 것 같은 유일한 기술은 여는 말이다(대부분의 기술들이 관련되어 있을 것이지만, 여는 말을 또 한 번 사용한다는 것은 또 다른 문제대화의 고리를 활용한다는 점을 알려 줄 것이기 때문이다). 가장 자주 사용되는 기술은 가벼운 격려를 언어적 · 비언어적으로 조합하는 것이다. 치료사는 그 순간 무엇이 일어나고 있는지에 따라 다양한 기술을 사용할 것이고, 이때 감정에 깊이 들어가기 전에 이야기가 더 많이 펼쳐질 수 있도록 연속해서 다섯 번의 바꾸어 말하기(혹은 가벼운 격려와 섞어서)를 할 수도 있을 것이다. 또는 초반에 몇 가지 감정을 일단 반영하고 나면, 치료사는 그것을 내용과 연결 짓고 그다음에는 바꾸어 말하기를 더 많이 하여 내담자에게 개입하고 싶을 것이다. 하지만 간략히 보여 주기 위해서 지금까지 해 왔던 대로 그 기술들을 보여 줄 것이다.

연습 8-1

다음에 제시된 치료사와 어머니와 아들 간의 대화에서 치료사에게 요청한 반응을 하시오. 모든 반응은 상호화하는 반응일 것임을 명심하시오.

여는 말:

어머니: 우리가 여기 온 이유는 해리슨이 저를 아주 우습게 보기 때문이에요.
아 들: 엄마가 존중을 받도록 하셔야죠.
어머니: 이것 보세요.

가벼운 격려:

어머니: 아들은 이제 열다섯 살이에요. 자기가 원하는 것은 무엇이든 할 수 있다고 생각하죠. 제가 뭐 좀 하라고 부탁하면 말을 듣지 않아요. 심지어 제 이름을 부른다니까요. 어제는 저보고 '미친 X'라고 하더라니까요.
아 들: 엄마한테는 그래도 싸요. 집에 오면 제가 뭣 좀 하느라고 바쁜데 방을 청소하라고 하잖아요.

일반적으로 바꾸어 말하기:

어머니: 그래, 내 집이잖아. 그래서 집에 오기가 싫다니까.
아 들: 저는 집에 오는 걸 좋아한다고 생각하세요? 늘 화내고 소리 지르는 엄마가 있는 집에를요?
어머니: 왜 내가 화를 낸다고 생각하니? 난들 그렇게 하고 싶겠니? 상황이 이렇게 되도록 넌 어떻게 했지?

구체적으로 바꾸어 말하기:

아 들: 엄마는 늘 제 뒤를 쫓아다니며 절대로 저를 그냥 내버려 두지 않아요. 엄마는 제가 열다섯 살이라는 사실을 모르는 것 같아요. 제가 열 살인 줄 아신다니까요.
어머니: 네가 좀 더 어른스럽고 책임감 있게 행동하면 네 나이만큼 대해 주겠지.

감정에 대한 직설적인 반영하기:

어머니: 맞아요. 이렇게는 더 지낼 수 없어요. 이건 아니지요. 평화로운 집에서 살고 싶

어요. 해리슨, 너도 그러고 싶지?

아 들: 집에서 나가고 싶어요, 대학갈 때. 그러면 엄마가 평화로울 거예요.

어머니: 아직 3년이나 남았잖니. 그러니까 가족과 함께 진짜로 즐겁게 지내는 게 어떠니?

아 들: 무슨 가족요? 아빠는 애리조나주에 살고, 우리는 여기 있잖아요.

감정에 대한 조합한 반영하기:

아 들: 엄마가 가족의 중요성에 대해 수도 없이 하는 말을 듣고 있다니까요. 진짜로 그렇다면 저한테 왜 그렇게 소리를 지르세요? 소리 지르는 것이 사랑을 보여주는 방법이에요?

어머니: 그렇지. 좋아, 그게 불만이라는 것도 알고 있어. 하지만 넌 내 아들이잖니. 너를 얼마나 사랑하는데. 네가 안 받아들일지 모르지만 네가 이 엄마를 사랑한다는 걸 난 알고 있어.

의미 반영하기:

재구성

다리놓기의 한 가지 방법은 재구성(reframing)이다. 이는 동일한 상황을 활용하여 다르게 해석하거나 다른 의미를 부여하는 것을 말한다([그림 8-2] 참조). 재명명이라고도 하는 재구성은 내담자의 관점과 치료사의 관점을 연결하는 다리다. Framo(1996)는 가족치료사들이 활용하는 가장 가치 있는 기법이 재구성이라고 하였다. 또한 재구성은 가족치료에서 가장 흔히 사용되는 기법 중 하나이다(Panichelli, 2013).

재구성은 가족을 만나는 첫 순간부터 사용한다. 이때 치료사는 현실에 대한 가족의 관점을 먼저 이해하고자 하고, 그다음에 치료적 틀을 도입한다(Minuchin & Fishman, 1981). 가족의 관점은 안정에 초점을 두며, 치료사의 관점은 변화에 더 많은 초점을 둔다.

재구성은 어떤 상황(주로 문제 상황)을 이해하는 데 대해 대안적인 수단을 제공하며, 그렇게 하면 사람들이 관계를 맺는 방식이 좀 더 유연해질 수 있다. 예를 들어, 15세 여자의 음식 거부를 신경성식욕부진증으로 진단하는데, 이를 자율을 향한 투쟁으로 재구성하면 문제를 유지하는 상호작용 패턴에 한 명 이상의 가족원의 행동과 연결지을 수 있다. 이 상황의 의미를 이렇게 바꾸는 것은 차이를 만들기 위한 차이로서 충분할 것이다.

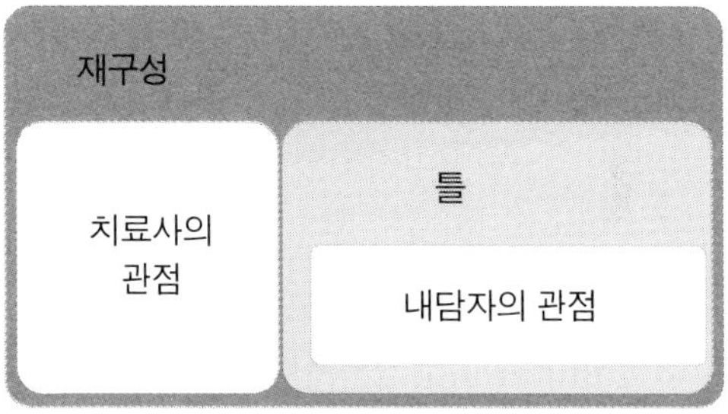

[그림 8-2] 내담자의 관점과 치료사의 재구성 간의 관계

재구성은 합류 과정에서도 도움이 된다. 치료사의 개입에 대한 사람들의 부정적 반응을 더욱 긍정적인 태도로 바꿀 수 있기 때문이다(Robbins, Alexander, Newell, & Turner, 1996). 치료사가 증상을 재구성하는 한 가지 방법은 정상화를 통해서이다(Patterson et al., 2009). 정상화는 상황이 해당 맥락에 속한 사람/가족에게 어떻게 해서 '정상적인가'를 설명하는 것이다.

치료사: 여러분 모두가 현재 왜 어려움을 겪고 있는지 알 것 같아요. 서로를 사랑하는 상황에서 이런 일이 일어나면 누구나 이런 어려움을 겪을 것입니다.

연습 8-2

다음의 내담자 진술을 재구성하시오.

1. 우리는 서로 사이좋게 지낼 수 없을 것 같아요. 서로 만날 때마다 서로 공격하고 그냥 두지를 않아요.
2. 제가 다가가려 하면 그가 뒤로 물러서요. 그리고 나중에 그가 다가오려 하면 저는 더 이상 그런 관계를 원하지 않는 것 같아요.
3. 아내는 저의 모든 것이에요. 저를 완벽하게 만들어 주죠. 그녀와 함께하기 전에 저는 아무것도 아니었죠.
4. 아버지가 돌아가셔서 너무 슬퍼요. 아버지가 돌아가셨을 때 저의 큰 부분이 아버지와 함께 사라졌어요. 앞으로 어떻게 살아야 할지 모르겠어요.
5. 남편이 더 이상 성관계를 원하는 것 같지가 않아요. 확실히 저한테서 더 이상 매력을 느끼지 못하는 것 같아요.

내용보다 과정에 초점두기

상호화하기의 또 다른 방법은 대화의 내용에 너무 집착하지 않고, 상호작용의 과정에 초점을 두는 것이다. 이는 초보 치료사에게 가장 어려운 기술 중 하나인 것 같다. 이는 아마도 초보 치료사가 내용을 먼저 다루지 않으면 자신이 무례하다고 생각하는 것과 관련이 있는 것 같다. 그러나 내용은 사람들이 말하는 것들 간의 상호작용 규칙과는 별도로 일어나지 않는다. 가족치료사와 다른 분야의 치료사를 구분하는 점들 중 한 가지는, 가족치료사는 다중의 수준에서 기능할 수 있는 능력을 가지고 있다는 점이다. 말하자면, 가족치료사는 내담자가 무슨 말을 하고 있는지, 치료사가 무슨 생각을 하고 말을 하고 있는지, 사람들은 서로 어떻게 말하고 있는지, 가족원은 치료사에게 어떻게 말하고 있는지의 다중 수준에서 기능할 수 있다([그림 8-3] 참조).

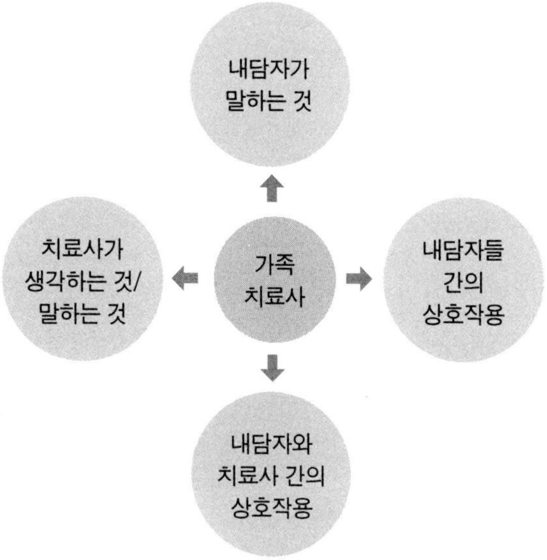

[그림 8-3] 상담실 내 가족치료사의 자각

사람들이 무슨 말을 하는지를 듣고 또 사람들이 어떤 행동을 하는지를 볼 수 있는 능력은 극히 중요한 기술이다. 가족치료사는 그 당시 가족의 과정을 관찰하고 또 그것에 대해 코멘트할 수 있어야 한다. 코멘트는 과정에 대한 해석이 아니라 그것을 의식적으로 자각할 수 있도록 끌어내는 것이다. 치료사가 가족원과 어떻게 함께하는지는 대개 치료사의 의식적인 자각 밖에 있는 것 같다. 대화 시 가족의 역동이 분명하게 드러나게 함으로써 가족원은 자신이 어떻게 기능하는지에 대해 새롭게 이해할 수 있다.

다음에서 가족치료사가 어떻게 해서 내용이 아니라 과정에 초점을 둘 수 있는지에 대한 몇 가지 예를 제시한다.

- "니콜라이, 마지막 10분 동안 엄마와 아빠가 너한테 뭐가 화가 나는지 말씀하셨어. 이게 좀 효과가 있니? 두 분이 집단으로 너를 공격하였는데, 너는 가만히 있네?"
- "저기 뭔가 흥미로운 일이 일어났는데요. 엄마와 아들이 뭔가에 대해 상의를 하고 있는데, 아빠가 끼어들었어요. 이런 일이 얼마나 자주 일어나죠?"

- "여기서 잠깐 멈추지요. 두 분 모두 자신의 관점을 이해시키려고 노력하고 있는데요, 사실은 두 분 다 딴 사람에게 이야기하고 있는 것 같아 보여요."
- "두 분 다 보셨어요? 남편이 아내의 손을 잡으려고 다가갔을 때, 아내가 뒤로 물러서더군요. 그러자 남편이 의자에 콕 앉더군요. 어떻게 된 것이었죠?"

가족치료사는 회기에서 일어나는 것(가족의 과정)이 회기 밖에서의 모습이라고 가정하는 경향이 있다. 가족의 과정이 반복해서 일어날 때, 우리는 그것을 가족의 패턴으로 본다. 가족치료가 패턴의 중단에 관한 것이라는 점을 놓고 볼 때, 과정에 대한 이해를 하고 또 그것이 ① 하나의 가족 패턴인지, ② 문제가 되는 가족 패턴인지 여부를 결정하는 것이 매우 중요하다.

만일 회기에서 보인 상호작용 과정이 가족에게 도움이 되지 않는다고 치료사가 생각하면, 회기에서 바로 그 과정을 변화시키도록 격려할 수 있다. 앞에서, 과정에 대한 치료사의 네 가지 코멘트에 대해서 치료사는 다음과 같이 개입할 수 있다.

- "니콜라이, 부모님은 네가 부모님 말씀을 좀 귀담아 들었을 수도 있었던 때가 있었다고 말씀하셨어. 지금이 바로 그때인 것이지."
- "엄마와 아들이 계속해서 이야기를 나누고, 하지만 아빠는 끼어들지 않도록 해 보시겠어요?"
- "서로 다시 이야기 나누시지요. 하지만 상대방의 말을 잘 듣고 있음을 확실히 보여 주세요."
- "뒤로 물러서지 말고, 서로를 바라보고 이런 대화를 똑같이 할 때 어떤지 살펴 보세요."

이런 개입은 내담자에게 회기를 다르게 보고 다르게 생각할 기회를 줄 뿐 아니라 실제로 다르게 행동할 기회를 준다. 치료사가 내담자에게 제공하는 차이로 안내하는 경로의 숫자가 많으면 많을수록 내담자가 목표에 도달할 가능성은 더 많다.

증상의 해체

제3장에서 증상의 해체 개념에 대해 이미 살펴보았다. 이 개념은 문제가 무엇이고 누구의 것인가에 대한 가족의 인식을 IP에서 가족체계로 바꾸는 과정이다. 내용보다는 과정에 계속해서 초점을 두는 것이 가족치료사의 가장 어려운 기술 중 하나이지만, 증상의 해체는 가장 어려운 임상 기술 중 하나이다. 왜냐하면 가족은 자신들의 관점을 가지고 치료에 오며, 그 관점에 대해 강한 의미를 부여하고 있기 때문이다. 통제가 안 되는 십대의 부모는 문제가 자신들이 자녀와 어떻게 상호작용하며 또 서로 간에 어떻게 상호작용하는지 보다는, 자녀 내면의 그 어떤 것이라고 생각할 때 마음이 더 편할 것이다. 부부 중 한 사람은 상대방이 부정적인 상호작용 패턴에 개입한다고 보기보다는 제정신이 아니라고 생각할 때 이혼을 더 잘 받아들일 수 있다.

가족치료사가 증상을 해체할 때 상호화하기의 형태에 개입하는 것이다. 문제는 개인으로부터 이자관계, 삼자관계 혹은 더 큰 관계로 바꾸는 것이다. 이는 어떤 방식에서 매우 도움이 된다. 가족원이 서로 반대하는 입장에 있을 필요는 없지만, 문제를 탐색하는 데 함께 참여할 수는 있기 때문이다.

추가 질문

1. 가족치료사는 내담자와 늘상 상호화하기를 시도해야 합니까?
2. 상호화하기와 합류 간에는 어떤 관계가 있습니까?
3. 재구성은 내담자를 존중하지 않는 것입니까?

제9장
효과적으로 질문하기

문제대화의 고리를 탐색하는 동안 줄곧 질문을 활용하지 않았음에 주목했을 것이다. 이는 훈련의 목적을 위해 의도적으로 한 것이며, 실제 임상에서는 그렇지 않다. 초보 치료사는 내담자를 접촉할 때 너무 많은 질문을 하는 경향이 있는데, 이는 아마 자신이 정보를 수집하면 잘하는 것이라는 생각을 반영하는 것 같다. 하지만 이렇게 누군가와 접촉하는 주요한 방식으로 질문에 너무 많이 의존하는 것은 상담실 밖에서도 늘 일어난다. 친구와의 최근 대화를 돌이켜 생각해 보자. 거의 대부분 상대방의 이야기를 들었던 사람은 질문을 통해서 듣는다. 사람들은 거기 누가 있었고, 무슨 말을 했고, 상대방은 어떤 행동을 했으며, 일어났던 일에 대해 어떻게 느꼈으며, 또 다른 다양한 질문을 하고 싶을 것이다. 이 장에서 보게 되겠지만, 질문은 매우 유용하지만 여러 가지 함정도 있을 수 있다.

질문의 목적

치료 면담을 위한 기술들을 사용하기 전에 그 기술의 목적을 이해할 필요가 있다. 질문은 답으로 채우는 것이 되어서는 안 된다. 대신 내담자의 이야기를 확장하여 치료사가 문제형성에 대한 개념화를 더 잘하는 데 도움이 되거나, 또는 문제해결에 대해 치료사가 택한 이론의 일부가 되어야 한다. 질문은 문제해결의 일부로서 그 자체가 개입이 될 수 있고 또 저절로 그렇게 될 수 있다.

지각 체크하기

적극적 경청을 할 때 치료사는 내담자의 뒤를 따라가서 내담자가 했던 말을 어떻게 듣고 있는지를 보여 준다. 하지만 이미 보았듯이, 치료사는 화자의 의도가 무엇인지 이해하려고 제3의 귀로 주의 깊게 듣고 또 내담자가 현재 분명하게 표현했던 것 이상을 경험할 때가 있다. 이렇게 내담자의 뒤를 따라가는 것에서부터 내담자를 앞질러 가는 것으로 바꾸면, 치료사가 잘못된 방향으로 발을 들여놓을 가능성이 커진다. 이는 내담자에게 전혀 울림을 주지 못하는 방향이다.

치료사가 자신이 잘 이해하고 있는지를 확인하기 위해서, 특히 내담자가 자기 경험에 대해 말하지 않은 부분을 이끌어 내는 경우에 지각 체크하기가 도움이 될 수 있다. 지각 체크하기는 치료사의 이전 반응이 올바른 길로 가고 있는지를 사정하는 질문이다.

내담자: 명절에 집에 가지 않을까 생각 중이에요. 지금은 가족과 함께 있지를 못하겠어요.

치료사: 지금 제가 이렇게까지 말해도 되는지 망설여집니다. 하지만 우리가 예전에 나누었던 이야기를 기초로 할 때, 당신이 이렇게 하는 것은 당신을 두렵게 하는 것을 직면하기보다는 도망가는 또 다른 기회처럼 보여요. 그렇지 않은가요?

지각 체크하기에 대한 내담자의 답은 치료사가 가던 방향으로 계속 갈 것인지, 아니면 내담자에 대한 원래의 가설과 이해를 되돌려서 방향을 바꿀 것인지를 알려 준다. 이 상황에서는 다음과 같은 두 가지 시나리오를 생각해 볼 수 있다.

내담자: 아니에요. 제가 겁이 나서 도망가고 싶기 때문이라고는 생각하지 않아요. 남에게 좌지우지되고 싶지 않고 또 저를 무시하는 것을 용납하지 않는다는 점이 더 크죠.

치료사: 그렇군요. 당신에게 진짜 중요한 것은 자신에게 확실히 충실하고자 하는 것이군요.

치료사는 내담자가 치료사의 지각이 틀렸다고 말했을 때 논쟁하지 않았다. 대신 치료사는 스스로 중심에서 물러서서 내담자의 경험에 더 깊이 들어가고자 노력했다. 내담자가 솔직하지 않거나 혹은 자신의 더 큰 경험에 대해 아직 잘 모를 가능성도 있지만, 아직은 이런 점을 파고들어 갈 때가 아닐 것이다. 더욱이 내담자의 경험을 구성하는 치료사의 방식이 틀렸을 수도 있다.

다음에서 내담자가 치료사의 지각을 공개적으로 받아들일 때 어떻게 되는지 보자.

내담자: 그러니까요, 그게 딱 맞을 수도 있어요.

치료사: 이 부분에 대해 조금 더 말씀해 주세요.

여기서는 치료사가 말했던 것을 내담자가 처리하고 생각해 볼 시간을 가지도록 하기 위해서 가벼운 격려만 필요하다.

지각 체크하기는 치료사가 내담자의 이야기를 정확히 따라가고 있는지를 확인하는 데 도움이 될 뿐 아니라 가족원이 상호 간에 사용하기 위한 모델이 될 수 있다. 이는 서로 존중하는 대화의 신호이며, 이 대화에서 한 사람이 다른 한 사람과 그저 이야기만 하는 것이 아니라 상대방을 더 잘 이해하기 위해 정직한 시도를 하는 것이다.

개방질문과 폐쇄질문

질문을 분류하는 방법은 많다. 가장 단순한 분류는 개방질문과 폐쇄질문이다. 개방질문은 수신자가 자신에게 의미 있는 방식으로 대답하게 하는 질문이다. 폐쇄질문은 구체적이고 제한된 반응을 요구하는 것이다. 일반적으로 개방질문이 치료 면담에서 훨씬 더 유용한데, 이는 내담자가 자신의 용어와 방식으로 설명할 기회를 줌으로써 대화에 깊이를 더하기 때문이다.

폐쇄질문은 정보를 얻는 데 도움이 될 수 있으며, 대개 사정과 진단 면담에서 활용된다. 생물심리사회적 측면을 채워야 하거나 접수면접을 해야 하는 치료사는 폐쇄질문을 해야 할 때가 많다. 이는 내담자의 생년월일, 교육 수준, 복용하고 있는

약, 자살 사고와 시도에 관한 질문일 수 있다.

폐쇄질문이 이런 종류의 정보를 얻는 데 도움이 되지만, 흘러가는 대화에서는 문제가 될 수 있다. 때로 폐쇄 대화는 치료 면담의 톤을 취조하는 톤으로 바꿀 수도 있다.

내담자: 아내와의 관계가 힘들어요.

치료사: 결혼하신 지 몇 년이나 되셨어요?

내담자: 3년이요.

치료사: 행복한 시절도 있었나요?

내담자: 별로요.

치료사: 아직도 아내를 사랑하시나요?

내담자: 네.

치료사: 아직도 아내와 함께하고 싶은 건가요?

내담자: 그렇습니다.

여기서 치료사는 대화를 이끌어 가는 위치에서 대화가 이루어질 수 있는 가능한 여러 방향을 제한하고 있다. 또한 폐쇄질문의 과다 사용은 치료사가 지배적이고 주도적이 되고, 내담자가 수동적이 되도록 하는 치료의 선례를 만든다([그림 9-1] 참조).

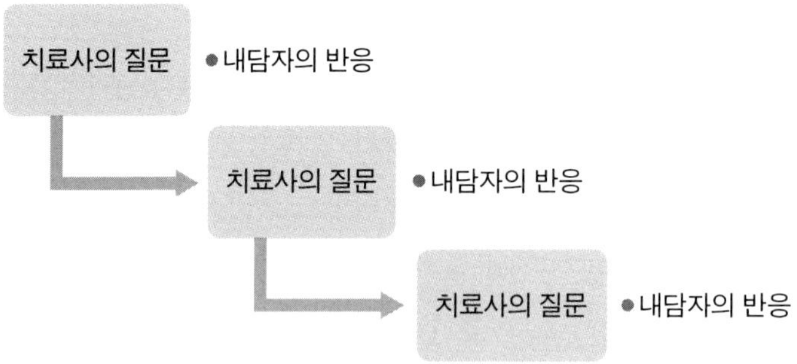

[그림 9-1] 치료사의 질문과 내담자의 반응 순서

폐쇄질문은 알아채기가 대개 더 쉽다. 폐쇄질문은 '했습니까' '합니까' '입니까'의 단어 중 하나로 끝나는 경향이 있다. 개방질문은 '누가' '어떻게' '언제' '왜'로 시작할 것이다. 하지만 이것이 확실한 개방질문은 아니다. 무엇과 언제는 폐쇄질문이 될 가능성이 있다. 가령, "당신의 이름은 무엇입니까?"와 "두 분이 마지막으로 성관계를 한 것은 언제입니까?"는 둘 다 폐쇄질문이다. 하지만 무엇과 언제는 개방질문을 위해 쓰이는 경향이 있다.

폐쇄질문의 예를 들면 다음과 같다.

- 두 분이 서로 이야기할 때가 있습니까?
- 여러분은 모두 가족으로서 관계를 맺으려고 노력하셨습니까?
- 여러분은 모두 상황을 바꾸려고 생각하고 있습니까?
- 이것이 당신이 원하는 그런 종류의 관계입니까?

개방질문의 예는 다음과 같다.

- 두 분은 어떻게 해서 이에 대한 이야기를 서로 나누지 않게 되었습니까?
- 여러분 모두는 언제 관계를 맺으려고 노력하셨습니까?
- 상황을 바꾸어 보려고 언제 생각해 보셨습니까?
- 어떤 형태의 관계를 원하십니까?

연습 9-1

다음의 폐쇄질문을 개방질문으로 바꾸시오. 다음의 예를 지침으로 활용하시오.

예시
함께하고자 결심하였습니까? (폐쇄질문)
함께하는 데 대해 어떻게 생각하십니까? (개방질문)

1. 지난주에 내 준 숙제했어요?
2. 당신의 파트너가 이에 대해 어떻게 생각하는지 알고 있습니까?

3. 이렇게 한번 시도해 볼 용의가 있습니까?
4. 그녀의 행동이 당신에게 모욕을 주었습니까?
5. 그와 이것에 대해 이야기를 나눠 보려고 한 적 있습니까?

개방질문과 폐쇄질문이 두 가지 형태의 주요한 질문이지만, 두 가지를 조합한 한 가지 질문이 더 있는데, 그것은 그네질문이라고 한다(Sommers-Flanagan & Sommers-Flanagan, 2003). 그네질문(swing questions)은 '예' 혹은 '아니요'로 대답을 할 수 있다는 면에서 구조상 폐쇄질문이지만, 내담자가 더 긴 답을 하여 개방질문으로 기능하게 하는 질문이다. 그네질문은 '~겠습니까' '할 수 있습니까'로 끝나는 것 같다.

- 당신과의 관계가 어떤지 조금 더 말씀해 주실 수 있습니까?
- 집에서 부모 역할을 어떻게 하는지 말씀해 주시겠습니까?
- 동생과 사이가 어떤지 말씀해 주시겠습니까?
- 당신의 집에서 자란 것이 어떤 경험인지 말씀해 주시겠습니까?

보통 그네질문을 사용하는 것은 문제가 안 된다. 왜냐하면 내담자는 '예/아니요'로 반응할 필요가 없고, 단지 질문에 대한 정보를 제공하는 것이라고 이해하기 때문이다. 하지만 치료사는 내담자가 치료 과정에 온전히 몰두하지 않고 질문을 문자 그대로 받아들이면 이런 질문을 하고 싶지 않을 것이다.

'왜' 질문이 왜 나쁜가

개방질문이 폐쇄질문보다 치료 면담에서 대개 더 유용하다는 점을 논하였다. 하지만 모든 개방질문이 다 좋은 질문은 아니다. 언제 개방질문을 하며, 어떻게 개방질문이 전달되는지 외에도 가장 문제가 되는 한 가지 개방질문이 있는데 그것은 '왜' 질문이다. 그래서 '왜' 질문이 왜 나쁜가 질문해 보자.

다음의 치료 대화에서 당신이 내담자라고 상상해 보자.

치료사: 왜 이 이슈가 당신에게 그런 의미가 있습니까?

내담자: 그 이슈는 사실 상처가 되기 때문이죠. 아빠가 저를 사랑한다고 말한 적이 한번도 없어서요.

치료사: 그 말이 왜 필요하죠?

내담자: 그게 필요한지 잘 모르겠지만 그러면 좋을 것 같아요. 아빠가 저에게 마음을 쓴다는 것을 알면 좋겠어요.

치료사: "너를 사랑한다."고 말하는 것이 아버지가 당신에게 마음을 쓴다는 것을 알려 주는 것과 왜 연관이 있습니까?

내담자: 아빠가 그런 말을 하지 않을 뿐 아니라 저도 아빠한테서 그런 느낌을 못 받거든요.

치료사: 왜 그 점이 당신을 그렇게 힘들게 합니까?

물론 바라건대 어느 치료사도 내담자에게 이렇게 하지는 않을 것이다. 하지만 내담자로서 크게 당황하지 않겠는가? 아마 그럴 것이다. 당신의 말을 듣고 있다고 느꼈을까? 이해? 거의 아닐 것이다.

'왜' 질문은 상대방을 방어하는 입장에 있게 하는 경향이 있다. 이런 질문은 권위자가 상대방의 잘못을 꾸짖는 경우에 해당한다.

연습 9-2

다음의 '왜' 질문을 개방질문으로 바꾸시오. 제시된 예를 지침으로 삼으시오.

예시
왜 당신은 그에게 또 한 번의 기회를 주려고 합니까?
당신이 하려고 하는 것에 대해 어떤 생각입니까?

1. 왜 당신은 별 도움도 안 되는 사람을 계속 찾고 있습니까?
2. 왜 당신은 이 관계를 끝내려고 결심했습니까?
3. 왜 아들과의 이런 패턴이 계속 일어나고 있습니까?

4. 당신은 왜 너무 힘든 것 같을 때 포기하지 않습니까?
5. 당신은 왜 그렇게 심하게 자책합니까?

'당신은 … 생각하지 않습니까/생각합니까' 질문은 문제인가

"'당신은 … 생각하지 않습니까/생각합니까' 질문은 문제가 있는가?"라는 질문에 대한 답을 알아야 한다고 생각하는가? 장난스럽게 해 본다면, "왜 당신은 당신이 생각하는 모든 것을 생각합니까?"라고 덧붙여 질문할 수 있다. 그렇다면 "당신은 … 생각합니까/생각하지 않습니까?"라는 질문이 무슨 문제가 있는가? 말하자면, 이에 대한 답의 일부분은 치료사가 이 질문을 치료적 호기심의 입장에서 질문하는 것이 아니라 치료적 권위의 입장에서 질문하는 경향이 있다는 것이다. 이런 질문은 내담자의 입장이 아니라 치료사의 입장을 중시한다. 하지만 이런 편견은 위장되어 있다.

다음의 예에서 치료사가 자신의 메시지에서 진짜로 전달하려고 하는 것은 무엇인가?

- 당신은 어머니를 존중해야 한다고 생각하지 않습니까?
- 당신은 지금이 아버지와 연락을 다시 취할 때라고 생각하십니까?
- 당신은 아내의 말을 좀 더 많이 들어야 한다고 생각하지 않으십니까?
- 당신은 남편과 그런 대화를 해야 한다고 생각하십니까?

앞의 각 질문에서 치료사는 자신이 그런 생각을 직접 하고 있지는 않지만 내담자를 통해서 그런 생각을 하게 된다는 관점을 취하고 있다. 이런 관점은 "당신은 이 점을 알아야 하며, 당신이 해야 한다고 내가 생각하는 것을 하지 않기 때문에 당신이 하고 있는 것은 잘못됐다."는 점을 말하고 있는 것이다.

필자는 치료사가 "당신은 … 생각합니까?" 혹은 "당신은 … 생각하지 않습니까?" 질문을 사용하지 않기를 권한다. 이런 질문을 사용할 때, 이 질문은 치료사가 공감적이 되는 것을 방해하는 경향이 있고, 대신에 치료사의 가치체계를 내담자에게 강요하는 것 같다. 이런 질문은 개방질문으로 쉽게 바꿀 수 있으며, 그렇게 하면 내담자의 관점을 살펴볼 수 있다.

다음의 질문은 앞에서 제시했던 질문들을 바꾼 것이다.

- 당신과 어머니가 서로를 얼마나 존중합니까?
- 당신과 아버지가 연락을 끊고 지내는 데 대해 어떠십니까?
- 아내가 당신에게 말을 하려고 했을 때 당신은 어떠했습니까?
- 당신과 남편이 그런 대화를 하는 것을 방해하는 것은 무엇입니까?

이런 각 질문은 치료사가 더욱 중립적일 수 있도록 한다. 각 질문에 대한 답은 내담자의 경험을 분명히 하는 데 도움이 될 것이고, 또 내담자가 말하고 있는 것이 무엇이든지 왜 하고 있지 않은지를 치료사가 이해하는 데 도움이 될 것이다.

연습 9-3

다음의 치료사 질문에 대해 치료사가 '당신은 … 생각합니까/생각하지 않습니까'의 질문을 더 이상 하지 않도록 문장을 바꾸시오.

1. 휴식기간을 갖는 것이 두 사람 사이에 좋은 일이라고 생각하지 않습니까?
2. 이 상황에 대처하는 방법이 폭력이라고 생각합니까?
3. 딸이 집에서 너무 많이 통제를 받는다고 생각합니까?
4. 파트너와 싸우고 난 다음에 어머니 집에 가는 것이 좋은 일은 아니라고 생각하지 않습니까?
5. 이제는 여동생과 사이좋게 지낼 때라고 생각하지 않습니까?

관계 질문

가족치료사는 선형적으로가 아니라 순환적으로 사고한다. 그래서 문제를 내면적인 문제가 아니라 사람들 사이의 문제로 본다. 이런 인식론에 의해 가족치료사가 하는 질문은 한 사람이 다른 사람에게 어떤 영향을 미치는가에 초점을 둔다. 이는 개인이 명확한 사고와 감정을 가지고 있다는 점을 무시하는 것이 아니라 고유한 두(혹은 그 이상) 개인이 함께해서 상호적으로 서로에게 영향을 미친다는 것을 의미한다. 우리는 이 질문을 상호작용 질문으로 볼 수 있다. 관계 질문은 두 사람 이상의 사람들 사이에서 무엇이 일어나는가에 초점을 둔다.

관계 질문은 한 사람이 다른 사람에게 어떤 영향을 미치는지, 혹은 다른 사람이 그에게 어떤 영향을 미치는지를 그 사람에게 질문하는 것이다.

- 남편이 술에 취해서 집에 들어오면, 당신은 어떻게 반응하십니까?
- 부인이 당신을 완전히 무시한다고 말씀하셨습니다. 그때 당신은 어떻게 하십니까?
- 당신이 아들을 벌줄 때, 아들은 어떻게 반응합니까?

관계 질문은 치료사에게 정보를 줄 뿐 아니라 문제가 한 사람의 것이 아니라 여러 사람의 것이라는 암묵적인 메시지를 내담자에게 전달한다. 그렇기 때문에 질문은 개입이 된다.

개입으로서의 질문

질문의 목적 중 하나는 정보를 끌어내는 것이다. 그러나 질문은 개입이기도 하다. 의도하지 않을 때조차, 질문에는 결과가 따른다. 이런 이해와 더불어 치료사는 질문이 치료적일 수 있음을 자각하면서 질문을 할 때 의도적이어야 한다.

순환 질문은 Milan 팀에 의해 개발된 질문의 한 형태이다. 이 단락에서는 한 가지 가능성으로서 순환 질문의 사용에 초점을 둘 것이고, 이후에 순환 질문을 이론과 연결할 것이다(제16장 참조). 순환 질문은 영향이 상호적이라는 순환적 인식론을 활용한다. 이 질문은 대개 본질적으로 탐색적인 경향이 있다(Tomm, 1988). 순환 질문은 여러 가지 범주로 구분할 수 있다. 즉, 관계의 지각에 대한 차이 질문, 정도의 차이에 관한 질문, 지금/그때 차이, 가설적 및 미래 차이 질문(Boscolo, Cecchin, Hoffman, & Penn, 1987)의 범주가 있다.

순환 질문은 때로 삼자 질문(triadic questions)이라고도 한다. Keeney와 Ross(1985)

는 "이른바 삼자 질문은 때로 한 가족원에게 다른 두 구성원의 이자관계에 대해 말하도록 요청하는 것이다."(p. 210)라고 하였다.

- 당신이 외출할 때, 누가 가장 불안해합니까? 어머니입니까, 아니면 아버지입니까?
- 아버지가 술에 취해서 집에 들어올 때, 아버지에게 더 관심을 보이는 사람은 누구입니까? 어머니입니까, 아니면 형입니까?
- 어머니가 화가 날 때, 어머니를 진정시키려고 노력하는 가족원은 누구입니까?

순환 질문은 대화에 새로운 정보를 가져오게 하는 경향이 있다. 이 점은 중요한데, Bateson(1972)이 차이를 만드는 차이가 정보라고 말했기 때문이다. 순환적 패턴에 초점을 둠으로써 가족원은 가족 안의 새로움과 차이를 지각할 수 있다.

연습 9-4

다섯 개의 순환 질문을 해 보시오.

여기서 이야기할 개입 질문의 마지막 형태는 대화 질문이다(Anderson, 1997). 이 질문은 치료사의 알지 못함의 자세에서 나오며, 내담자가 자신의 이야기를 말하고 분명히 하고 확장하도록 돕는다. 협동적인 과정을 통해서 치료사는 대화를 계속 풀어 나가기 위해서 대화 질문을 하며, 여기서 치료사의 질문은 내담자의 주관성에 들어가려는 시도를 기초로 한다. 이때 치료사는 대화가 어디로 향할 것인지(그래서 어떤 질문을 가장 많이 하게 될 것인지)에 대한 사전 지식을 가지고 가는 것이 아니다.

거장(巨匠)의 메시지
Harlene Anderson

그렇지만 어느 정도 우리의 질문은 늘 대화가 이루어지는 맥락 밖의 영향을

> 받는다. 그 맥락 밖의 지식이나 담론이 우선할 때, 늘 터널 시야가 만들어져서 우리가 무엇에 관심이 있고 또 무엇에 대해 질문하는지를 제한한다. 이는 내담자에 대한 우리의 이전 경험을 기초로 우리가 이미 알고 있는 것에 맞추기 위해 내담자의 이야기를 요청하고 설정하는 질문을 하게 하는 것이다. 또한 이는 더욱 당사자와의 직접 대화를 통해 만들어질 수 있는 의미와 이해를 제한하는 질문을 하게 한다. 질문이 사전 지식, 대답을 찾는 것 혹은 치료사의 가정을 증명하는 것에 근거하면 할수록 치료사는 내담자의 경험뿐만 아니라 치료사 자신의 경험과 접촉하지 못하게 된다.
>
> (Anderson, 1997, p. 145)

내담자의 질문과 공감

치료 회기 동안에 질문을 하는 유일한 사람은 치료사만이 아니다. 내담자들도 서로에게 혹은 치료사에게 질문할 수 있다. 어떤 질문은 직설적이어서 직설적인 답을 요할 수 있다. 예를 들어, 만일 내담자가 다음 주에 휴가를 갈 것이기 때문에 한 주가 아니라 두 주 후에 치료 회기를 잡을 수 있는지 질문하면 치료사는 즉시 답해야 한다.

그러나 내담자의 질문이 내적 갈등을 암시하는 그런 때도 있다. 내담자가 그런 질문에 대한 답을 원할 때, 사실 그 질문은 아주 큰 목적을 가진다.

다음은 내담자의 지각을 표현한 것이다.

내담자: 선생님, 답 좀 해 주세요. 왜 실비아가 계속해서 저를 피하는지요?

치료사: 그게 당신을 정말 힘들게 하는군요. 여러 가지 사안을 좀 미루고 그 문제부터 다루고 싶으시군요.

여기서 치료사는 질문에 대한 답을 주려고 할 수 있었지만 추측만 했을 뿐이다. 하지만 치료사는 질문 아래 무엇이 있었는지, 즉 내담자가 자신의 소망과 가치가 채워

지지 않아서 스트레스를 받았다는 점을 들었던 것이다.

질문의 함정

질문은 치료 면담 시 정보를 탐색하고 정보를 얻는 데 매우 도움이 될 수 있다. 질문은 또 개입의 효과도 볼 수 있다. 하지만 질문을 하는 데 있어서 함정도 있을 수 있다. 이미 '왜' 질문, '당신은 … 생각합니까/생각하지 않습니까?' 질문이 문제가 될 수 있음을 살펴보았다. 이 단락에서는 질문의 몇 가지 다른 함정에 대해 다룬다.

질문은 보통 내담자가 분명한 반응을 하도록 계획된다. 질문이 문구로 만들어지는 방식은 그것을 방해할 수 있다. 이는 치료사가 쌍발식의 길고, 추측하며, 구체적이고, 안내하는 질문을 할 때 일어난다. 쌍발식 질문(double-barreled questions)은 두 가지 질문이 결합될 때이다. 이 질문은 내담자가 어떤 질문에 답해야 할지 혼란스럽게 할 수 있다.

치료사: 아내와 함께 있는 데 대해 어떤 기분이며, 또 아이들과의 관계는 당신이 원하는 그런 관계인지요?

여기서 치료사는 별개의 두 가지, 하지만 관련되어 있는 질문을 하고 있다. 첫 번째 질문은 아내와의 관계에 관한 것이고, 두 번째 질문은 자녀들과의 관계에 관한 것이다. 쌍발식 질문은 치료사가 가장 쉽게 고칠 수 있는 질문이다. 치료사는 두 가지 질문을 하기 전에 그 두 가지를 분리하기만 하면 된다.

긴 질문은 말 그대로 너무 길게 이어지는 질문이다. 긴 질문의 문제는 내담자가 질문을 받는 동안에 흥미를 잃어버릴 수 있거나 혹은 질문 끝에 질문이 뭐였는지 잊어버릴 수 있다는 점이다.

치료사: 아내와의 관계와 자녀들과의 관계에 대해서 말씀하셨어요. 저는 당신이 그들과의 관계를 어떻게 이해하였는지 궁금했습니다. 왜냐하면 가족은 당신에게

> 중요하지만, 당신은 집에 오기보다 친구들과 시간을 보내고 또 직장에 더 오래 있기를 원하는 것 같다고 하셨기 때문입니다. 마흔이 가까워 오는 당신 인생의 이 시점에서 그렇게 하는 것이 즐겁고 성취하는 것 같다고 하셨지요?

이런 긴 질문의 끝에 내담자는 치료사가 실제로 자기에게 무엇을 물어보는지 확실히 잘 모를 수 있다. 긴 질문은 치료사가 문구를 좀 더 경제적으로 만듦으로써 바꿀 수 있다. 앞의 예에서 치료사는 "당신 가족과의 관계를 어떻게 이해하고 있습니까?"라고 질문할 수 있다.

추측 질문은 치료사가 질문 안에 가능한 답이 있는 질문을 하는 것이다. 치료사는 이전 대화를 기초로 해서 어떤 일이 일어나고 있는지에 대한 감을 잡고, 이런 추측을 질문에 담을 수 있다. 이런 질문의 잠재적 문제는 답의 선택이 이미 제시되었기 때문에 내담자가 답을 찾는 것을 제한할 수 있다는 점이다. 더욱이 치료사의 추측이 정확하지 않다면, 치료사는 체면을 잃을 수 있다(특히 회기를 진행하는 데 대해 잘못된 이해를 너무 많이 하는 경우).

- 아내가 소리를 지를 때, 당신이 화가 나는 것은 어렸을 때 당신에게 소리를 질렀던 어머니를 생각나게 하기 때문인가요?
- 부모님 말씀을 잘 듣지 않는 이유는 반항심 때문인가요?
- 그날 당신이 남편을 가까이하지 않았던 까닭은 남편을 벌주고 싶어서였나요?

추측 질문을 피하기 위해 치료사는 개방질문을 할 수 있다.

- 아내가 소리를 지를 때 당신은 어떠셨는지요?
- 부모님 말씀을 잘 듣지 않는 데 대한 당신의 논리에 대해 어떻게 생각하세요?
- 어떻게 해서 남편을 가까이하지 않았지요?

구체적 질문은 너무 자세한 답을 요구하는 것이다. 내담자는 이런 질문에 답하기가 어려울 것이다.

- 작년에 두 분은 얼마나 많이 의견의 일치를 보지 못하였습니까?
- 관계를 떠나겠다는 생각을 얼마나 자주 하십니까?

구체적 질문은 그 질문을 더 일반적으로 만들어서 바꿀 수 있다.

안내 질문은 내담자에게 질문을 하지만 동시에 어떻게 되어야 한다고 치료사가 생각하는 바를 제안하는 것이다. 안내 질문은 여러 면에서 치료사의 편견을 드러낸다. 내담자는 특정한 방식으로 답해야 한다는 치료사의 암묵적인 메시지를 들을 수 있다. 내담자가 그렇게 생각하지 않거나 그것이 답이라고 생각하지 않더라도 그러하다. 이렇게 되면 내담자가 비일치적이 될 수 있다.

- 두 분이 서로 사이좋게 지내기를 바라는 것이죠, 그렇죠?
- 누군가를 그런 식으로 대하는 것이 별 도움이 안 된다는 것 아시죠?

안내 질문을 하지 않기 위해서 치료사는 질문의 의도성에 대해 더욱 마음을 써야 하며, 질문을 하기 전에 자신의 편견을 없애도록 노력해야 한다.

- 두 분이 서로 잘 지내기를 바라는 데 대해 어떻게 생각하세요?
- 그녀를 그렇게 대하는 데 대해 어떻게 보세요?

연습 9-5

다음의 치료사 질문에 어떤 함정이 있는지 정하고, 그런 문제를 고치는 새로운 질문을 해 보시오.

1. 당신이 관계를 맺었던 기간 동안에 얼마나 많이 서로에게 화를 냈습니까?
2. 그녀의 설명이 당신에게 어떤 영향을 미쳤고, 당신은 무슨 생각을 하고 있습니까?
3. 언제 그 상황을 바로잡으려고 하십니까?
4. 그녀가 당신을 사랑하지 않는다고 말한데 대한 고통으로 인해서 우울증을 앓게 되었습니까?

5. 이미 당신이 말했듯이, 그가 당신에게 정서적으로 폭력적인 것 같다고 느꼈을 때 당신은 자신을 보호하기 위해 무엇을 할 수 있을까요? 왜냐하면 당신은 20년 동안이나 그것을 견뎌 왔고, 20년은 너무 길고, 또 더 이상은 그러고 싶지 않으며, 또 이제는 뭔가 좀 달라질 수 있다고 말했기 때문이에요.

문제대화의 고리 쌓아가기

질문은 문제대화의 고리의 유용한 (반드시 그렇지는 않지만) 구성요소가 될 수 있다. 하지만 그 과정에서 쓰일 때, 질문의 목적은 내담자의 내적 경험이 드러나는 장을 여는 데 도움이 된다.

다음의 대화는 개방질문을 포함한 문제대화의 고리의 예이다.

치료사: 오늘 어떤 일로 오셨는지 말씀해 주세요. (여는 말)

내담자: 딸이 몹시 걱정이 됩니다.

치료사: 그렇군요. (가벼운 격려)

내담자: 딸이 심하게 반항을 하고, 저는 어떻게 해야 할지 모르겠어요. 제가 원하는 방식의 그런 부모 역할을 할 수가 없어요.

치료사: 그래서 매우 힘드시겠어요. (일반적으로 바꾸어 말하기)

내담자: 너무 힘들어요. 딸과 이야기해 보려고 노력도 해 보았고, 물건을 치워도 보았고, 외출도 금지시켜 보았고, 벌도 줘 보았지만, 아무것도 효과가 없어요. 그래서 저와 아내 사이가 더 힘들어졌을 뿐이에요.

치료사: 반항적이라고 느끼는 딸과 어려움이 많으셨군요. 상황을 바로잡기 위해서 많은 것을 시도하셨지만, 어느 것도 별 효과가 없었군요. 그래서 이제는 부부생활까지 영향을 받고 있고요. (구체적으로 바꾸어 말하기)

내담자: 맞아요. 가족이 그저 서로 멀어져 가는 것만 같아요.

치료사: 부아가 치미는 것 같군요. (감정에 대한 직설적인 반영하기)

내담자: 그렇습니다. 딸을 망치고 있을 뿐 아니라 아내와 저 자신까지도 그런 것 같아요.

치료사: 자신에 대해서는 어떤 기대를 하시지요? (질문)

내담자: 상황을 잘 파악할 수 있기를 바라죠. 즐겁고 건강한 가족이 될 수 있어야 한다고요.

치료사: 그런데 지금 배를 고치려고 노력하는데 잘되지 않고, 배가 가라앉고 있는 것 같아서 실망이 되시는군요. (은유를 사용하여 감정에 대한 조합한 반영하기)

내담자: 맞습니다. 그리고 저는 쉽게 포기하는 그런 사람이 아닙니다. 최선을 다해야죠.

치료사: 어떻게요? (질문)

내담자: 저의 부모님은 진짜 불행한 결혼생활을 하셨고, 실제로 노력해 보지도 않고 이혼하셨어요. 바로 그만두셨지요. 저에게 결혼은 특별합니다. 그만두는 사람이 되고 싶지 않아요. 결혼은 좋은 것이죠.

치료사: 결혼생활이 당신에게 매우 중요하군요. 이 상황에 대해서뿐 아니라 자신의 기대에 따라 살지 못하는 자신에게서도 실망을 하시는군요. (의미 반영하기)

이 예에서 질문이 대화의 궤적을 바꾸지는 못하지만 현재의 대화가 흘러가도록 한다. 이런 질문들은 내담자의 경험에 깊이를 더해 준다. 이제 문제대화의 고리에 질문을 도입할 차례이다.

연습 9-6

다음의 치료적 대화에서 치료사에게 요구한 반응을 하시오.

여는 말:

내담자: 제가 여기 온 이유는 결혼생활에서 어려움을 겪고 있기 때문입니다.

가벼운 격려:

내담자: 저기, 6년 동안 결혼생활을 했는데요. 처음 두 해는 좋았어요. 그런데 그 이후로 쭉 내리막길이었어요.

일반적으로 바꾸어 말하기:

내담자: 네. 집에 좀 더 일찍 들어오고, 밤에는 게임도 안 하고, 밤에 데이트를 해서 이 상황을 더 좋게 만들어 보려고 애를 썼어요.

구체적으로 바꾸어 말하기:

내담자: 그래요. 그렇게까지 잘했던 것 같지는 않아요.

감정에 대한 직설적인 반영하기:

내담자: 맞아요. 결혼생활은 저한테 매우 중요해요.

질문:

내담자: 저기, 저는 늘 일단 결혼을 하면 영원할 것이라고 생각했어요. 그런 삶이 실현될 것이라고요.

감정에 대한 조합한 반영하기:

내담자: 네. 저는 쉽게 포기하는 그런 부류의 사람이 아닙니다. 최선을 다해야죠.

질문:

내담자: 제가 태어나기도 전에 아버지는 어머니를 떠나셨어요. 제가 한 살이었을 때, 어머니는 저를 포기하고 입양을 보내셨어요. 수양가족에서 자랐죠. 가족을 갖는 것은 저의 모든 것이에요. 아직 아이는 없지만, 누군가가 기댈 수 있는, 그 누군가가 된다는 것은 저한테 엄청 중요하죠.

의미 반영하기:

추가 질문

1. 질문은 가족치료사의 성장에 장애가 될 수도 있습니까?
2. 질문은 침범하는 것입니까? 수용할 수 있는 질문과 침범하는 질문 간의 경계는 어디라고 봅니까?
3. 어떤 식의 질문이 치료적 변화를 일으키기에 충분합니까?

제10장
치료사 자신을 활용하기

치료사가 되는 것의 일부분은 이론을 실천으로 변형시킬 수 있는 능력이다. 이는 가족치료사의 주머니에 있는 다양한 도구를 활용함으로써 가능하다(Minuchin et al., 2014). 이런 많은 도구는 모델을 기초로 한다. 그러나 치료적 성향과는 상관없이 치료사가 마음대로 사용할 수 있는 가장 중요한 도구는 자기 자신이다. Carl Whitaker가 설명했듯이 "이론과 기법은 치료사의 개인적 특성을 통해 여과되었을 때만이 활기를 띠고 구체화된다"(Whitaker & Bumberry, 1988, p. 35). 이 장은 치료사가 내담자와 관계를 맺고 또 치료관계에서 긍정적 변화를 이끌어 가기 위해 치료사 자신을 어떻게 활용할 수 있는지를 살펴본다.

유사언어

유사언어 혹은 준언어는 치료사가 비언어적 의사소통의 수단으로서 목소리를 어떻게 사용하는가이다. 지금까지는 주로 치료사가 내담자에게 무엇을 말하는가에 관해 말하였다. 이 단락에서는 그것을 어떻게 말하는가를 살펴본다. 유사언어는 음조(音調), 속도, 크기, 조음, 발음으로 나눌 수 있다. 첫 세 가지가 가장 중요하기 때문에 여기서는 이것들에 초점을 둘 것이다. 바라건대 여기서 전하는 메시지는 치료사가 회기에서 원하는 결과를 얻기 위해서 유사언어를 의도적으로 활용할 필요가 있다는 점이다.

음조(pitch)는 목소리의 높낮이 정도를 말한다. 대부분의 사람은 자기 목소리에 자연스러운 음조가 있다. 하지만 그 음조에 차이가 있어서 늘 계속해서 단조로운 톤으로 말하지는 않는다. 어떤 메시지를 더 강조하거나 부드럽게 하기 위해 억양을 사용한다. 예를 들어, 우울한 사람과 말할 때 더 낮은 음조가 더 높은 음조보다 더 잘 맞는다. 내담자에게 중요한 진술을 전달할 때는 그런 메시지에 더 잘 맞추어 신호를 보내기 위해서 음조를 높이기도 한다.

말의 속도는 속도 맞추기라고도 할 수 있다. 속도 맞추기(pacing)는 얼마나 빨리 혹은 느리게 말하는가이다. 상황에 따라 사람들은 의사소통의 속도를 다르게 맞춘다. 불안할 때 사람들은 더 빠른 속도로 말하는 경향이 있다. 치료사는 보통 의사소통의 속도를 내담자의 속도와 맞춰야 한다. 그래서 내담자가 천천히 말하는 사람이면, 치료사도 속도를 늦추어 말해야 한다. 가족원이 좀 더 빨리 말하는 사람들이면, 치료사도 속도를 더 높여 말해야 한다. 치료사가 말하기 속도를 가족의 속도와 맞추지 않을 때는 오해가 일어날 수 있다. 예를 들어, 말하는 속도가 느린 가족은 빨리 말하는 치료사를 계속해서 이해하기가 어려울 수 있다. 혹은 빨리 말하는 내담자는 말하는 속도가 느린 치료사에게 좌절감을 느낄 수 있다. 가족의 말하는 속도에 맞추는 것 외에도, 치료사는 자신의 말하기 속도를 바꿀 수 있는데, 특히 매우 중요하다고 생각하는 그 무엇인가에 대해 말하고 싶을 때 그렇다. 대개 치료사가 말하는 것이 아주 중요하다는 것을 알려 주기 위해서 말의 속도를 낮춘다.

치료사: 지금 이 시점에서 샤론 씨…… 남편에게…… 당신의 말을 진짜로 들어주기를…… 당신이 바라는 것을 들어주고 [좀 더 높은 음조로 말함]…… 또 당신과 함께하기를 바라는 것은 매우 중요한 것 같아요.

크기는 사람이 얼마나 크거나 작게 말하는가이다. 대개 치료사는 목소리 크기를 중간 수준으로 유지하고자 한다. 너무 낮으면 내담자가 치료사의 말을 들을 수 없다. 너무 크면 치료사가 거칠다는 인상을 줄 수 있다. 유사언어의 다른 측면과 마찬가지로, 치료사는 자기가 원하는 결과를 가져오기 위해서 목소리 크기를 언제 바꿀 것인지 알아야 한다. 치료사는 상담실의 강도를 낮추고, 내담자가 좀 천천히 가도록 하며 그들이 말하는 것에 조금 더 집중하도록 노력을 기울이고 싶을 때, 목소리 크기를 낮출 수 있다. 만일 두 사람 이상이 갈등하고 있고 목소리를 높일 때, 치료사가 목소리 크기를 높일 수 있다.

연습 10-1

다음의 단락을 크게 여러 번 읽어 보시오. 매번 읽을 때마다 목소리 크기, 억양, 속도, 어떤 단어를 끊어서 읽을 것인지 등 읽는 방법의 여러 측면을 바꾸어서 읽어 보시오. 매번 읽을 때마다, 다음 단락이 어떻게 이해되는지에 대해서 어떤 차이가 있습니까?

몇 분을 할애해서 오늘 우리가 나누었던 이야기를 요약하고 싶습니다. 여러분은 매우 재미있는 가족이고, 아주 흥미로운 방식으로 서로 관계를 맺고 있습니다. 이런 방식이 여러분을 서로 연결하는 데 도움이 되지만, 한편으로 여러분을 힘들게 만들기도 하는 것 같습니다. 오늘 나누었던 이야기 중의 하나는 사람들이 발뒤꿈치를 땅에 계속 갈아 넣어서 동상이 되고 싶어한다는 것이에요. 동상은 돌로 만들어지는데, 돌로 모양을 만들 수 있지요. 앞으로 진행하면서 흥미로울 점은 여러분이 서로의 모양을 만드는 데 도움이 되고 또 서로의 모양을 계속 만들어서 여러분의 가족이 각자에게 더욱 흥미롭게 느껴질 여러 방식을 살펴보는 것입니다.

유머

심리치료는 매우 진지한 활동이지만 놀이와 엉뚱함(absurdity)이 꼭 있어야 한다. 치료에 활기를 불어넣는 한 가지 방법은 유머를 사용하는 것이다. 사람들이 유머를 사용할 줄 아는 능력은 다양하지만, 심리치료사들은 회기에서 어떻게 유머를 사용하는지 배울 수 있다(Valentine & Gabbard, 2014). "치료적 유머는 개인의 감정, 행동, 사고, 생리작용에서 긍정적인 치료적 변화를 촉진하기 위한 목적으로 전문적인 정신건강 실천가들이 의식적이고 의도적으로 유머를 사용하는 것으로 정의할 수 있다"(Sultanoff, 2013, p. 394).

유머는 생리적, 정서적, 심리적으로 긍정적인 영향을 미치는 것으로 밝혀졌다(Woodbury-Fariña & Antongiorgi, 2014). 하지만 이는 치료사와 내담자가 안전하게 연결된 치료적 동맹 상태에서 이루어져야 한다(Drell, 2015). 이는 유머에 대해서뿐 아니라 심리치료 전체에 대해서도 중요한 점이다. 개입이 질문, 과제, 재구성, 유머든 그 무엇이든, 개입은 연결되어 있는 바로 그 지점에서 이루어져야 한다.

유머는 유용할 수도 있고 문제가 될 수도 있다. Gladding과 Wallace(2016)는 치료적으로 긍정적인 일곱 가지 형태의 유머에 대해 말했다. 그것은 일화, 농담, 말장난(puns), 위트, 반어, 과장하기, 자기 높이기와 자기 낮추기이다. Gladding과 Wallace는 치료 과정에 부정적일 수 있는 다섯 가지 형태의 유머에 대해 말했다. 그것은 풍자, 빈정댐, 다크/블랙 유머, 우울한 유머, 놀림, 지저분하고 음란한 농담이다. 치료사가 유머를 어떻게 사용하는지 살펴보고, 그것이 치료사가 만나는 특정 내담자와의 연결 혹은 분리 수단인지 살펴봐야 한다. 왜냐하면 풍자에 의해 연결이 더 잘되는 사람이 있는가 하면, 그렇게 해서 오히려 멀어지는 사람도 있기 때문이다.

치료 시 유머 사용에는 많은 이점이 있지만, 주의를 기울여야 할 점도 몇 가지 있다. 모든 사람이 똑같이 유머감각이 있는 것은 아니다. 한 사람의 유머 반응이 다른 사람에게는 모욕이 되기도 한다. 그래서 어떤 내담자가 치료사가 의도한 유머를 잘못 해석하고 농담이 내담자에 관한 것이라고 생각하면, 치료적 동맹에 균열이 생길 수 있다(Panichelli, 2013). 그래서 치료사의 의도가 명백해야 하는데, 치료사는 내담자가 자신의 목표를 달성하도록 돕고 있다는 의도를 분명히 드러내야 한다. Panichelli는 이 과정을 다음과 같이 말했다.

> 목표는 분명하다. 내담자가 문제에 대해 미소를 짓거나 웃음을 짓는 입장으로 데려가기 위한 것이다. 문제를 피하기 위해서가 아니라 문제에 직면할 능력을 높이기 위해서이다. 동시에 항상 강력한 치료적 동맹을 유지하면서 말이다.
>
> (Panichelli, 2013, p. 448)

내담자와 치료사가 문제에 대해 농담할 일이 있을 때, 치료적 동맹을 높이려는 목적을 위해서 함께할 수 있다. 또한 농담은 문제에 대한 시각과 행동에 관해 축적된 경직된 면을 부드럽게 할 가능성이 있다. 바로 그 시점에서 새로운 지각과 경로가 가능해질 수 있다.

도전

치료는 내담자가 자신을 확장하여 더욱 성취하는 삶을 살게 하도록 내담자에게 도전하는 것이다. 도전(challenge)은 현재의 한계에 관한 것으로, 자신을 어떻게 보는지, 어떻게 행동하는지, 어떻게 타인과 상호작용하는지에 있어서의 한계에 관한 것이다. 그것들은 내담자가 생각하는 것보다 더 풍부하며, 또 자신이 현재 활용하는 것보다 더 많은 대안과 자원을 가지고 있다고 내담자에게 말해 주는 하나의 방법이다.

도전은 부드럽게 이루어질 수도 있고 강제적일 수도 있다. '도전'이라는 단어는 때로 갈등 같은 부정적인 의미를 포함하기도 한다. 그러나 치료사는 내담자가 힐책받기보다는 지지받는다는 느낌을 갖도록 도전할 수 있고 또 대개는 그렇게 한다. "효과적인 도전은 사람들이 행하고 있는 것과 그 결과를 보여 준다. 하지만 어떤 점을 지적받고 있는지를 내담자가 잘 듣기 위해서는 야단맞는다는 느낌을 받아서는 안 된다"(Minuchin, Nichols, & Lee, 2007, p. 7). 그래서 치료사가 먼저 합류해서 내담자는 치료사가 자신과 연결되어 있음을 알 수 있도록 해야 한다.

Minuchin은 흔히 취하기와 버리기를 통해서 도전한다(Minuchin et al., 2007). 첫 번째 부분의 도전인 취하기는 합류 기제이다. 이는 치료사가 "당신에게서 매우 좋은 무언가를 봅니다."라고 말하는 것이다. 두 번째 부분의 도전인 버리기는 변화될 수 있는 것을 나타낸다. 이때 치료사는 "그래서 당신에게 문제가 되는 어떤 것을 계속해서 하는 것이 어떻습니까?"라고 말한다.

- 당신은 정말 자상한 아버지군요. 당신의 자상함이 어떤 자녀에게는 너무 과하지 않을까요?
- 이해하기 어려운 부분이 있어요. 당신은 개인적으로 아주 똑똑한 사람이지요. 하지만 당신은 온통 가족에게 잘못되거나 상처가 되는 일만 계속하고 있군요.
- 당신 가족을 화합시키기 위해 그렇게 열심히 노력하는 방식은 정말 인정할 만해요. 하지만 그러한 노력이 사람들을 오히려 더 밀어낼 수 있는 것 같아요.

연습 10-2

다음의 내담자 진술에서 취하기와 버리기 형태로 도전해 보시오.

1. 딸 때문에 너무 겁나요. 딸이 학교에서 낙제하기를 원하지 않지요. 딸의 미래가 전부 그 애 앞에 있는데, 딸은 그것을 위험에 빠뜨리고 있어요. 딸의 성공을 확실히 하기 위해서도 딸을 지도하는 것은 제 책임이죠.
2. 아내에게 반박하는 것은 옳지 않다고 생각해요. 부모로서 우리는 한편이 되어야 하니까요. 그래서 저는 아내가 말한 것에 동의해요.
3. 수년간 우리는 이런 말싸움을 계속해 왔어요. 그런데도 상황이 변하는 것 같지 않아요.

자기개방

치료 시 내담자는 자기의 사고, 감정, 행동을 상대방에게 주로 말하는 사람이다. 치료사의 일은 대개 이런 정보를 드러내도록 돕는 것이다. 하지만 치료사의 자기개방이 치료적 목적을 이루는 데 도움이 되는 때도 있다. 자기개방은 치료사가 내담자에게 자신에 관한 정보를 드러내는 것이다. 자기노출 수준은 다양하다. 최소한의 개방(치료사가 어느 대학에서 학위를 받았는지, 혹은 어디에서 태어났는지)에서부터 꽤 중요한 개방(예: 자신의 중독 경험, 아동기의 성적 학대 경험)에 이르기까지 다양하다.

자기노출은 언어적/비언어적일 수 있을 뿐 아니라 의도적/비의도적일 수도 있다. 자신의 헤어스타일, 의상, 액세서리, 문신, 화장, 억양 등 모든 것은 타인과 의사소통하는 수단이다. 사람들은 또 비의도적 자기개방을 하여(Gans, 2011) 무의식적으로 자기 성격의 일부를 드러낸다. 대개 내담자가 이렇게 하면 문제가 되지 않지만, 치료사가 이렇게 하면 문제가 될 수 있다. 그 한 가지 이유는 치료사가 혼합된 메시지를 보낼 수 있기 때문이다. 말하자면, 언어적 의사소통은 수용을 표현하지만 얼굴 반응은 거부의 신호를 보내는 것일 수도 있다.

연습 10-3

다음에 제시된 척도를 사용하여, 아래 열거된 정보를 개방하는 것을 얼마나 편안하게 느끼는지 그 정도를 표시하시오. 또 맥락이 당신의 편안함의 정도에 어떤 영향을 미칠 수 있는지 논의하시오.

1	2	3	4	5	6	7	8	9	10
전혀 편하지 않음				중간					매우 편안함

1. 이름
2. 출생지
3. 나이
4. 형제자매 관계
5. 결혼/연애관계
6. 중독경험의 내력
7. 가족원과 있었던 중요한 부정적인 문제
8. 가장 큰 두려움
9. 과거의 성 경험
10. 내담자에 대한 진솔한 생각

치료사가 얼마만큼이나 자기개방을 해야 하는지에 대해서는 다양한 시각이 있다. 어떤 시각, 즉 정신분석 관점에서는 훨씬 더 치료사가 아무것도 개방해서는 안 된다고 본다. 참만남 운동 같은 다른 관점은 모든 것이 개방되어야 한다고 본다. 그러나 대부분의 치료사는 중간쯤에 속한다(비록 조금 덜 자기개방을 하는 방향일 것이지만). [그림 10-1]은 자기개방의 연속선을 보여 준다.

[그림 10-1] 자기개방의 연속선

자기개방 전에 치료사는 "나는 지금 누구를 위해 개방하는가?"라는 질문을 스스로 해 봐야 한다. 답이 자신을 위한 것이라면, 치료사가 개방을 해서는 안 된다. 이는 자기 스스로 더 좋은 기분을 느끼기 위한 과거의 성공에 관한 이야기일 수도 있고 혹은 내담자가 치료사를 존경하기를 원하기 때문일 수도 있다. 하지만 답이 내담자를 위한 것이라면, 그때는 맥락에 따라 자기개방이 더욱 적절할 것이다.

자기개방의 주된 이유 중 하나는 내담자에게 합류하여 인간적으로 연결되는 것, 즉 치료적 동맹을 높이기 위함이다. 대개 자기개방은 치료관계의 질을 높이지만, 그보다는 조금 더 복잡하다. 내담자는 치료사가 사실보다는 감정과 통찰을 개방할 때 치료적 동맹을 더 긍정적으로 평가하는 경향이 있다(Pinto-Coelho, Hill, & Kivlighan Jr., 2016).

필자가 심리치료 클리닉에서 일하였을 때, 많은 임상심리 훈련가들이 내담자의 질문(내담자들은 치료사에 대한 것을 좀 알고 싶어 했다)에 똑같은 방식으로 답하는 것을 들은 적이 있다. "저에 대해 아는 것이 당신에게 어떤 도움이 되겠습니까?" 필자는 이런 질문을 하지 않을 것을 강력히 제안한다. 이는 사람들 사이에 거리를 두는 방식으로 이해되는 경향이 있다. 필자의 경험에 의하면, 치료사의 개인적인 면에 대한 내담자들의 질문(예: 결혼하셨습니까? 어디에서 태어나셨습니까? 이런 문제를 경험한 적이 있습니까?)은 대개 연결을 지어 보려는 방식들이다. 이미 치료적 관계가 효과적인 심리치료의 주요한 측면이라는 점에 대해서는 살펴보았다. 이러한 치료적 관계의 일부는 진솔한 두 사람이 서로 만나는 것이다. 그래서 내담자가 개인적인 질문을 하면 보통은 대답하는 것이 최선이다. 하지만 초점을 내담자에게 돌리는 방식으로 답하는 것이 핵심 기술이다.

내담자: 형과 잘 지내는 것이 너무 어려워요. 선생님은 형이 있는지요? 그리고 형과 사이가 좋은지요?

치료사: 네, 저도 형이 있습니다. 자라면서 온갖 갈등을 다 경험했죠. 잘 지내기까지 시간이 꽤 걸렸습니다. 당신과 형이 갈등을 해결하기 위해 어떤 시도를 하는지 알고 싶습니다.

여기서 치료사는 문을 열고 자신도 세상의 모든 다른 사람처럼 하나의 인간임을 보여 주었다. 그래서 내담자는 이런 문제가 보편적이어서 자기만 이런 문제를 경험하는 유일한 사람은 아니라고 느낀다. 하지만 치료사도 어려움을 가졌었다는 표현은 변화에 대한 희망과 기대를 불어넣었으며, 그리고 아마도 치료사가 내담자에게 초점을 두고 말을 끝맺었다는 점이 가장 중요할 것이다.

연습 10-4

다음의 내담자 진술/질문에 대해 내담자에게 초점을 두는 말로 끝을 맺도록 자기개방을 해 보시오.

1. 파트너를 더 이상 믿을 수 있을지 모르겠어요. 이번이 파트너가 저한테 거짓말한 첫 번째도, 두 번째도, 세 번째도 아니에요. 선생님은 어떻게 하시겠어요?
2. 아버지가 너무 고압적이세요. 저한테 아무 자유도 주지 않으시죠. 선생님은 자랄 때, 집에서 어떠셨어요?
3. 저 자신이 좋은 사람이 아니라는 느낌이 들 때가 있어요. 아들이 성질을 부리면, 저는 인내심을 잃고 소리를 지르죠. 선생님도 인내심을 잃고 폭발한 적 있으세요?
4. 무슨 일이 있을지 너무 겁나요. 이런 일이 저한테는 아주 새로운 영역이거든요. 선생님도 이렇게 겁이 난 적이 있으신지요?
5. 이번이 제가 행복을 찾을 최고의 기회인 것 같아요. 우리는 두세 번 데이트를 했고, 모든 것이 잘되어 가는 것 같아요. 그 사람을 아주 오랫동안 알고 있었던 것처럼요. 선생님도 이런 기분을 느껴 본 적 있습니까?

즉시성

자기개방의 한 형태는 즉시성이다. Hill(2004)에 의하면 치료사의 즉시성은 치료사가 내담자, 내담자와의 관계 혹은 치료관계에 대해 어떻게 느끼는가에 대해 내담자에게 직접 개방하는 것이다. Kuutmann과 Hilsenroth(2012)는 이 개념을 발전시켜서 치료적 즉시성이라고 하였고, 치료관계에 대한 치료사의 말뿐만 아니라 내담자가 시작한 말도 포함하였다.

즉시성은 내담자에게 도전이 되는 것 같은 자기개방이다. 치료사의 즉각적 반응은 자기개방의 한 형태이지만, 이를 치료사의 자기관여 진술이라고도 하였다(Sturges, 2012). 치료적 즉시성의 이점은 내담자가 치료와 치료사에 대한 감정을 표현하도록 돕고, 내담자에게 그들이 가치 있음을 보여 주며, 치료관계를 진전시킬 공간을 제공하고, 또 내담자가 교정된 관계 경험을 하도록 돕는 것이다(Hill et al., 2014). 또 다른 이점은 이것이 치료 외의 관계에서 관계 맺음의 여러 가능성을 보여 주는 본보기로 기능할 수 있다는 것이다(Mayotte-Blum et al., 2012).

치료사는 내담자가 치료관계에 대한 이야기를 시작할지 말지를 통제할 수는 없지만, 치료 회기 밖에서 일어나는 이슈에 대해서뿐 아니라 치료 회기 안에서 일어나는 것에 대해서 이야기하는 것이 전적으로 괜찮다는 것을 내담자에게 알려 줘서 내담자가 그렇게 하도록 격려할 수 있다. 이는 내담자가 생각하기에 치료사가 너무 과하게 밀어붙인다든지, 거리를 둔다든지, 이해를 못하고 있다든지, 혹은 큰 도움이 안 된다고 생각하는지 여부의 형태로 이루어질 수 있다.

지금부터 치료사의 즉시성에 초점을 둘 것인데, 이는 치료사가 통제하는 것에 관한 것이다. 때로 초보 치료사는 내담자의 호소문제를 넘어서서 내담자와의 관계에 초점을 두기를 주저한다. 그러나 치료관계가 내담자의 효과적인 진전에 매우 중요하다는 점을 놓고 볼 때, 이러한 치료적 관계를 활용하는 것은 도움이 된다.

치료사는 내담자가 얼마만큼 멀게 느껴지는지, 치료사의 말에 귀를 닫고 있는지, 혹은 너무 주제넘게 참여하는지에 대해 말할 수 있다. 또한 치료사는 그날 내담자와 연결감을 느끼지 못한다고 말할 수 있고, 혹은 치료사와 내담자 사이에 뭔가 다른 것이 있는 것 같다고도 말할 수 있다. 즉시성의 의도는 치료관계에 도움을 주기 위해서뿐 아니라 그 순간 내담자가 자신에 대해 자각하도록 하기 위한 것이다.

- 오늘 제가 당신에게 몇 가지 대안을 제시하였을 때, 당신은 저에게 반대하는 것 같았습니다. 우리 둘 사이에 일어났던 일 중에서 제가 놓치고 있는 것이 있을까요?

- 지금 당신에 대해 어떤 느낌이 들어요. 당신에게 꽤 약한 부분이 있고, 그것을 존중하고 싶다는 어떤 점이 저한테 생기네요.
- 당신에게 이의를 제기했는데, 그것이 당신에게 괜찮은지 잘 모르겠어요. 잠시 이에 대해 이야기해도 될까요?

이러한 반응은 치료관계에서 무슨 일이 일어나고 있고, 내담자는 자신을 어떻게 이해하며, 또한 다른 관계에서의 관계 역동은 어떠한지에 대해서 내담자가 이야기할 수 있는 잠재적 통로를 여는 데 도움이 된다.

추가 질문

1. 만일 치료적으로 도움이 된다고 생각한다면, 치료사 자신의 어떤 면(예: 유사언어)을 의도적으로 바꾸는 것도 진솔한 것일까요?
2. 가족치료사는 가족에게 도전을 하고 이의를 제기하면 안 될까요? 가족에게 도전하는 것은 치료에서 어떤 역할을 합니까?
3. 치료사가 자기개방을 하지 않으면 치료관계에 어떤 영향을 미칩니까? 완전한 자기개방은 어떻습니까?

제11장

치료의 강도 조절하기

이 장은 치료 회기에서 일어나는 강도의 수준에 초점을 둔다. 강도의 수준은 치료 회기에 누가 있고, 무엇에 대한 이야기를 나누며, 치료사의 의도가 무엇인가에 따라 다르다. 어떤 방향으로든 강도의 조절은 가족원에게 합류하고 도전하는 데 중요하다. 이 장은 강도를 낮추고 높이는 방법들을 보여 줄 것이다.

강도 낮추기

개인치료 이상으로 가족치료 회기는 그 강도가 꽤 높을 수 있다. 서로 갈등 관계에 있는 사람들이 치료 회기에 참석하기 때문이다. 내담자들은 화가 난 데 대해서 이야기만 하는 것이 아니라 실제로 그 순간에 화를 경험하고 있다. 친한 친구나 가족원과 갈등이 있었던 때로 돌아가서 생각해 보자. 각자 잘못이 자기에게 있다고 하지 않고 상대방에게 있다고 함으로써 갈등은 대칭관계로 악화될 가능성이 다분히 크다.

치료 과정 초기에 가족원은 서로에 대해 좌절감과 적대감을 높은 수준으로 경험할 것이다. 이러한 불안은 가족원들이 서로 직접적으로 관계를 맺을 때 나오는 것 같다. 강도를 줄이는 주요한 방법 가운데 하나는 가족원이 서로에게 직접 말하는 시간의 양을 줄이는 것이다. 치료사는 가족원에게, 특히 치료 회기가 매우 격렬해질 때, 서로에게 직접 말하게 하기보다 치료사에게 이야기하도록 요청할 수 있다([그림 11-1] 참조).

강도를 줄이는 또 다른 방법은 가족원이 다른 구성원의 말을 목격하도록 하는 것이다. 이는 말하지 않는 구성원을 일방경 뒤에 있게 하거나 혹은 상담실의 구석으로 자리를 옮겨서 앉아 있게 함으로써 말하는 하위체계(치료사와 한 가족원으로 구성됨)와 말하지 않는 하위체계(다른 가족원으로 구성됨)를 지정하는 것일 수 있다. 그다음에 치료사는 이 두 하위체계에 속한 가족원을 교체하여 서로 다른 하위체계에 속해 보도록 한다.

만일 치료 회기가 말다툼의 혼란 속으로 깊이 빠져들면 치료사는 발언 막대기를 활용할 수 있다. 발언 막대기는 치료사가 내담자에게 주는 어떤 물건으로서 그 막대기(물건)를 잡고 있는 자만이 말을 할 수 있다. 그 막대기를 잡고 있지 않으면 말하는 것이 허용되지 않는다. 가족원들이 이 규칙을 따를 때, 해당 장면에서의 말다툼이 줄어들고 구성원은 서로의 말을 더 잘 들을 수 있다. 발언 막대기 사용의 한 가지 단점은 사람들 간의 관계 맺음이 줄어들고, 그래서 치료사가 가족과정을 보는 데 방해가 된다는 점이다. 이것을 사용하는 또 하나의 기법은 치료사가 한쪽은 초록이고, 다른 한쪽은 빨강인 주걱을 잡고 있는 것이다. 치료사가 초록 쪽을 잡으면(혹은 누군가에게 주면), 그 사람은 말을 할 수 있다. 만일 치료사가 빨강 쪽을 잡으면, 그는 말하기를 중단해야 한다.

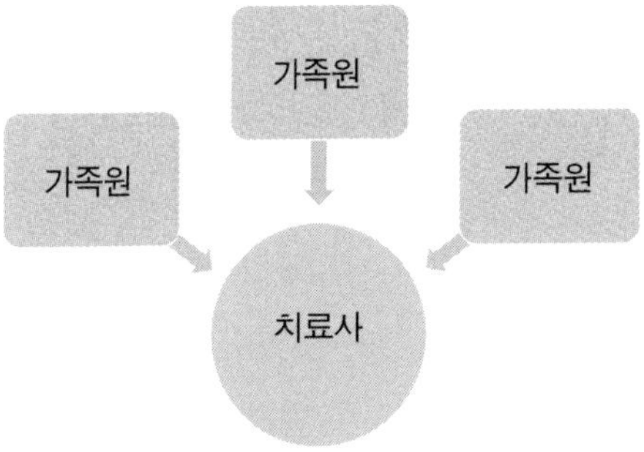

[그림 11-1] 가족원들이 치료사에게 말하게 하여 치료의 강도 낮추기

강도 높이기

치료 회기에서 치료사가 강도를 높이고 싶을 때도 있다. Whitaker와 Satir, Minuchin 같은 치료사는 내담자가 자기의 역할에서 빠져나가게 함으로써 상담실의

강도를 높였다. 다른 치료사들은 개입 시 더욱 극적인 요소를 가져와서 그것을 내담자에게 더욱 중요한 것으로 만듦으로써 치료의 강도를 높일 수 있었다.

내담자가 새로운 경험을 하도록 도우면, 치료의 강도가 높아진다. 이는 새로운 정서에 다가가는 형태로 이루어진다(Taibbi, 2007). 치료사는 내담자가 잘 표현하지 못하고 그저 표면 아래 머물러 있는 감정에 주의를 기울인다. 이런 감정이 드러날 수 있도록 질문을 하여 개인 구성원이나 전체로서의 가족이 이제까지 거의 인정하지 않았던 이런 새로운 정서 표현에 의해 놀랄 수 있는 장을 마련해 준다.

강도는 반복을 통해서도 일어날 수 있다. 치료는 때로 여러 가지 감정과 생각이 각 개인에게서 일어날 뿐만 아니라, 그런 감정과 생각이 여러 사람에 의해 의사소통되어 혼란스러운 싸움이 전개되는 장이기도 하다. 가족원은 치료사가 한 말을 처리하거나 이해하지 못할 수도 있다. 말의 반복은 그 의사소통이 극히 중요하다는 신호이다.

치료사: 단지 자녀의 고통 그 이상인 것 같아요. 이 말을 다시 한번 하고 싶군요. 단지 자녀의 고통 그 이상인 것 같습니다.

강도를 높이는 또 다른 방법은 침묵을 활용하는 것이다. 치료적 침묵은 치료사가 의도적으로 아무 말도 하지 않을 때인데, 이는 치료사 혹은 내담자에게 생각할 여지를 줄 수 있다. 대부분의 사람은 침묵을 불편해한다. 그래서 치료사가 침묵을 하면 내담자는 억지로라도 자기성찰을 하게 된다. 이런 일은 내담자와 치료사가 치료에서 일어났던 것을 더 잘 처리할 수 있었던 경우처럼 강력한 의견 교환이나 경험 후에 일어날 수 있다.

반대로 강도는 치료사가 내담자의 말을 중단할 때 높아진다. 중단하기는 보통 무례하고 문제가 있는 것으로 여겨졌다. 사실 목적이 분명하지 않을 때는 그렇다. 치료적 중단은 치료적 대화가 별 도움이 안 되는 방향에서부터 대안이 있는 방향으로 흘러가도록 바꾸는 것이다. 이는 내담자가 치료 과정에 전혀 적합하지 않은 대화를 하거나 대화가 진전되는 데 도움이 되지 않는 대화를 계속해서 할 때이다.

내담자: 남편한테 너무너무 화가 나요. 그 사람이 하고 있는 일은 옳지 않아요. 친구가 자기도 결혼생활에서 실망이 컸다고 말하더군요. 친구 말이,

치료사: 여기서 잠깐 멈추지요. 강한 감정을 경험하고 있다고 하시면서 다른 사람에 대한 이야기를 하시는군요. 당신 자신에게 계속 집중하고, 그런 감정에 머물러 있겠어요?

치료사는 비속어를 사용해서도 강도를 높일 수 있다. 이것은 내담자에게 악담을 하기 위한 것이 아니라, 내담자의 경험에 맞추거나 내담자의 경험을 강조하기 위한 것이다. 치료사의 언어는 내담자의 경험을 인정하든지 혹은 내담자를 압박하기 위해 사용된다.

- 당신 자신에게 "도대체 지금 제가 뭔 짓을 하고 있는 거야?"라고 궁금해하는 것 같아요.
- 이런 지랄 같은 혼란 속에 당신이 처해 있음을 알게 되고, 또 그런 쓰레기를 뒤집어쓰지 않으려고 죽자 살자 노력하고 있군요.
- 당신이 말한 것을 들어보니 당신에게 가해진 이런 모든 압박감으로 "제기랄, 절대 못해."라고 말하고 싶은 큰 일부분이 당신에게 있군요.

실연 주도하기

상담실에 두 사람 이상이 있으면 많은 이점이 있다. 한 가지 이점은 치료사가 사람들이 서로 무슨 말을 하는지를 들을 수 있다는 점이고, 더 중요한 이점은 그들이 어떻게 말하는가를 들을 수 있다는 점이다. 가족치료사는 가족과정에 주의를 기울인다. 그렇게 하는 한 가지 수단은 실연을 주도하는 것이다.

Minuchin이 가족치료 분야에 실연을 도입하였다. 실연이 구조적 가족치료와 가장 많은 관련이 있지만, 엄밀히 말해 실연이 구조적 치료모델의 기법만은 아니다. 예를 들어, 실연은 해결중심 치료(Seedall, 2009), 정서중심 치료(Butler & Gardner,

2003), 혹은 또 다른 접근에서도 사용될 수 있다. 실연은 정보를 수집하는 방법일 뿐이다. 실연하는 동안 혹은 실연 후에 무엇을 하느냐에 따라 구조적, 해결중심, 정서중심 치료로 나뉜다.

실연(enactments)은 두 사람 이상의 가족원이 치료 회기 동안에 서로 이야기할 때 일어나는 것이다. 가족치료사가 실연을 주도하는 것으로 생각하는 경향이 있지만, 가족원이 자발적으로 서로 관계를 맺을 수도 있다. Minuchin과 Fishman(1981)은 실연의 목적을 다음과 같이 말했다. "치료사는 치료 회기에서 대인관계 시나리오를 만들어서 가족원 간의 역기능적인 교류가 드러나도록 한다"(p. 79). 실연이 가장 잘 알려진 가족치료 기법 중 하나라는 것(Nichols & Fellenberg, 2000) 외에도, 실연은 내담자들이 무엇을 말하는가에서부터 무엇을 하는가로 이동하는 과정에서 치료사가 채택하는 보편적인 태도이다(Minuchin et al., 2007).

Minuchin과 Fishman(1981)은 실연의 몇 가지 이점에 대해 말했다([그림 11-2] 참조). 첫째, 실연을 통해 가족치료사는 실연을 하지 않았으면 얻지 못할 정보를 얻는다. 실연은 집에서의 가족 상호작용을 치료 회기에 가져오는 기제이기 때문이다. 둘째, 실연은 가족원의 상호작용이 치료사 앞에서 그리고 치료사와의 관계에서 이루어지기 때문에 치료체계를 형성하는 데 도움이 된다. 셋째, 실연은 가족의 현실을 변화시키는 데 도움이 된다. IP에 대한 가족의 시각이 문제를 둘러싼 사람들 간의 대화로 바뀌기 때문이다. 넷째, 실연은 가족원이 서로에게 새로운 행동을 시도해 볼 환경과 맥락을 제공한다.

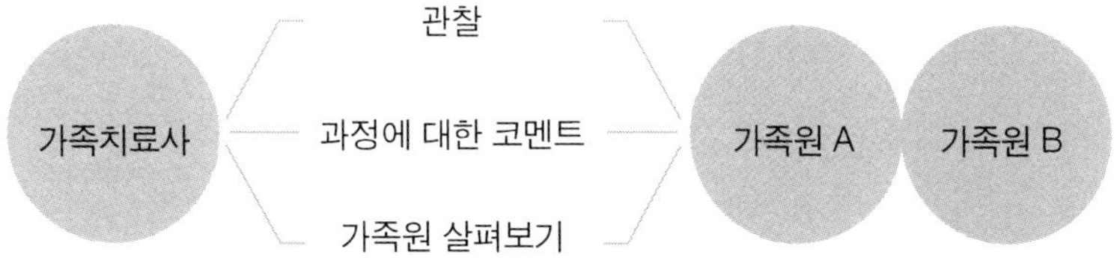

[그림 11-2] 실연의 과정

실연은 시작하기가 꽤 쉬운 것 같다.

- 에블린 씨, 두 분이 상이한 관점을 가지고 있다고 부인이 말하고 있는데, 이에 대해 부인에게 직접 말씀해 보세요.
- 이제까지 두 분이 얼마나 상이한 양육방식을 가지고 있는지에 대한 이야기를 나누었습니다. 이제 마주보고 이러한 차이에 대해 이야기를 나누어 보시지요.
- 브레트 씨, 부인이 지금 말하고 있는 것에 대해 이견을 제기해 보세요.

그러나 실연이 처음 볼 때처럼 쉽지는 않을 것이다. 실제로 실연은 복잡한 과정이어서(Nichols & Fellenberg, 2000), 치료사는 실연을 어떻게 시작하고, 어떻게 그리고 언제 개입하며, 또 실연을 언제 종료할 것인지 결정해야 한다. 예를 들어, 가족원이 서로에게 개입하도록 놔두기보다는 치료사에게 말하게 할 수도 있다. 이때 치료사는 내담자가 하는 대로 따라갈 것인지, 아니면 서로에게 다시 이야기하도록 방향을 조정할 것인지 결정해야 한다. 또한 내담자들은 서로에게 말하는 것으로 시작하고, 그 다음에 치료사를 대화에 끌어들일 수도 있다. 그때 치료사는 비언어적으로(질문자의 파트너를 가리키며) 혹은 언어적으로 방향을 조정할 수 있다.

치료사: 미노루 씨, 계속해서 아내에게 말씀하시지요. 나머지 사람들은 집중하고 있고요.

일단 실연이 시작되면 치료사는 가족원에게 개입하기 위해 어떤 입장을 취할 것인지 선택한다. 좀 더 가까운 입장은 실연하는 동안에 치료사가 코치와 비슷한 입장이 되어서 가족원이 다르게 행동할 가능성을 제공하는 것이다.

- 질, 방금 어머니께서 당신에게 문을 열어 주었는데 당신이 받아들이지 않는군요. 이제 당신 차례입니다.
- 빌, 사만타와 조지가 아주 훌륭한 의견 차이를 보였을 때 당신이 두 사람 사이에 끼어들었군요. 뒤로 물러설 수 있어요?

또한 치료사는 뒤로 물러서서 좀 더 먼 입장에서 관찰할 수도 있다. 실연 동안에 중심에서 벗어나는 한 가지 방법은 치료사가 자신의 왼쪽 발을 쳐다보거나 혹은 말하고 있는 사람 이외의 그 무엇인가를 쳐다보는 것이다(Minuchin et al., 2014).

전통적인 실연은 세 단계로 이루어진다고 할 수 있다(Minuchin & Fishman, 1981). 첫 번째 단계는 치료사가 좀 더 먼 입장에서 가족이 즉석에서 대본 없이 하는 상호작용 과정을 관찰하는 것이다. 두 번째 단계에서 치료사는 가족들로 하여금 치료사 앞에서 문제 과정에 서로 개입하도록 하는 것이다. 세 번째 단계는 치료사가 더 가까운 입장을 취해서 가족이 서로 관계를 맺는 대안적인 방법을 제시하는 것이다.

연습 11-1

두 명의 학생과 역할극을 하시오. 당신이 치료사이고 두 학생은 부부로 정하시오. 역할극의 첫 5분 안에 부부간의 실연을 시작하시오. 두 사람의 상호작용이 끝나면 당신이 두 사람 간에 일어난 상호작용 과정에 대해 말해 주시오. 5분 후에 또 다른 실연을 시작하시오. 여기서 당신은 부부 중 한 사람 혹은 둘 모두를 택해서 그 사람과 말하는 방식을 바꾸어 보시오.

움직임과 신체접촉

전형적인 치료 회기에 대해 생각해 볼 때, 대다수 사람들의 마음에 떠오르는 장면은 아마도 두 개인이 마주보고 앉아서 한 시간 동안 이야기하는 것이다. 대표적인 부부회기는 세 사람이 한 시간 동안 앉아 있고, 그중 두 사람은 같은 소파에 앉아서 말싸움을 하는 것이다. 가족회기의 경우 세 사람 이상이 앉아서 이야기하는 것이다. 이 세 가지를 모두 엮어 주는 것은 사람들이 앉아서 말하는 것이다.

상담실에서 강도를 높이는 한 가지 방법은 움직임이 일어나게 하는 것이다. 이는 세 가지 방법 중 하나로 일어날 수 있다. 치료사가 움직이거나 내담자가 움직이거나 혹은 치료사와 내담자가 움직이는 방법이다. 처음에는 좀 어색해 보일 수 있지만, 치료사는 상담실에서 자리를 바꾸려고 이리저리 움직일 수 있고, 상담실의 소품(예: 칠판)을 활용할 수 있고, 혹은 치료적이 될 수 있는 어떤 다른 목적을 위해서 움직일 수 있다.

움직임 외에도 치료사는 신체접촉을 활용하여 회기를 진전시킬 수 있고 치료의 가능성을 높일 수 있다. 신체접촉은 보편적인 열망으로 볼 수 있다(Loeschen, 1998). 초보 치료사와 경험이 많은 치료사 모두 첫 번째 면담에서 내담자와의 악수 이상으로 치료사가 내담자와 신체접촉을 할 수 없다고 생각하는 경향이 있다. 대다수의 치료사는 심리치료에서 신체접촉을 금기시한다(Jones, 1999). 성적 접촉은 어떤 형태든 말도 안 되지만, 내담자와 가벼운 신체적 접촉을 하는 치료사는 치료관계뿐만 아니라 내담자의 목표를 향한 움직임에도 꽤 도움이 될 수 있다. 초보 치료사는 때로 내담자를 터치하는 것이 너무 사적이며 내담자가 잘못 받아들일 수 있다고 생각하기 때문에 내담자와의 관계 맺음을 위해 이런 기회를 사용하지 않는다. 가족치료를 하는 이점 중 한 가지는 치료사의 신체접촉이 성적이 아니라 치료적이라는 점을 목격하는 사람이 상담실에 있다는 점이다.

신체접촉, 특히 성적 파트너 간의 신체접촉은 성치료의 중요한 요소였다(De Villers, 2014). 하지만 신체접촉은 전혀 성적이지 않은 많은 방식으로 치료에서 추가적으로 사용될 수 있다. 여기서는 여러 가족원 간에 그리고 치료사와 내담자 간의 신체접촉을 말한다. Petrella와 Rovers(2014)는 부부상담에서 배우자 간의 신체접촉은 부부가 서로 손을 만지고 포옹하고 껴안고 마주보고 눈 맞춤을 할 때 일어난다고 하였다. 치료사는 부부간 신체접촉을 활용하고 확장하여 치료 회기에 참석한 누구든 포함시킨다(즉, 부모-자녀, 내담자-친구, 배우자-배우자).

신체접촉의 한 가지 방법은 내담자와 악수하는 것이다. 내담자가 회기에서 뭔가를 잘할 때, 치료사는 그런 행동을 인정하고 싶을 뿐만 아니라 그것을 표시하고 싶을 때가 있다. 이럴 때 신체접촉과 움직임을 함께 사용할 수 있는데, 치료사가 일어서서 내담자에게 다가가 내담자와 악수하는 것이다. 이렇게 하면 치료의 강도가 높아지고 치료사가 방금 했던 것이 중요하다는 점을 알려 주게 된다.

치료사: 프랭크 씨, 당신을 막 축하해 주고 싶어요. (내담자와 악수한다.) 당신이 그렇게 했던 것은 아주 좋습니다. 어떻게 하면 당신 가족에게 좀 더 그렇게 할 수 있을까요?

Virginia Satir는 가족치료의 가장 영향력 있는 창시자 중의 한 분으로서 가족을 돕기 위해서 치료 시 신체접촉을 사용한 치료사 가운데 가장 중요한 제창자일 것이다. Satir(1988, p. 61)는 "호흡이 우리의 생명과 연결되어 있듯이 신체접촉은 두 사람 사이의 정서적 정보를 전달하는 가장 훌륭한 대화수단이다."라고 말했다. 신체접촉을 하고 접촉을 받음으로써 사람들은 행복, 슬픔, 화, 사랑, 분노 등을 의사소통한다. 당신 자신의 삶에 대해 생각해 보고 신체접촉이 당신에게 어떤 의미인지 생각해 보자. 이제 신체접촉이 상담실에서 어떻게 도움이 될 수 있는지 생각해 보자.

연습 11-2

다양한 사람들과 여러 다른 형태의 신체접촉을 해 보시오. 당신의 신체를 통해 보살핌과 응원의 메시지를 전달해 보시오. 악수를 할 때 어떤 반응을 받습니까? 당신의 손을 누군가의 어깨에 얹습니까? 누군가를 포옹합니까? 당신 자신은 어떻게 반응합니까? 신체접촉이 타인과의 관계 맺음에 대한 당신의 느낌에 어떤 영향을 미쳤습니까?

창의성과 놀이성

사람들은 고통 속에서 치료를 받으러 오기 때문에 치료는 매우 진지한 노력을 하는 것이다. 이는 치료가 건조하고 따분하고 활기가 없는 것이어야 함을 뜻하는 것이 아니다. 치료에 활력을 불어넣는 것은 치료사의 책임이다. 이는 창의적이 되고 놀이적이 됨으로써 가능하다. 많은 측면에서 가족치료는 과학이지만 예술이기도 하다(Deacon & Thomas, 2000). 치료관계에 유머와 익살을 불어넣는 것은 무례한 일이 아니다. 그보다 유머와 익살이 존중되는 태도로 활용될 때 그것들은 치료를 미지의 세계에 들어가게 하는 데 도움이 된다. 창의성은 문제해결, 적응력, 융통성에 도움이 되는데 이 모두는 긍정적인 치료적 성과와 관련 있는 요소들이다(Morgan & Wampler, 2003).

유머와 놀이성은 사람들의 현재의 어려움을 인정하지만, 또한 그 어려움의 맥락을 바꾸어서 대안적인 경험과 이야기를 위한 공간을 열게 한다(Campbell, Draper, &

Huffington, 1991). 이렇게 처음에는 내담자의 현재 경험을 살펴보고, 그다음에는 가능성을 가지고 놀아 보는 과정은 내담자로 하여금 치료 환경에서 안전감을 느끼게 한다. Carson(1999)은 "치료에 창의적으로 접근할 때, 가족원은 보살핌을 받고 또 위협적이지 않은 환경에서 자신의 생각과 감정을 자발적으로 의사소통할 수 있게 된다."(p. 328)고 하였다. 이는 가족이 현재의 관점 이상을 보기 어렵게 하는 고통의 수렁에 빠져 있을 때 특히 중요하다.

창의적이 되는 것은 참신하고 독특한 개입을 개발하는 것보다 더 중요하다. 이는 치료사가 내담자를 어떻게 보는지에 관한 사고방식이지만, 아마 더 중요한 것은 치료사가 자신을 어떻게 보는가에 대한 사고방식이다. 창의적인 가족치료사의 가장 높이 평가되는 몇 가지 특성은 융통성, 모험을 무릅쓰고자 함, 유머감각이다(Carson, Becker, Vance, & Forth, 2003).

거장(巨匠)의 메시지

Brad Keeney

예술로서의 치료는 치료사의 퍼포먼스를 강조한다. 내담자의 의사소통이 예측 불가하다는 본질을 놓고 볼 때, 치료사가 치료 회기라는 연극에 참여하는 것은 즉흥성으로 초대하는 것이다. 말하자면, 치료사는 내담자가 특정한 순간에 무슨 말을 할 것인지 정확히 알 길이 없기 때문에 오로지 미리 고안된 대사, 은어나 각본에만 의존할 수는 없다. 어떤 치료모델은 내담자와 치료사가 모두 미리 정해진 형태의 대화와 이야기를 하도록 어떤 방향을 제시하지만, 한 회기에서 하나하나의 모든 표현은 즉흥극, 발명, 혁신, 혹은 더 간단히 말하자면 변화를 위한 독특한 기회를 제공한다.

(Keeney, 1990, p. 1)

창의적이 되는 한 가지 방법은 치료사가 심리치료에 숙달했다고 생각하지 않는 것이다. 초보자의 마음을 간직하고 또 알지 못함을 인정하면 각 회기에 놀라움으로 들어갈 수 있다(Keeney, 1990). 치료사가 특정한 방식으로 행동해야 한다고 생각할 때는 역할의 제약을 받는다. 시간이 지나면서 역할은 제한이 되고 치료사는 활력을 잃어가서 소진될 가능성이 있다.

치료는 활기가 있어야 한다. 치료사가 무엇을 말하고 어떻게 행동할 것인지를 정확하게 알고 있다면 지루하고 정체될 가능성이 있을 뿐 아니라 내담자 또한 그런 경향이 있다. 내담자는 치료사가 치료 과정에 몰두하고 있는지 여부를 말할 수 있다. 그래서 미리 정해진 게임 계획 없이 치료 회기에 오는 것이 상당히 도움이 될 수 있다. 이는 치료사가 치료에 대한 목적의식을 가지지 말라는 의미가 아니라 치료사가 목표에 도달하는 모든 방법을 다 알고 있지 않다는 것을 의미한다. 그것은 가족이 치료 회기에서 무엇을 어떻게 내놓는지에 달려 있을 것이다. 그러나 자발적이 되고 또 자신을 표현하는 것을 편안하게 느낄 수 있는 능력은 내담자에게뿐만 아니라 치료사에게도 중요하다.

치료 회기에 활력을 불어넣는 몇 가지 사고방식이 있다. 그중 두 가지는 즉흥성(Keeney, 1990; Keeney & Keeney, 2013)과 엉뚱함(Keeney & Keeney, 2013; Whitaker, 1982a)이다. 즉흥성은 공식적인 각본 없이 어떤 상황에 들어가서 즉석에서 뭔가가 일어나도록 만들어 내는 것이다. 코미디와 재즈음악에서 즉흥성을 주로 볼 수 있다. 그러나 이는 연기자가 아무것도 모르고 특정 상황에 들어간다는 것을 뜻하지 않는다. 그들은 자기를 활용하지만, 이전에는 예상하지 못했던 방식으로 자기를 이용하는 세세한 것들(즉, 음악가는 음계, 음표, 화음 등을 알고 있다)을 가지고 있다는 뜻이다. 엉뚱함은 치료사가 미리 규정되고 제한된 역할 밖에서 기능할 수 있을 때를 말한다. 즉흥성과 엉뚱함은 모두 치료사가 놀이 태도를 갖추고 있을 때 높아진다. Keeney(1990)는 "놀이가 심각한 작업이 아니라는 점을 결코 잊지 말고서 치료가 놀이처럼 느껴지지 않을 때를 살펴보라."(p. 6)고 말했다.

즉흥성의 한 형태로 활용(utilization)이 있다(Keeney & Keeney, 2013). 활용은 치료사가 회기에서 일어나는 것은 무엇이든 취하여(내담자가 말하거나 행동하는 어떤 것 혹은 치료사가 말하거나 행동하는 그 무엇) 회기 진행에 도움을 주기 위해 사용할 때이다. 많은 방식에서 이러한 즉흥적인 활용은 은유를 어떻게 찾는가에 초점을 둔다.

그것은 일회성 활용이 될 수도 있고 혹은 은유가 확장된다면 복수의 활용이 될 수도 있다. 일회성 활용은 내담자의 진술에 대해 단 하나의 반응만 하는 것이다. 복수의 활용은 여러 번 왔다 갔다 대화하면서 은유를 개발하는 것이다.

일회성 활용:

내담자: 엄마에게 엄청 화났어요.

치료사: 기저귀를 채워 주셨던 일을 기억해요?

내담자: 우리의 관계가 가라앉고 있어요.

치료사: 어떤 모양의 인생 뗏목에 타고 있지요?

복수의 활용:

내담자: 그녀는 불독 같아서 일단 물면 절대 놓아 주지 않아요.

치료사: 그런데 당신은 속수무책의 우편배달부인가요?

내담자: 맞아요. 그 집을 정말 빨리 지나가려고 하죠.

치료사: 그 집에 들를 때 개한테 줄 뼈다귀나 후추 스프레이를 들고 가시나요?

내담자: 글쎄요. 이제까지 너무 많이 짖어 대서 이제는 후추 스프레이를 들고 가요.

치료사: 그렇다면 그 집에 가기 전부터 이미 방어할 준비를 하고 있네요.

연습 11-3

다음의 내담자 진술에 대해 내담자가 의도하지 않았던 방식으로 내담자가 제시한 아이디어를 활용하는 치료적 반응을 해 보시오. 주어진 예를 지침으로 사용하시오.

예시

내담자: 저는 이 결혼생활에서 옴짝달싹 못하는 것 같아요.

치료사: 도망가려고 하는 당신의 팔을 물어뜯기 위해서 당신은 무엇을 사용십니까?

1. 남편 속을 모르겠어요. 남편은 자기 세계에 갇혀 살아요.

2. 아들이 통제 불능이에요.
3. 여자 친구와 어찌해야 할지 모르겠어요.
4. 우리는 똑같은 입장에 있는 것 같지 않아요.
5. 저는 그의 극적인 변화를 따라가기 힘들 것 같아요.

Carl Whitaker는 때때로 자신의 접근을 "엉뚱함의 심리치료"라고 불렀다(1982a, p. 33). 이는 불합리성과 광기(그러나 좋은 치료적 방식으로의 광기)를 포함한다. 때로 지나치게 심각하거나 경직된 입장에 대한 반응은 엉뚱함이다. Whitaker의 작업을 설명하면서 Minuchin은 "사람들이 자신이 학습한 현실이 오로지 하나의 가능성만 있을 뿐이라고 주장할 때, Whitaker의 반응은 불가능한 질문, 엉뚱한 대답, 심한 농담, 꿈이다"(Minuchin, 1982, p. viii)라고 하였다. 좌절되고 뭔가 꽉 막혀 있을 때 치료사는 엉뚱함을 도입하여 이성적이 되는 것을 피하고 창의적인 광기의 문을 열 수 있다(Keith & Whitaker, 1978).

대개 '광기'라는 개념에는 부정적인 의미가 함축되어 있다. 미친 사람은 정신병원에 집어넣는다. 그러나 Whitaker는 광기를 승격시켰고, 아주 다른 방식으로 그 용어를 활용했다. 그에게 광기는 자발적이 될 수 있는 능력, 즉 미리 정해진 요구 밖의 방식으로 행동할 수 있는 능력이다. 그러면 질문이 생기게 되는데, 어떻게 해서 똑똑하고 미치게 되어서 자신과 타인에게 기여할 수 있는가?(Whitaker & Bumberry, 1988)

아마 어떤 다른 가족치료사보다도 Whitaker는 치료 회기에서 놀이적이 되기 위해 불손했다. 여기에는 회기 중에 자다가 일어나서 자기 꿈에 대해 이야기하기, 회기를 진행하는 동안 바닥에 드러눕기, 아동 내담자와 프리스비(frisbee)를 앞뒤로 던지기, 가족원이 부드러운 스펀지 방망이로 서로 때리기가 포함된다. 이것들은 치료사가 얼마나 놀이적일 수 있는지의 몇 가지 예에 불과하다. 또 다른 예를 들면, 회기에 음악, 노래, 춤을 도입하는 것 혹은 내담자들이 이런 기회가 아니면 하지 않았을 방식의 행동을 하게 하는 것이 있다.

엉뚱함을 치료 회기에 도입함으로써 치료사는 예측하지 못했고 또 예측할 수 없음을 보여 준다(Cullin, 2008). 어떤 일을 예측할 수 있을 때, 현상이 유지되는 경향이 있다. 많은 방식에서 치료는 패턴의 중단으로 여겨질 수 있다(패턴이 인지적이든 대인관계적이든 행동적이든 혹은 정서적이든). 또한 우리는 예측 가능한 패턴으로 개입하는 치료체계에 대해서도 살펴볼 수 있다. 이런 패턴은 치료를 고착상태에 머물게 할 개연성이 있다. 놀이성은 치료에 예측 불가능성을 더하는데, 이는 변화를 위해 필요한 것이다.

연습 11-4

내담자 역할을 맡을 한 사람 이상과 역할극을 하시오. 각 역할에서 다음의 행동을 해 보시오.

1. 문장의 운을 맞추시오.
2. 내담자와 노래를 함께 지어 보시오.
3. 바닥에 앉거나 누워서 치료를 하시오.
4. 말을 사용하지 않고 회기의 일부를 진행하시오 (미술이나 움직임을 활용할 수 있음).
5. 상담실 안에 있는 물건을 찾아서 소품으로 사용하시오.

추가 질문

1. 치료 회기에서 어느 수준의 강도가 가장 도움이 됩니까? 왜 그런가요?
2. 실연의 몇 가지 함정은 무엇입니까? 그 함정은 어떻게 피할 수 있을까요?
3. 움직임과 신체접촉이 있는 치료는 어떻게 해서 변화에 대해 새로운 길을 열어 줍니까?

제12장
목표 설정과 종결

치료는 변화에 관한 것이다. 그래서 내담자는 돈과 시간을 써서 치료사와 이야기를 하기 위해 찾아온다. 내담자는 삶에서 다르게 되고 싶은 어떤 부분을 가지고 있다. 그것은 내적 감정, 관계 혹은 사고방식일 수 있다. 가족치료사는 내담자에게 서비스를 제공한다. 그래서 치료 회기에는 목표가 있다. 이 장에서는 그 목표에 대해 살펴볼 것이다. 말하자면, 내담자의 목표를 향해 나아가기 위해 내담자와 협동적으로 작업하는 데 대해 살펴볼 것이다. 그다음에는 치료를 어떻게 종결하는지 살펴볼 것이다.

요약하기

목표 설정 전에 문제대화의 고리에 관한 기술이 한 가지 더 있는데, 그것은 요약하기다. 요약하기는 문제대화의 고리 전체를 개괄적으로 말하는 것이다. 이는 치료대화에 새로운 어떤 것을 덧붙이는 것이 아니라, 치료사가 내담자 이야기의 요점에 대해서 들었던 것을 확인하는 것이다. 또한 요약은 내담자 이야기를 탐색하는 것과 내담자가 그다음에 어디로 가는지(즉, 목표) 사이의 다리가 된다.

요약은 대개 세 부분으로 구성되는데, ① 내용, ② 감정, ③ 의미 부분에 초점을 둔다([그림 12-1] 참조). 치료사는 요약을 대개 셋 내지 다섯 문장으로 간략히 할 수 있다. 치료사가 다음의 방식으로 요약하는 법을 배울 수 있다. 일단 치료사가 수월하게 요약할 수 있으면, 이 형식을 치료사에게 더 효과적인 형식으로 조정하고 수정하는 것이 좋다.

요약은 한두 문장의 내용, 한두 문장의 감정으로 이루어지는 경향이 있으며, 그다음에 내담자의 의미를 포함하는 한 문장으로 끝을 맺는다. 문제대화의 고리에서와 같이 대개 이런 순서로 요약을 하는 것이 최선이며, 내담자 경험의 가장 표면적인 정보에서부터 내면의 심층에 이르기까지 그 깊이를 조정하여 내려간다. [그림 12-2]는 요약을 포함하는 새롭고 확장된 문제대화의 고리를 보여 준다.

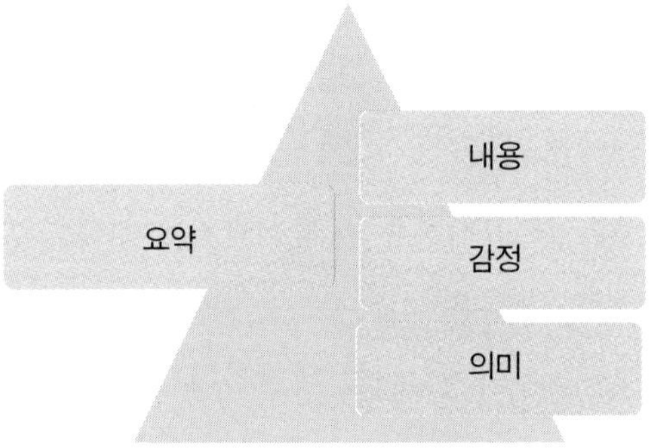

[그림 12-1] 요약의 세 가지 구성요소

다음의 대화는 요약이 문제대화의 고리에서 어떻게 사용되는지의 예를 보여 준다.

치료사: 여러분 모두 오늘 저랑 만나서 여러분 가족에서 무슨 일이 일어나기를 원하는지 말씀해 주세요. (여는 말: 목표를 향한 가능성을 열어 줌)

어머니: 아들이 좀 더 공손하면 좋겠어요.

아버지: 아들은 자기가 우리 집을 조정할 수 있고, 자기가 원하는 대로 행동할 수 있다고 생각해요.

치료사: 그렇군요. 아론은 어떠니? 여기 와서 어떤 일이 일어나기를 바라니? (개방질문)

아 들: 부모님이 상관 좀 안 하시면 좋겠어요. 너무 부정적이기만 하세요. 저 좀 내버려 두세요.

치료사: 그렇군요. 조금 더 말해 볼래? (가벼운 격려)

아 들: 부모님은 제가 하는 사소한 일까지 뭐라도 꼭 한 말씀 하세요. 그러면 저는 실망이 되고, 부모님께 험한 말을 하게 돼요. 누가 안 그렇겠어요?

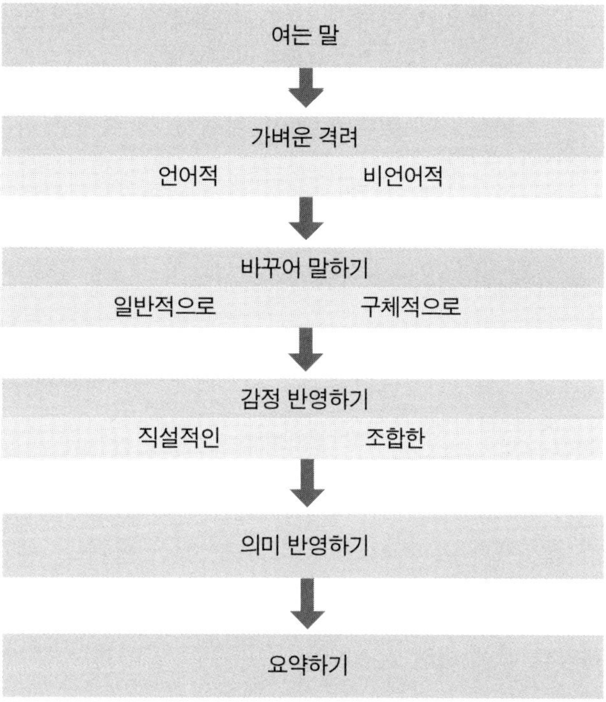

[그림 12-2] 요약을 포함하여 확장된 문제대화의 고리

어머니: 다른 아이들도 부모님께 그렇게 말한다고 진짜로 생각하니?

아　들: 그럼요!

치료사: 가족이 누구도 원하는 대로 돌아가고 있지 않군요. (일반적으로 바꾸어 말하기)

어머니: 아주 확실히 그렇게 돌아가고 있지 못하죠.

아버지: 우리는 그저 평화를 원할 뿐이에요. 매일 밤 이 아이의 숙제를 체크하고 싶지 않아요. 하지만 아이가 숙제를 안 해서 성적에 문제가 있죠. 게다가 아이의 방에서 담배도 발견했다니까요. 아이가 다른 약물도 하는지 누가 알겠어요?

아　들: 아무 약물도 안 한다니까요. 설사 그렇다 한들, 뭐가 문제에요? 정말 부모님 일도 아니잖아요. 어떤 주에서는 이제 마리화나가 법적으로 허용된다는 것 아시지요?

치료사: 부모로서 편안하게 받아들일 수 없는 어떤 면들을 목격하신거군요. 말하자면 성적이 문제라고 하신 것이라든가, 부모님이 좋아하지 않는 식으로 부모

에게 말하는 방식, 그리고 담배 피우는 것으로 봐서 아론이 약물을 하지 않는지 의심이 들게 한 것들 말이에요. 그리고 아론, 너는 부모님이 너에게 너무 신경 쓰고 있다고 보며, 자유를 더 많이 원하고 있어. 맞나요? (지각을 체크하면서 구체적으로 바꾸어 말하기)

아　들: 네. 제 인생에서 단 한 번만이라도 저를 믿어 줄 수 있기를요.

아버지: 네가 책임감을 보이면, 우리는 널 믿을 거야.

어머니: 네가 계속해서 문제를 일으키는데, 우리가 어떻게 너를 믿겠니?

치료사: 가족 모두 좌절감을 느끼고 있군요. (감정에 대한 직설적인 반영하기)

어머니: 맞아요. 아이가 내리막길을 가고 있는데 어떻게 도와야 할지 모르는 부모로서 정말 좌절이 돼요.

아　들: 제가 내리막길을 가고 있는 것은 아니죠. 제가 감옥에 간 적이 있어요? 제가 해로운 약물을 하나요? 두 분 다 너무 많이 걱정하고 계신 거죠.

아버지: 너에 대해 걱정하는 것이 우리 일이지.

치료사: 두 분 모두 걱정하고 있을 뿐 아니라, 두 분이 생각하는 좋은 길을 가족이 잘 따라가고 있는지를 확인받는 데 대한 책임감을 느끼고 있군요. (감정에 대한 조합한 반영하기)

아버지: 그렇습니다. 지금 우리는 바른 길로 가고 있지 못하죠. 아론, 너는 어떻게 생각하니?

아　들: 우리 여기 치료에 왔잖아요. 그러니 답은 분명한 것 같은데요.

어머니: 아론, 무례하게 굴면 안 돼. 우리가 여기 온 것은 잘해 보기 위해서지. 그러고 싶지 않니?

아　들: 부모님은 늘 실패하기를 바라지 않죠. 굳이 물으신다면요.

어머니: 가족이 되는 것은?

아　들: 네, 지금 우리 모습은 아니죠.

치료사: 그렇군요. 여러분 모두 실망한 것 같군요. 아마 다른 사람이 행동하는 점에서뿐 아니라 어떻게 하면 가족으로서 여러분에게 의미 있는 방식으로 사는지를 생각해 내지 못했던 점에 대해서도 말이에요. (의미 반영하기)

아버지: 맞습니다.

치료사: 잠시 시간을 내서 지금까지 이야기했던 것을 요약하고자 합니다. 집에서 식구들이 좋아하지 않는 여러 일이 일어났습니다. 아론이 공부를 얼마큼 집중하여 하는지, 또 부모님과 아들이 어떻게 서로 상호작용하는가에 관한 일 말입니다. 그래서 여러분 모두 좌절감을 느끼게 되었고, 때로는 서로에게 화가 났습니다. 이렇게 가족이 어떠해야 하는지에 대해 각자의 관점이 있는데, 여러분은 그런 기대에 따라 살지 못하는 자신을 보고 있기 때문에 실망하고 있습니다. (요약하기)

연습 12-1

다음의 치료적 대화에서 치료사에게 요청한 바에 대해 반응을 하시오. 모든 반응은 내담자와 돌아가면서 하는 것임을 명심하시오.

여는 말:

어머니: 남편과 제가 이혼 절차를 밟고 있는데 열세 살인 딸이 너무 힘든 시간을 보내고 있는 것 같아요.

아버지: 딸이 온종일 제 방에 틀어박혀 있고 아주 우울해해요.

개방질문:

딸: 상황이 좋지가 않아요.

가벼운 격려:

딸: 부모님이 이혼을 결정하시기 전에 엄청 싸우셨어요. 너무 힘들었어요.

어머니: 유감스럽게도 남편과 제가 자주 딸 제니퍼 앞에서 의견 다툼을 했어요.

일반적으로 바꾸어 말하기:

아버지: 맞습니다. 누가 봐도 좋은 분위기는 아니었죠. 우리 사이에서 제니퍼가 힘들지 않게 하려고 노력했습니다만 그렇게 되지 못했어요.

어머니: 남편과 제가 부부상담에도 가 보았지만, 당시에는 상황이 너무 나빠진 상태였

어요. 사이가 너무 멀어졌고 다른 문제도 있었어요.

아버지: 하지만 우리 둘 다 제니퍼가 확실히 괜찮기를 바란다는 점에서는 의견이 같았어요.

딸: 그렇게 말씀하시지만 두 분이 서로 계속해서 욕을 해 댔잖아요.

구체적으로 바꾸어 말하기:

아버지: 우리가 완벽하진 않지만, 우리는 제니퍼가 이런 상황을 잘 헤쳐 나가기를 진짜로 원하죠.

어머니: 엄마로서 자식이 고통스러워하는 것을 보는 게 너무 힘듭니다. 게다가 결혼생활을 끝내는 데 대한 제 감정을 잘 다루려고 하고 있습니다.

감정에 대한 직설적인 반영하기:

어머니: 그렇지요. 자식 때문에 잘하고 싶죠.

아버지: 아내와 제가 서로 으르렁거릴 때가 있죠. 머릿속으로는 그만해야 한다고 알고 있지만 너무 화를 내게 돼요. 그리고 결국 제니퍼가 우는 소리를 듣게 되고 제 마음이 찢어지죠.

딸: 그런데도 왜 계속 그러세요?

아버지: 모르겠어. 미안하다.

감정에 대한 조합한 반영하기:

딸: 두 분이 싸울 때 너무 싫어요. 그리고 두 분이 저를 허약한 애 취급을 할 때도 싫어요.

아버지: 하지만 잘 지내지 못하고 있는 것을 너도 알잖니. 우리는 헤어져도 여전히 너의 부모야.

어머니: 그리고 우리는 네가 괜찮다는 것을 확실히 하기 위해 필요한 것을 다할 거야.

의미 반영하기:

딸: 상황이 그렇게 되지는 않겠죠!

어머니: 이런 가운데서도 좋은 소식은 이런 상황을 우리 모두가 힘들어한다는 것 같아요. 더 이상 남편을 사랑하지는 않지만, 우리 가족에 대한 사랑은 아직 남아 있어요.

아버지: 맞아요. 아내와 저는 제니퍼를 아주 많이 사랑합니다.

요약하기:

목표 설정

내담자는 수많은 이유 때문에 치료에 온다. 내담자 자신이 무엇을 원하지에 대한 생각이 아주 분명할 때도 있고(즉, "딸과 좀 더 사이좋게 지내고 싶어요."), 혹은 아주 애매모호할 때도 있다(즉, "좀 다른 기분을 느끼고 싶어요."). 상담실에 여러 사람이 있을 때는 치료 목표도 여러 가지일 것이다. 또 치료사는 목표를 의제로 볼 수도 있다. 치료에 대한 각 내담자의 의제 외에도 치료사는 내담자에게 무엇이 도움이 될 것인지에 대한 자신의 관점을 가지고 있다. 그 관점은 대개 치료사의 이론적 모델에 기초한다.

목표 설정은 치료적 만남의 목적을 정하기 위해서 치료사와 내담자가 함께 작업하는 과정이다. 내담자는 어떤 이유 때문에, 즉 삶에서 뭔가 달라지기를 원하는 일들 때문에 치료에 온다. 그것은 자신에 관한 것일 수도 있고 어떤 다른 사람에 관한 것일 수도 있다. 내담자가 치료에서 자신과 가까운 누군가가 달라져야 한다고 말하더라도, 그 다른 사람의 행동이 어느 정도 내담자에게 부정적인 영향을 미치고 있는 것이므로 목표는 여전히 내담자에 관한 것이다. 내담자는 또 제삼자의 요청(법원, 보호관찰소, 가족원의 강요)에 의해 치료에 오기도 한다. 이런 내담자는 치료가 어떻게 되어야 하는지에 대해 제삼자와 의견이 다르더라도 치료에서 뭔가를 얻어 가고 싶을 것인데, 예컨대 제삼자가 더 이상 참견하지 않기를 바랄 수도 있다.

내담자와 목표를 설정할 때 치료사는 무엇이 좋은 목표 설정인가에 대해 이해할 필요가 있다. Berg(1994)는 좋은 목표의 몇 가지 특징을 다음과 같이 제안하였다. 즉, 목표는 작은 것, 단순한 것, 현실적으로 성취 가능할 것, 구체적이고 측정 가능할 것, 내담자에게 중요한 것, 무엇인가가 없는 것보다 있는 것으로 진술되는 것, 새로운 행동의 시작일 것, 내담자가 힘들다는 것을 포함할 것, 사회적 상호작용의 용어로 서술될 것([그림 12-3] 참조)이다. 내담자가 좀 더 도움이 되는 목표를 설정하도록 돕는 것은 치료사의 책임이다. 이렇게 왔다 갔다 하는 과정을 통해서 내담자가 가고자 하는 방향으로 가기 위한 명확성을 확보할 수 있다.

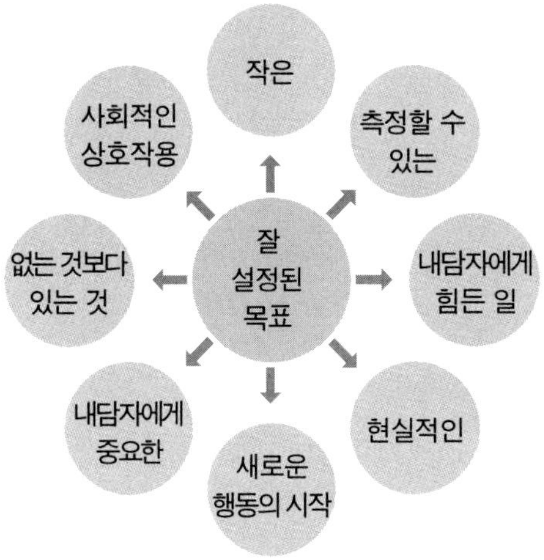

[그림 12-3] 잘 설정된 목표의 구성요소

내담자와의 목표 설정은 내담자가 가고자 하는 방향뿐 아니라 거기에 도달하기 위한 동기도 제공한다. 중요한 목표의 설정이 동기와 능동적 주체성을 높이며, 한편 동기의 고양이 목표를 향한 새로운 길의 개척으로 이끄는 것은 상호적인 관계인 것 같다(Cheavens, Feldman, Gum, Michael, & Snyder, 2006). Snyder와 Michael, Cheavens(1999)는 목표에 대해 생각해 보는 데는 두 가지 구성요소가 있다고 하였다. 첫 번째는 목표에 이르는 경로를 발전시킬 수 있는 개인의 능력이다(경로 사고). 두 번째는 그런 경로를 밟아갈 수 있는 개인의 능력이다(능동적 주체 사고). 여기서는 이것을 한 사람이 가고자 하는 곳에 도달하기 위해 도력(waypower)과 의지력을 갖춘다는 측면에서 살펴볼 것이다. 경로 사고와 능동적 주체 사고를 모두 갖추고 있을 때 그 사람은 희망을 경험하는 것 같다. 한 사람이 가지고 있는 희망의 수준이 높으면 높을수록 목표에 도달하기 위한 동기 수준도 더 높다.

다음의 대화는 치료사와 내담자가 어떻게 해서 협동적으로 잘 설정된 목표를 확립하는지를 보여 준다.

내담자: 이런 기분을 더 이상 느끼고 싶지 않아요.

치료사: 그 대신에 어떤 기분을 느끼고 싶은가요? [무엇인가가 없는 것보다는 있는 것으로

목표 설정하기]

내담자: 행복감을 느끼고 싶어요.

치료사: 당신이 행복하다는 것을 어떻게 알까요? 당신이 무엇을 하는 것을 볼 수 있을까요? [추상적이기보다는 구체적인 목표 설정하기]

내담자: 웃을 거예요.

치료사: 어떤 것이 당신을 웃게 만들까요? [현실적이고 성취 가능한 목표 설정하기]

내담자: 친구가 와서 시시덕거리는 거요.

치료사: 그렇군요. 그것이 당신을 웃게 하는 한 가지고요. 혼자 있을 때는 무엇을 할 때 당신이 행복한가요? [다른 사람보다는 내담자를 포함하는 목표 설정하기]

내담자: 집에서 책을 읽거나 음악에 맞추어 춤을 출 때 행복해요.

치료사: 이번 주에 매일 책을 읽고 춤을 추는데 얼마나 시간을 할애할 수 있어요? [작은 목표 설정하기]

내담자: 매일 30분 확보할 수 있어요.

거장(巨匠)의 메시지

Steve de Shazer

치료를 시작할 때, 내담자가 정확히 어느 방향으로 가기를 원하는지를 안다고 치료사가 기대하는 것은 현실적이지 못하다. 만일 내담자가 그 방향을 안다면, 아마 치료가 필요하지 않을 것이다. 이런 이유 때문에 치료사는 ① 회기의 구체적인 숫자, ② 구체적인 목표, 혹은 ③ 특정 목표의 진전을 측정하는 것에 대해 내담자와 계약할 필요가 없다. 그런 계약을 하게 되면, 변화의 가능성이 제한될 것이고 내담자를 만족시키는 무언가를 만들거나 발견할 가능성이 제한될 것이다. 여기서 내담자를 만족시키는 그 무언가란 기적이 일어난 다음 날 아침에 대한 내담자의 생각을 말할 때 내담자가 상상했거나 원했던 것만큼 혹은 그 이상을 말한다.

(de Shazer, 1994, p. 273)

문제대화의 고리 쌓아가기

앞 장들에서는 문제대화의 고리에서 내담자에게 개입하는 데 필요한 기술들에 대해 배웠다. 문제대화의 고리의 마지막 구성요소는 목표 설정이다. [그림 12-4]는 완전한 문제대화의 고리를 보여 준다.

목표 설정은 문제대화의 고리의 마지막 측면인 것 같다. 실제로 목표 설정으로 시작할 때도 있지만, 대개 내담자는 자기 말을 듣고 있다고 느끼고 싶어 한다. 이는 치료사가 내담자의 이야기를 살펴보는 데서 나온다. 하지만 문제대화의 고리는 엄격한 모델이 아니라, 치료사가 내담자의 내적 경험 및 변화를 위한 소망과 연결하는 데 도움이 되는 본보기라는 점을 명심하라.

완전한 문제대화의 고리를 보여 줄 수 있는 축어록을 다음에서 제시한다(물론 이 대화는 간략하게 보여 주기 위해 단순하게 만들었다는 점을 명심하라).

치료사: 오늘 어떻게 오셨는지 말씀해 주세요. (여는 말)

산드라: 우리는 더 이상 서로 의견이 일치하지 않는 것 같아요.

치료사: 그렇군요. (가벼운 격려)

쉘 든: 늘 문제가 있었죠. 하지만 아직은 서로 사랑해요.

치료사: 좀 더 자세히 말씀해 주세요. (가벼운 격려)

쉘 든: 우리는 서로 으르렁거리며 싸우는 그런 커플은 아니에요. 하지만 아예 오염되지 않은 그런 상황도 아니죠. 무슨 뜻인지 아시겠지만요.

산드라: 때로 남편은 제 말을 진짜로 안 듣는 것 같아요.

치료사: 상황이 아예 바닥을 친 것은 아니지만, 두 분이 산꼭대기에 있는 것도 아니군요. (은유를 사용하여 일반적으로 바꾸어 말하기)

산드라: 맞아요. 때로 좌절이 되는 것은 남편에게 세탁기를 돌려 달라든가 장을 봐 달라든가 공과금을 내달라고 부탁을 하는데 전혀 하지 않기 때문이죠. 그러면 제가 잔소리를 해야 하고, 남편이 화를 내죠.

쉘 든: 내가 하잖아. 그만 좀 해. 아내는 참을성이 없어서 제가 할 수 있을 때 이런

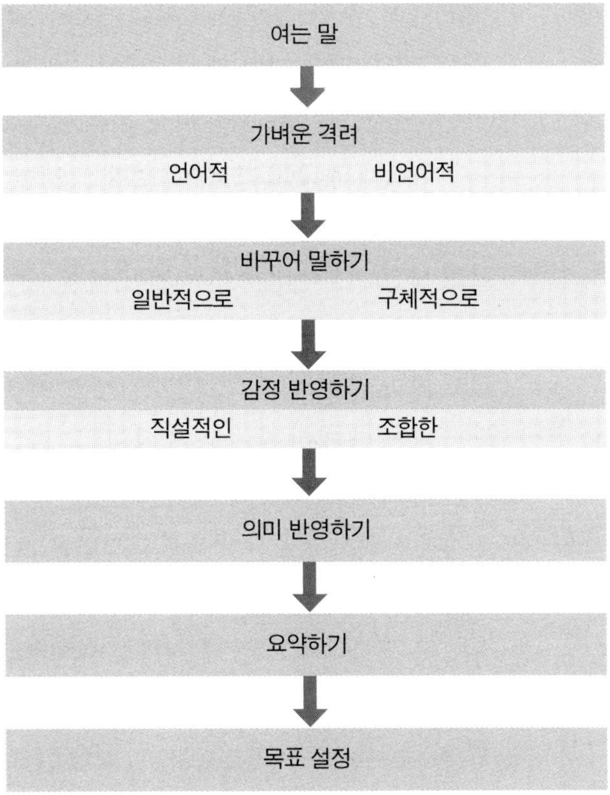

[그림 12-4] 목표 설정을 포함한 확장된 문제대화의 고리

일들을 하도록 그냥 놔두지를 않아요.

치료사: 두 분이 때로는 서로 다른 속도로 일을 하고 있군요. 말씀하시는 것을 들어 보니, 산드라 씨는 일을 빨리 처리하는 스타일이고 쉘든 씨는 좀 더 천천히 일하는 스타일인 것 같네요. (구체적으로 바꾸어 말하기)

쉘 든: 그래요. 아내가 좀 진정하면 일이 훨씬 더 잘되어 갈 텐데요.

산드라: 당신에게 참견하지 않으면 일이 제대로 되지 않지요.

치료사: 두 분 다 좌절감을 느끼시는군요. (감정에 대한 직설적인 반영하기)

산드라: 좌절감뿐 아니라 화도 나요. 우리는 1950년대 살고 있는 게 아니잖아요. 평등의 시대라구요. 제가 이런 일들을 해 달라고 남편에게 늘 부탁을 해야 하다니요.

쉘 든: 그렇지. 나도 잠자리를 함께하자고 늘 부탁할 필요는 없지.

산드라: 이거 또 다시 시작하는 거야?

치료사: 각자 충족되지 않은 기대 때문에 화가 나시는군요. (감정에 대한 조합한 반영하기)

산드라: 아니에요. 남편의 엄마가 되고 싶지 않은 거죠. 아내가 되고 싶은 거예요.

쉘 든: 당신이 엄마가 될 필요는 없지. 엄마는 이미 있고 그걸로 충분해. 당신과 결혼했으니 당신이 아내가 되어 줘야지.

치료사: 두 분이 남편이나 아내가 되는 것이 어떤 의미인지에 관한 기대가 있는데, 그 기대가 현재 결혼생활에서 원하는 방식으로 일어나고 있지 않아서 실망하시는군요. (의미 반영하기)

쉘 든: 그래요. 제가 더 많이 할 수도 있어요.

산드라: 우리 둘 다 그런 것 같은데.

치료사: 잠시 시간을 내서 지금까지 하셨던 말씀을 요약해 보고 싶어요. 두 분은 결혼해서 늘 의견이 같지 않음을 알게 되었어요. 산드라 씨, 당신은 남편에게 했던 부탁이 당신이 원하는 때 제대로 되지 않은 것 같음을 알게 되었습니다. 더욱이 당신은 남편이 알아서 해 주고 당신에게 물어보지 않고 스스로 하기를 바라시죠. 그리고 쉘든 씨, 당신은 부인이 좀 물러서서 당신 혼자서 일을 할 시간을 주기를 바라시는 거죠. 또한 부인이 성관계에서 좀 더 주도적이기를 원하십니다. 이런 모든 것 때문에 두 분 모두 좌절이 되고 화가 나 있습니다. 하지만 이런 것이 두 분 각자에게 영향을 미치고 있는 상황에서 결혼에 대한 관점, 그리고 남편이나 아내가 되는 것의 의미를 서로 나누고 있지 못하기 때문이죠. (요약하기)

산드라와 쉘든: 맞습니다.

치료사: 그렇군요. 이를 기초로 할 때, 무슨 일이 일어나야 두 분이 바라던 상황에 좀 더 가까이 가는 것일까요? (목표 설정하기)

산드라: 남편이 집안일을 조금 더 하는 거요.

치료사: 남편이 그렇게 한다고 해 봅시다. 당신은 어떻게 다를까요? (내담자의 힘든 일을 포함하고 사회적 상호작용에 기초한 목표 설정하기)

산드라: 남편에게 늘 참견할 필요가 없겠죠.

치료사: 그 대신 어떻게 하는가요? (어떤 것이 없는 것보다 있는 것에 초점을 두고 목표 설정하기)

산드라: 둘이 함께 더 즐거울 수 있을 거예요.

쉘 든: 그러면 좋겠어요.

치료사: 쉘든 씨, 그 말이 당신에게 울림을 주는군요. 또 다른 무엇을 원하시죠?

쉘 든: 좀 더 많은 친밀감을 원해요.

치료사: 어떻게 하면 친밀감이 더 많이 생길까요? (작고 구체적인 것으로 목표 설정하기)

연습 12-2

다음의 치료사-내담자 대화에서 치료사에게 요청된 반응을 하시오.

여는 말:

어머니: 우리 딸 나오코가 식이장애가 있어서 여기 왔어요.

가벼운 격려:

어머니: 지난 6개월 동안 딸이 거의 먹지 않아서 우리 두 사람이 딸과 싸우게 되었어요.
아버지: 우리는 딸이 너무 걱정됩니다.

개방질문:

딸: 왜 그렇게 걱정하시는지 모르겠어요. 부모님이 원하는 만큼 먹고 싶지 않을 뿐인데요. 그리고 전 뚱뚱해지고 싶지 않아요.

일반적으로 바꾸어 말하기:

어머니: 딸을 먹이려고 온갖 것을 다해 봤어요. 6개월 동안 딸은 12킬로그램이나 빠져서 병원에 입원시켜야 할 지경이에요.
딸: 저 병원에 갈 필요 없어요.
아버지: 그럼 먹고, 살 좀 쪄.

구체적으로 바꾸어 말하기:

아버지: 네. 우리는 이제 한계점에 있어요. 의사들과도 이야기해 봤는데, 우리만큼 걱정해요.

딸: 먹을게요. 아주 많이는 아니고, 두 분이 저한테 원하는 만큼은 아니고요.

어머니: 그건 의사들과 영양사들이 네가 건강해질 수 있기를 원하는 거야.

감정에 대한 직설적인 반영하기:

아버지: 너무 겁나요. 의사가 당신 딸이 먹지 않아서 자살할 위험에 있다고 말하는 걸 상상해 보세요.

어머니: 너무너무 심란해요. 나오코야, 제발 왜 이러는 거니?

딸: 엄마에게 반항하는 것으로 엄마는 생각하시죠. 저는 단지 뚱뚱해지고 싶지 않은 건데요.

감정에 대한 조합한 반영하기:

딸: 부모님이 도우려 하신다는 것을 저도 알아요. 하지만 상황을 더 악화시키고 있을 뿐이죠. 두 분은 확대경을 가지고 저를 바라보시고, 제가 입에 집어넣는 아주 작은 것까지 살피신다니까요.

아버지: 나오코야, 네가 살이 쭉쭉 빠지도록 둔다면 우리를 대체 부모라고 할 수 있겠니?

의미 반영하기:

어머니: 우리에게 가족은 가장 중요한 거야. 그리고 그중에서도 자식을 잘 보살피는 것이 최고지.

아버지: 이건 우리 일이고, 우리 책임이야.

요약하기:

어머니: 그래요. 그게 바로 지금 우리가 겪고 있는 것이죠.

목표 설정하기:

목표에 우선순위 매기기

치료에 오는 대부분의 사람들은 단 한 가지 문제나 이슈만 가지고 오지 않는다. 보통은 사람들이 삶에서 변화를 원하는 많은 이슈가 있고, 다만 그 정도가 다르다. 치료사는 내담자의 이슈에 우선순위를 매기기 위해서 내담자와 어떻게 작업하는지 배워야 한다. 왜냐하면 이렇게 해야 치료 과정에서 어떤 목표를 먼저 시작하고 어떤 목표를 나중에 다룰 것인지의 단계를 설정할 수 있기 때문이다. 내담자와 목표의 우선순위를 매기는 데는 많은 방법이 있다. 한 가지 개연성은 다음과 같다.

치료사: 지금까지 여러 가지 이슈에 대해 이야기를 나누었습니다. 두 분의 결혼생활이 더 행복해지기를 바란다는 것, 따님이 학교에서 잘하고 있지 못한 데 대한 걱정, 현재 병환 중인 시어머니를 어떻게 해야 할지에 대해 결정을 하는 것 등에 대한 이야기를 나누었습니다. 이런 여러 걱정거리 중에 어떤 것이 두 분에게 가장 급한 것입니까?

치료사가 내담자와 목표의 우선순위를 매기고 나서 한 가지를 먼저 다루기 시작할 수 있지만, 회기마다 두 가지 이상의 목표를 다룰 수도 있다. 왜냐하면 이런 이슈들은 내담자에게 모두 중요할 뿐 아니라 어떤 특정 목표가 더 중요하다고 할지라도, 이런 이슈들에 대해 이야기를 하지 않기는 어렵기 때문이다. 남편과 아내가 결혼생활을 더 잘하도록 도우면 둘 사이의 상호작용이 변화할 것이고, 이는 그들이 딸과 상호작용하는 방식에 영향을 미칠 가능성이 크며, 이것은 곧 딸의 학교생활에 영향을 미칠 수 있다.

종결

일단 치료 목표가 달성되거나 내담자가 목표를 달성하기 위한 길에 들어서 있으면 치료를 종결할 수 있다. 종결은 치료관계를 끝내는 것이다. 하지만 이는 치료사와 내담자가 미래의 회기를 위해 다시는 만나지 않을 것임을 뜻하지는 않는다. 그러나 종결이라는 단어에 문제의 소지가 있다. 어떤 치료사는 종결이라는 말을 좋아하지 않고, 완료 같은 다른 용어를 더 좋아한다(Boyd-Franklin et al., 2013). 완료는 종결처럼 마지막 같아 보이지 않는다. 더욱이 종결은 부정적인 의미를 담고 있는 것 같은데, 특히 직장에서 해고되는 것과 연관될 때 그렇다. 그러나 종결이 치료관계를 끝내는 데 사용되는 표준적인 용어라는 점에 근거하여 이 책에서는 종결이라는 용어를 사용할 것이다.

종결에는 주로 두 가지 형태가 있는데, 내담자가 주도한 종결과 치료사가 주도한 종결이다(Rappleyea, Harris, White, & Simon, 2009). 내담자가 주도한 종결은 내담자가 치료를 끝낸다고 결정하고 치료사는 동의하지 않을 때이다. 이는 가장 흔한 형태의 종결이다. 이에는 여러 가지 이유가 있을 수 있다. 내담자가 치료적 동맹을 잘 맺지 못하고 있거나 치료에서 이야기되고 있는 바에 의해 압박감을 느끼거나 혹은 경제적인 이유나 기타 다른 이유 때문일 수 있다.

치료사가 주도한 종결은 치료사가 치료 계약을 끝내자고 할 때이다. 가장 바라는 경우는 내담자가 목표를 달성했다고 치료사(그리고 내담자)가 인식할 때 일어나는 것이다. 또 다른 이유는 내담자가 다른 치료사에게 더 잘 맞는다고 치료사가 생각하는 것(예: 식이장애 전문치료사에게 의뢰하는 경우), 내담자가 치료에서 더 이상 이득을 보지 못하는 것 같을 때 혹은 치료사가 더 이상 치료를 제공할 수 없을 때이다.

세 번째 형태의 종결은 강요된 종결로서, 치료사와 내담자가 더 이상 치료관계를 계속할 수 없을 때이다(Beitman & Yue, 2004). 그 이유는 내담자나 치료사가 치료 프로그램을 떠나거나 다른 지역으로 이사를 가거나 혹은 어떤 다른 이유 때문에 서로 만나지 못하게 될 때이다.

종결할 즈음에 야기될 수 있는 한 가지 측면은 내담자가 치료사의 지원 없이는 기능할 수 없다고 느끼는 것이다. 내담자의 의존이라고 불리는 이러한 경험은 문제가 될 소지가 크며, 치료사는 치료를 진행하는 내내 이러한 가능성을 인식하고 있어야 한다. 내담자는 때로 자신의 삶이 성공적이기 위해서는 치료사가 필요하다고 생각한다. 만일 치료사가 이런 일이 일어나도록 그냥 놔두면, 내담자의 역량이 약화된다.

내담자의 의존을 막을 수 있는 방법이 몇 가지 있다. 첫째, 내담자가 긍정적인 방향으로 변화되고 있으면 회기의 간격을 늘리기 시작하는 것이다. 매주마다 회기를 반드시 갖지는 않음으로써(매주마다의 회기는 표준적인 회기 간격이 되어 왔음), 치료사는 ① 내담자가 긍정적인 방향으로 나아가고 있다는 메시지를 보낼 수 있는데, 이는 변화에 대해 더 많은 기대를 하는데 도움이 되며, ② 치료사와 내담자 간의 공간을 만들어서 내담자가 더욱 자기효능감을 갖도록 할 수 있다. 둘째, 어떤 진전이든지 내담자를 칭찬하는 것이다. 내담자는 치료에 와서 "선생님, 선생님께서 제 인생을 변화시켜 주셨어요."라고 말할지 모른다. 이런 말을 들으면 치료사로서 진짜 기분이 좋겠지만, 이런 칭찬을 그대로 받아들이면 내담자의 역량이 약화될 수 있다. 이 경우 내담자에게 할 수 있는 한 가지 반응은 "고맙습니다. 이 모든 변화를 이룬 것은 제가 아니라는 것을 우리 모두 알고 있지요. 당신이 열심히 노력해서 이룬 것입니다. 제가 당신의 성장과 변화의 일부가 되도록 받아 주셔서 매우 감사합니다."라고 말할 수 있다.

종결은 첫 만남부터 시작된다. 치료사의 마음에는 치료 계약에 대한 명백한 목적, 즉 내담자의 목표성취라는 것이 있다. 많은 방식에서 치료사가 되는 것은 가장 건전한 사업을 하는 것과 반대되는 일을 하는 것이다. 사업은 대개 고객을 확보해서 가능한 한 자주 자기 사업의 서비스를 이용하게 한다. 치료사의 목표는 내담자가, 바라건대 첫 회기 후 가능한 한 빨리 자신을 해고하도록 하는 것이다. 내담자가 자신을 해고하도록 바라는 이유는 치료사가 일을 너무 잘해서 내담자가 원했던 것을 얻었으며 또 내담자가 자신을 친구들에게 추천할 수 있기 때문이다.

치료사는 분명하고 구체적인 목표를 가짐으로써 종결을 염두에 두고 첫 회기를 시작할 수 있다(Berg, 1994). Berg는 다음의 진술과 비슷한 말로 회기를 시작하는 경향이 있었다. "오늘 무슨 일이 일어나야 앞으로 세 달 후에 이 상담이 조금 도움이 되었다고 말할까요?" 이런 질문은 내담자가 치료를 시작하는 첫 순간부터 목표에 집중하도록 한다. 더욱이 이 질문은 치료가 끝나면 내담자에게 도움이 될 것이라는 기대를 갖게 한다.

추가 질문

1. 요약을 할 때라는 것을 어떻게 알게 됩니까? 어떻게 해서 요약이 너무 빠를 수도 있고 너무 늦을 수도 있을까요?
2. 치료 과정의 초기에 목표에 초점을 두는 것은 어떻게 도움이 되거나 도움이 되지 않을까요?
3. 언제 종결이 내담자에게 문제의 소지가 될 수 있나요? 치료사에게는?

제3부

가족치료사의 이론

제13장 다세대 가족치료

제14장 경험적 가족치료

제15장 전략적 가족치료

제16장 체계론적 가족치료

제17장 포스트모던 가족치료

제18장 가족치료의 미래

이 책의 제1부에서는 가족치료사처럼 생각하는 방법을 배웠다. 주로 문제를 사람 안에 있는 것이 아니라 사람 사이에 있는 것으로 이해하였다. 조금 다르게 말하면, 사람들이 가지고 있는 문제는 정신내적인 것이 아니라 대인관계적인 것이다. 얼핏 보기에 문제는 우리가 볼 수 있는 것보다 훨씬 더 복잡한 맥락 안에서 일어난다.

제2부에서는 가족치료 회기에 개입하기 위한 기본 기술에 대해 배웠다. 이런 기술은 제1부의 이해를 바탕으로 하였다. 가족치료사의 기술은 회기의 그 순간에 무엇이 일어나고 있는가를 기초로 할 뿐 아니라 치료사의 모델이나 이론을 기초로 사용된다.

제3부는 치료 회기에서 무엇이 일어나는가에 대한 더 넓은 시각을 보여 주어서 독자들이 가족치료사처럼 이론화하기 시작할 수 있도록 한다. 여기서는 10가지의 가장 중요하고 영향력 있는 가족치료이론을 소개한다. 다행스럽게도 독자들에게 유용한 가족치료모델은 한 가지만 있는 것이 아니다. 사례를 개념화하기 위해 모델을 어떻게 사용할 수 있는가에 대해 더 잘 이해하기 위해서는 Reiter(2014)[1)]를 참조하기 바란다.

독자들이 각 이론에 대해 읽을 때 제1부와 제2부에서 무엇을 읽었는지를 상기하기를 바란다. 예를 들어, 제11장에서는 치료의 강도 조절에 대한 이슈를 다루었다. 각자의 모델에 기초할 때 모든 가족치료사가 다 동일한 방식으로 치료 강도에 개입하지는 않을 것이다. 가령, Bowen 치료사는 상담실에서 내담자의 불안을 줄이기 위해 치료 강도를 낮추는 경향이 있을 것이다. 그러나 경험적 치료사는 신체적 접촉을 사용하여 치료 강도를 높이는 기술을 사용할 가능성이 크다. 구조적 가족치료사는 주로 실연 기법을 활용하여 강도를 높이는 기술을 사용할 것이다.

이 이론들에 대해 읽을 때 각 이론은 진실이 아니라 하나의 지침으로서 치료 회기에서 일어나는 것들을 항해하도록 돕는다는 점을 명심하기 바란다. 대부분의 가족치료사는 한 가지 주요 모델을 택하거나 혹은 여러 형태를 통합하기도 한다. 독자들에게 어떤 이론이 가장 잘 맞는지 생각해 보라고 할 때 자기 자신의 가치와 특정 모

---

1) Reiter, M. (2016). 가족치료 사례개념화 (정혜정 역). 서울: 학지사.

델에 내재한 가치 간의 시너지에 대해 고려해 볼 수 있다(Simon, 2003 참조). 치료사가 말하고 행동하고 생각하는 것이 자신의 세계관과 일치할 때 치료를 훨씬 더 잘할 수 있을 것이다.

제3부는 가족치료가 현재 어디에 있고 또 어디로 향하고 있는지를 살펴보는 것으로 끝을 맺는다. 즉, 특정 치료모델에 엄격하게 초점을 두는 경향에서 벗어나고 있으며 또 공통요인, 핵심 역량, 경험적으로 입증된 치료와 증거기반 치료 같은 치료의 몇 가지 메타모델을 찾아가고 있다. 제3부가 끝나면 독자들은 과거와는 다른 관점에서 사람들과 가족들을 보는 기본 지식들을 갖추게 될 것이다.

제13장
다세대 가족치료

다세대 가족치료는 가족의 패턴이 여러 세대에 걸쳐 어떻게 일어나는가를 살펴보는데, 현재는 과거와 연결되어 있다고 본다. 변화는 과거, 현재 그리고 잠재적인 미래의 가족 상호작용과 패턴을 살펴봄으로써 일어난다. 이 장에서는 가장 중요한 두 가지 다세대 접근인 Bowen의 가족체계이론과 Nagy의 맥락적 가족치료에 대해 살펴본다.

Bowen 가족체계이론

모델 개발자

Murray Bowen은 보웬 가족체계이론을 개발하였다. 이 이론은 가족치료 분야에서 아마 가장 포괄적인 이론으로서, 가족과정뿐 아니라 모든 생물체계에서 일어나는 과정에 초점을 둔다. Bowen이 개발한 개념들은 가족원의 분화 수준과 가족체계의 상황적, 만성적 불안에 따라 서로 다른 정도로 모든 가족에서 일어난다.

Bowen은 의학박사학위를 받고 정신과 의사가 되었다. 그는 메닝거 클리닉에서 일을 시작하였고, 미국 국립정신건강연구소로 이직하였으며 거기서 조현병 환자 가족이 병원에서 일정 기간 살도록 하여 이 가족의 상호작용을 연구할 수 있었다. 그 후 Bowen은 조지타운 대학교로 옮겼고 거기서 조지타운 가족센터를 창설하였다. 1990년 그의 사망 이후 이 센터는 Bowen 가족연구센터로 개명되었다.

문제형성에 대한 관점

관계상의 어려움은 두 가지 주요 요소, 즉 성숙 대 비성숙의 균형(이는 자기분화로도 알려짐)과 관계 내 불안의 강도에 근거한다(Kerr & Bowen, 1988; Papero, 2014). 사람들은 자기 가족과 연결되어 있는데 가족은 정서적 단위이다. 그래서 사람들은 관계 내의 자연스러운 힘, 즉 개별성과 연합성의 힘을 다루어야 한다([그림 13-1] 참조). 어느 쪽으로든 극단적으로 치우치면 정서적, 심리적, 신체적 증상이 유발될 수 있다.

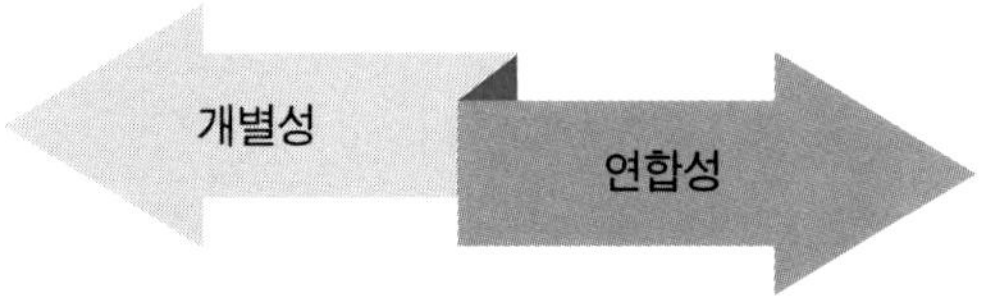

[그림 13-1] 개별성과 연합성의 관계

1960년대에 Bowen은 여섯 가지 상호관련된 개념을 발표하였다. 이 이론의 기초가 되었던 그 개념들은 자기분화, 삼각관계, 핵가족 정서체계, 가족투사과정, 다세대 전수과정, 형제자매 위치이다(Kerr & Bowen, 1988). 1970년대에 그는 일곱 번째와 여덟 번째 개념인 정서적 단절과 사회적 회귀 개념을 추가하였다([그림 13-2] 참조). 이 단락에서는 각 개념을 간략히 살펴볼 것이다. 하지만 이 개념들은 모두 동시에 발생한다는 점을 명심하기 바란다.

아마 Bowen 가족체계이론과 연관된 가장 중요한 개념은 (자기)분화일 것이다. 이는 여러 층을 가진 복잡한 개념이다. 이 개념은 사람들이 특히 불안할 때 타인에게 어떻게 반응하는가에 있어서 성숙 대 비성숙의 균형 측면에서 살펴볼 수 있다(Papero, 2014). 또 다른 측면은 사람들이 자신의 관점을 견지하면서도 다른 사람들과 어떻게 관계를 맺을 수 있는가이다. 또한 분화는 한 사람이 자신의 정서체계보다는 인지체계를 어떻게 사용할 수 있는가에서 찾아볼 수 있다. 말하자면 개인은 어떻게 반발하지 않고 반응할 수 있는가? Kerr와 Bowen(1988)은 "자신의 정서적 기능을 자율적으로 유지하면서도 타인과 정서적으로 관계를 맺을 수 있는 능력이 분화 개념의 본질이다."(p. 145)

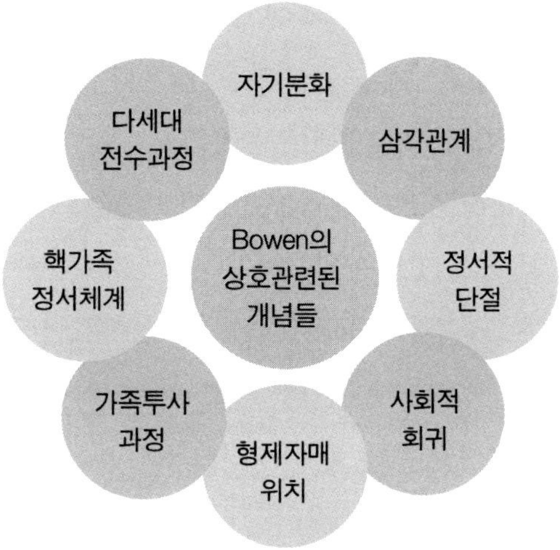

[그림 13-2] Bowen의 여덟 가지 상호관련된 개념들

라고 했다. 자기분화는 적어도 3세대가 걸리는, 하지만 6세대 내지 8세대가 걸려서 발전되는 경향이 가장 큰 다세대 과정이다(Titelman, 2014). 다음의 개념들은 이런 다세대 과정을 통해서 사람들이 서로 다른 분화 수준에서 기능하게 되는 틀을 보여 준다.

Bowen의 가족체계이론은 가족의 상호관련된 삼각관계에 초점을 둔다. Bowen(1992)에 의하면 삼각관계(세 사람 체계)는 가장 작은 안정적인 관계체계이다. 두 사람 사이에 불안이 생길 때 그 불안을 상쇄하기 위해 제삼자를 끌어들인다([그림 13-3] 참조). 그 사람이 정서적으로 분리되어 있지 못하면 세 개의 두 사람 관

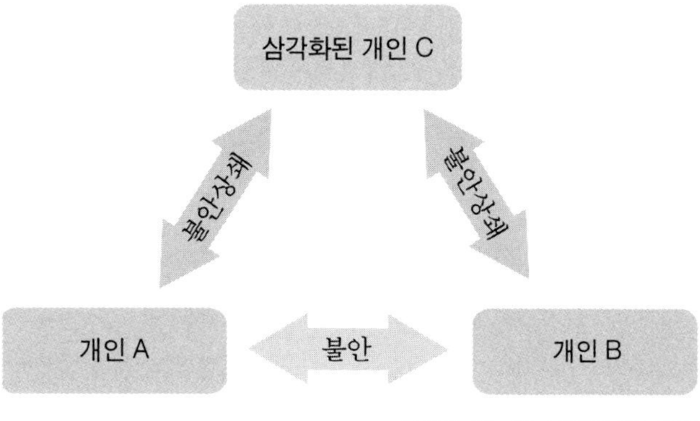

[그림 13-3] 삼각관계 과정

계에서 긴장이 계속해서 왔다 갔다 한다(Papero, 2014). 단기적으로는 불안이 감소되겠지만, 장기적으로 사람들은 긴장을 어떻게 해결하는지를 배우지 못한다.

핵가족 정서체계에서 가족은 다양한 방식으로 불안을 덮어 두는 경향이 있다. 갈등, 거리두기, 과대기능과 과소기능, 한 자녀 이상의 장애 등의 방식으로 그렇게 한다(Kerr & Bowen, 1988; Papero, 2014). 부부는 서로 갈등을 하게 되고 때로는 심한 폭력이 수반되기도 한다. 또 다른 패턴인 거리두기는 침묵하기부터 다른 사람을 노골적으로 피하는 것까지 다양하다. 세 번째 패턴은 한 가족원 이상에게서 증상이 나타나는 것인데 이때 다른 가족원이 그 사람에 대한 책임을 맡게 된다.

가족투사과정은 부모와 자녀 간의 상호작용에 관한 것이다. Bowen(1992, p. 477)에 의하면 "이 개념은 부모가 자신의 미성숙함을 한 자녀 이상에게 투사하는 과정이다."라고 했다. 핵가족 정서체계에서 보았듯이, 부모는 때로 한 자녀에게 집중함으로써 자신의 불안을 감추는데 이때 자녀가 선택되는 기준은 성별, 출생순서, 자녀의 정서적 혹은 신체적 어려움 여부일 수 있다. 그렇게 되면 이 자녀는 부모보다 더 낮은 기본 분화 수준을 발전시킬 것이다. 가족투사과정의 초점이 되지 않은 자녀는 약간 더 높은 분화 수준을 발전시킬 것이다([그림 13-4] 참조).

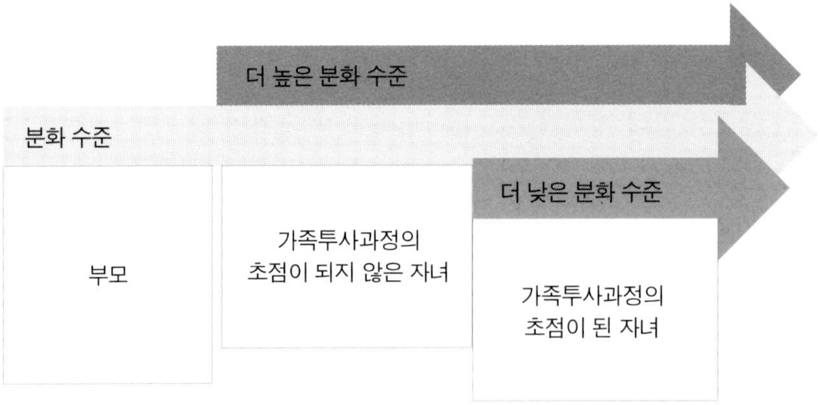

[그림 13-4] 가족투사과정

다세대 전수과정은 다세대 정서과정이라고도 알려져 있는데, 여러 세대에 걸쳐 개인들 간의 질서 있고 예측 가능한 관계 과정을 말한다(Kerr & Bowen, 1988). 사람들이 똑같은 수준의 파트너를 만나서 결혼하는 경향이 있다는 점을 놓고 보면, 현재의 핵가족 정서체계가 발전된다는 점을 이해할 수 있다. 그러나 부부는 각자 서로 다른 정서체계에서 자랐으며, 바로 이러한 점과 연관된 분화와 불안 수준을 기초로 해서 부부는 특정한 정서기능 패턴을 이루게 된다. 이 부부의 자녀는 이러한 정서적 분위기에서 자라서 자기와 비슷한 분화 수준을 가진 사람을 찾을 것이다.

거장(巨匠)의 메시지
Murray Bowen

나의 접근은 가족치료의 주류 접근과 다르다. 나는 정신분석 혹은 정신치료로부터가 아니라 가족연구로부터 조현병 치료관계의 복잡성에 대해 많은 것을 배웠다. 이것은 대부분 삼각관계 연구에서 학습했던 것이다. 모든 관계에서 항상 작동하는 자동적인 정서적 반응성은 치료관계와 아주 똑같다. 취약한 외부인이 가족과 실질적인 정서적 접촉을 하자마자, 그가 반대편에 얼마나 대항하는지와 상관없이 그는 가족의 일부가 된다. 정서체계는 오감을 통해 작동하며, 흔히 대부분은 시각과 청각 자극을 통해서 작동한다. 게다가 초감각적 지각을 포함하는 육감도 있다. 모든 생명체는 이런 데이터를 아주 빨리 처리하여 타인과의 관계에서 그것을 사용하는 법을 배운다. 더욱이 인간은 정교한 언어를 가지고 있는데 이는 자동적인 정서과정을 긍정하기 위해 사용되며, 또 그만큼 부정하기 위해서도 자주 사용된다. 삼각관계 개념은 정서과정에서 자신의 자동적인 정서적 참여를 통제하기 위해서 자동적인 정서반응을 읽는 한 가지 방법이다. 이를 통제하는 것을 나는 탈삼각화라고 부른다. 어느 누구도 결코 자기 밖에 머물지 못하지만, 삼각관계에 대한 지식은 가족과 정서적으로 접촉을 하고 있는 동안에도 그 안에서 자기가 어떤 역할을 하는지를 이해할 수 있게 한다. 가장 중요한 점은 가족원이 자신과 가족을 관찰하기를 배울 수 있고, 또 뒤로 물러서야 할 필요 없이 가족과 더불어 무대에

> 있는 동안에 자신을 통제하기를 배울 수 있다는 점이다. 자신의 반응을 배우고 통제할 동기가 있는 가족원은 전체 가족체계 내의 관계에 영향을 미칠 수 있다.
>
> (Bowen, 1992, pp. 348-349)

Bowen은 Toman(1961)의 연구를 근거로 해서 형제자매의 기능적 위치가 가족과정에서 일정 역할을 한다고 믿었다(Bowen, 1992). 치료사는 각 부모뿐 아니라 자녀들의 형제자매 위치 그리고 가족투사과정이 자녀들에게 미치는 영향에 주의를 기울인다. 가족투사과정의 초점이 된 자녀는 생활연령이 아니라 미성숙한 막내로 기능할 가능성이 가장 크다. 형제자매 위치는 개인들에 대한 기대를 보여 주는데, 맏아이는 책임감이 더 있고 막내는 더 미성숙할 것이라고 기대하는 것이다.

정서적 단절은 개인이 관계의 불안을 다룰 수 없고, 정서적 심리적 혹은 지역적으로 그 관계를 떠남으로써 불안을 상쇄하고자 노력할 때 일어난다. 어떤 과정이 사용되든 개인은 과거로부터 '자유롭지' 못하다. 사실 사람이 자기 가족으로부터 단절하려고 할수록 과거의 패턴이 그 사람의 현재에서 반복될 가능성이 더 크다(Kerr & Bowen, 1988). 그래서 단절은 정서적 객관성이 아니라 반발을 근거로 한다.

Bowen의 여덟 가지 개념의 마지막은 사회적 회귀이다. 사회적 회귀는 가족에서 일어나는 모든 원칙이 사회에서도 똑같이 일어난다는 개념이다(Bowen, 1992). 이 개념은 치료사가 개인을 그의 현재 가족과 원가족 맥락에 놓고 보게 할 뿐 아니라, 가족을 더 큰 사회의 맥락에서 볼 수 있게 한다.

연습 13-1

[그림 2-3]에서 제시된 가족에 대하여 다음의 개념들이 이 가족에게 어떻게 나타날지 설명하시오. 이것들을 밝히기 위해 이 가족에게 어떤 질문을 할 수 있을까요?

1. 자기분화
2. 삼각관계
3. 정서적 단절

4. 형제자매 위치
5. 핵가족 정서체계
6. 가족투사과정
7. 다세대 전수과정
8. 상태불안과 만성불안

문제해결에 대한 관점

두 사람 간의 불안은 세 사람이 있고 그중 한 사람이 정서적으로 거리를 둘 때 자동적으로 해결된다(Kerr & Bowen, 1988). 이 과정을 탈삼각화라고 한다([그림 13-5] 참조). 치료 시 치료사는 정서적으로 분리된 부분으로서 삼각관계의 제삼자가 된다. 시간이 흐르면서 가족원은 자신의 가족에서도 이것이 어떻게 나타나는지 배운다. 삼각관계의 제삼자는 정서적으로 반응적이어서는 안 되기 때문에 Bowen 치료사들은 불안할 때 기능할 수 있는 능력을 높이기 위해서 대개 자신의 원가족에 대한 작업을 한다.

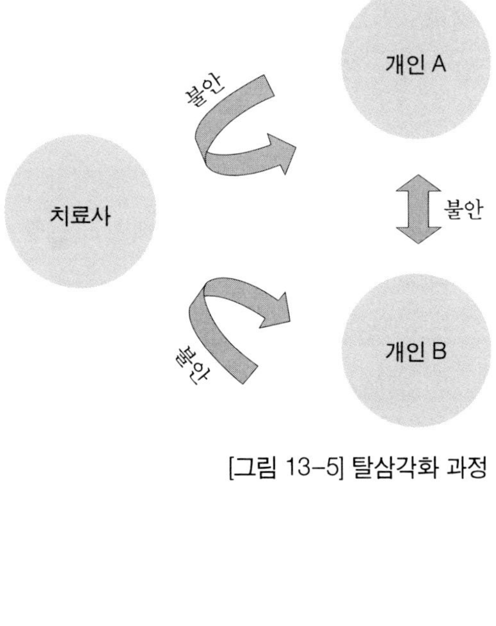

[그림 13-5] 탈삼각화 과정

치료사는 보통 더 큰 가족체계에 대해 이해해 보는 것으로 시작한다. 이는 가계도 작업을 통해 이루어질 수 있다. 첫 회기에 내담자와 함께 가계도 작업을 하면 상담실의 불안이 감소하는 경향이 있고 또 치료는 내담자가 생각하고 성찰하는 데 초점을 둘 것이라는 메시지를 줄 수 있다(Burnett & Reiter, 2014). Bowen 치료사는 코치로서 행동하고 차분하게 존재하며 가족에게 체계의 개념을 소개한다(Gilbert, 2006).

Bowen 치료사는 가족의 단 한 구성원과 작업할 수도 있고 여러 구성원과 작업할 수도 있다. 치료에 참석한 가족원의 수에 따라 회기를 진행함에 있어서 어떤 차이가 있을 수 있지만, 목표는 똑같아서 불안을 낮추고 분화를 높이는 것이다(Papero, 2014). 치료사는 가족원의 말의 내용보다는 구성원 사이에서 일어나는 정서적 과정에 특별히 주의를 기울인다(Papero, 2014). 치료사가 가족의 역사를 살펴볼 때, 구성원이 사건 그 자체보다 사건에 어떻게 반응했는가를 살펴보는 것이 더 중요하다.

부부나 부모와 작업할 때, Bowen(1992)은 네 가지 주요 목표를 달성하고자 했다. 첫째, 치료사는 가족원과 이야기해서 구성원 간의 정서체계가 드러나지만 압박감을 느끼지 않도록 하는 것이다. Bowen 치료사는 가족원이 서로에게 이야기하기보다는 치료사에게 이야기하도록 하는데, 이때 다른 가족원은 듣는 위치에 있게 한다(Papero, 2014). 이러한 과정을 통해서 구성원은 서로에게 감정적으로 치우친 반응을 하지 않게 되고, 한편 자신의 반응에 대해 더욱 잘 알아차릴 수 있다. 둘째, 치료사가 정서적인 이인체계로부터 '탈삼각화하는 것'이다. 셋째, '나-입장'을 취하는 것이다. Burnett과 Reiter(2014, p. 47)는 나-입장을 "한 사람이 누군가의 입장을 비난하거나 변화시키려고 하지 않고 자신의 입장을 조용히 의논할 수 있을 때 일어나는 것"이라고 했다. 넷째, 가족에게 정서체계가 어떻게 작동하며 또 원가족과의 관계에서 어떻게 분화할 수 있는지를 가르치는 것이다.

그러나 Bowen 가족체계이론은 치료에 참석한 단 한 가족원과도 상당히 잘 기능한다. 그 구성원은 대개 분화 수준이 가장 높은 사람으로서, 정서체계보다 사고체계를 가장 잘 사용할 수 있고 또 사람들과 상호작용을 할 때 그다지 반동적이지 않을 것이다. 치료 시 이 사람은 가족정서체계와 그 안에서 자신의 역할에 대해서 배운다. 시간이 흐르면서 이 사람은 더욱 탈삼각화된 입장에서 원가족과 관계를 맺으라는 격려를 받는다.

Bowen 가족체계치료는 우울증의 감소 혹은 갈등 줄이기 같은 특정 목표에 관한 것이 아니라 자기분화의 증가라는 인간 기능의 전반적인 향상에 관한 것이다. 이런 일이 일어날 때 가족원들은 정서체계의 패턴을 변화시켜서 구성원들 사이의 불안이 해결될 수 있다. 그렇게 하여 치료사는 내담자를 코치해서 원가족과 다시 관계를 맺도록 한다. 정서적 단절을 하기보다는 사람들이 서로 관계를 맺도록 돕는 것은 치료의 가장 중요한 부분 중 하나이기 때문이다(Kerr & Bowen, 1988).

사람들의 분화 수준은 시간이 흘러도 상당히 일관성이 있다는 점을 놓고 볼 때, 분화 수준을 높이는 것은 보통 정서과정에 대한 인식과 자신의 사고체계의 더 많은 활용을 기초로 하는 오랜 과정이다. 치료에 오는 사람이 누구든 나-입장을 발전시키지만 동시에 가족원과 관계를 맺을 수 있도록 작업함으로써 가족의 새로운 상호교류가 가능해진다.

맥락적 가족치료

모델 개발자

맥락적 치료는 Ivan Boszormenyi-Nagy에 의해 개발되었다. 헝가리에서 태어난 그는 의학학위를 받았고 정신과 의사가 되었다. Nagy는 정신역동적 사고, 특히 Freud와 Fairbairn의 영향을 받았다. 그의 이론 개발에 가장 큰 영향을 미친 치료사 중 하나는 Kalman Gyarfas의 관계 지향이었는데, 그는 Virginia Satir의 멘토이기도 하였다.

Nagy는 1950년에 미국으로 이주했고 1957년에 동부펜실베이니아 정신의학연구소에서 일하기 시작했다. 1958년에 그는 자신의 모든 사례에 가족치료를 활용하기 시작했다. Nagy는 관계와 치료에 윤리적 요소, 즉 정의와 공정의 개념을 다루도록 소개한 사람으로 가장 잘 알려져 있다.

문제형성에 대한 관점

처음에 Nagy는 관계적 현실의 네 가지 기본 차원을 발전시켰다(Boszormenyi-Nagy & Krasner, 1986). 그것은 미리 정해진 사실적 요소, 인간 심리, 의사소통과 상호교류, 관계 윤리이다. 다섯 번째 차원은 나중에 추가되었는데 존재 차원이다(Ducommun-Nagy & Reiter, 2014). 이 단락에서는 이들 각 개념에 대해 살펴보고, 치료사가 인간 기능의 전체 맥락을 이해하도록 돕는다. [그림 13-6]은 맥락적 치료의 다섯 가지 차원을 보여 준다.

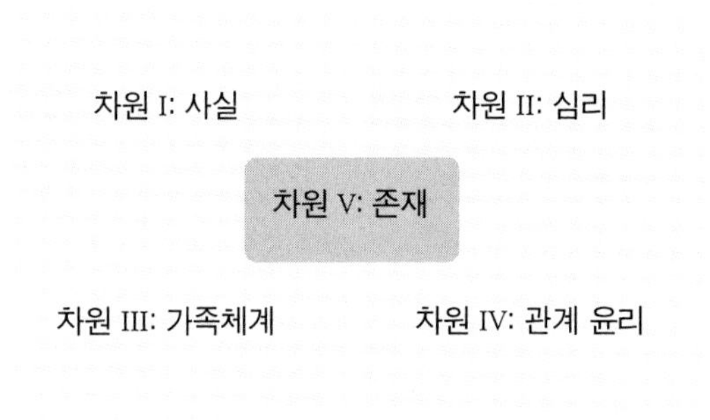

[그림 13-6] 맥락적 치료의 다섯 가지 차원

차원 I-사실은 유전, 신체건강, 역사적 사실, 삶에서 일어나는 다양한 사건에 초점을 둔다. 이는 사람들에게 주어진 것이다. 예를 들면, 집에 누나가 있고 아들로 태어난 것, 부모님이 이혼한 것, 천식이 있는 것, 집이 가난한 것 등이다.

차원 II-인간 심리는 심리학 이론에 기초하여 개인이 어떻게 기능하는지를 살펴본다. 이것은 치료사가 개인의 인생목표와 동기를 고려하는 것이고(Boszormenyi-Nagy & Krasner, 1986), 사람들의 신념, 인지, 감정, 가치, 동기를 말한다(Hargrave & Pfitzer, 2003).

차원 III-상호교류는 가족체계의 개념에 기초하는데, 대부분의 가족치료사는 이 개념을 기초로 작업한다. 이는 개인이 자기 스스로 기능하는 것이 아니라 상호 간에 영향을 미치는 식으로 서로 관계를 맺는다고 이해하는 것이다. 치료사는 패턴, 항상성,

경계선, 규칙 등 체계의 개념을 이해하고자 노력한다. 상호교류 차원은 치료 회기에서 전략적인 움직임을 위해서 활용되는 경향이 있다(Boszormenyi-Nagy & Krasner, 1986).

차원 IV-관계 윤리는 맥락적 치료의 핵심이다. 이 차원에서 보면 마땅히 고려할 윤리가 있다. 말하자면, 사람들이 칭찬을 받는 기준이 있다(Boszormenyi-Nagy & Krasner, 1986). 사람들은 다른 사람들과의 관계에서 배려를 주고받음을 기초로 해서 기능한다. 이는 관계 장부를 통해서 일어나는데, 이 장부는 정의를 기초로 한다. 여기서 정의는 관계에서의 공평성과 관계되는데, 주고받음의 공평한 균형, 사람들 사이의 주고받음을 말한다.

사람들이 누군가에게 관심을 보이거나 응분의 걱정을 할 때, 그 사람은 공로(merit)를 받게 되거나 권한(entitlement)이라는 것을 얻는다. 이것은 주는 것을 통해서 받는 것이다. 사람들이 공로를 받을 때 더 안전하고 더 자율적으로 산다. 긍정적 권한은 상호작용을 하는 양자의 삶을 모두 향상시키는 긍정적 과정이다. 이는 사람들이 빚을 진 적이 없는 다른 사람들로부터 받기를 기대하는 부정적 권한과 반대이다. 예를 들면, 만일 내가 데이트를 할 때 열심히 노력했고 마음으로부터 상대방에게 주었는데 상대방이 화답하지 않으면, 그다음 데이트에서 내가 파트너에게 관심을 보이기 전에 상대가 먼저 나에게 관심을 보이도록 기대하는 상황이다. 새 파트너는 내가 준 것보다 나한테 더 많은 빚을 진 것이 아니지만, 나는 상대방이 나에게 더 많이 주기를 기대한다. 이렇게 하여 사람들은 자신이 받을 자격이 있다고 생각하는 것과 실제로 받을 자격이 있는 것을 구분할 수 있다.

또한 사람들은 충성심(loyalty)을 갖는다. 이는 응분의 걱정을 보였던 사람들의 이득을 그렇지 않은 사람들의 이득 위에 두는 것이다(Ducommun-Nagy & Reiter, 2014). 수직적 충성심은 원가족을 기초로 하며, 수평적 충성심은 배우자나 동료에 관한 것이다([그림 13-7] 참조). 사람들이 많은 다른 사람에게 빚을 진다는 점을 놓고 볼 때 충성심 갈등이 일어날 수 있다. 예를 들어, 한 배우자가 자기 파트너보다 부모 편을 드는 데 대해서 죄책감을 느낄 수 있다. 가장 파괴적인 충성심 갈등 중 하나는 분열된 충성심으로서, 이는 자녀가 한쪽 부모를 제쳐 두고 다른 한쪽 편 부모의 관심을 수용하도록 강요받을 때이다(Boszormenyi-Nagy & Krasner, 1986).

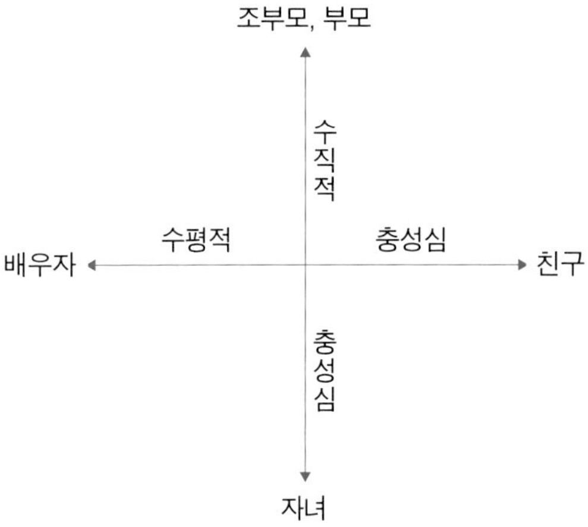

[그림 13-7] 수직적 및 수평적 충성심

충성심 이슈는 사람들이 자신을 어떻게 느끼고 다른 사람들과 어떤 관계를 맺는가에 영향을 미친다. 이러한 연결 관계는 대개 자각되지 못하다가 치료를 받는 동안에만 살펴볼 수 있다. 보이지 않는 충성심은 개인내적 증상이나 대인 간 증상을 일으킬 수 있는 충성심의 한 형태이다. "그러므로 보이지 않는 충성심은 원가족으로부터 사랑과 관심을 얻으려는 노력으로 부당한 의무를 이행하기 위해 파괴적인 권한을 가진 희생자가 간접적으로 행동하는 것이다"(Hargrave & Pfitzer, 2003, p. 82).

부모의 장부가 균형을 이루지 못할 때 자녀를 대상으로 해서 그 균형을 이루고자 시도할 수 있다. 부모화는 자녀가 부모로부터 자기 연령에 맞지 않게 부모나 형제자매를 돌보라는 의무를 강요받는다고 느낄 때 일어난다(Boszormenyi-Nagy & Spark, 1984). 이는 한 부모가 아파서 일시적으로 형제자매를 돌봐야 할 때와 같이 자녀가 집안일을 좀 더 도와야 하는 일시적인 때와는 다르다. 대신 부모화는 부모가 자녀에게 주어야 하는 것을 오히려 자녀가 부모에게 돌려주어야 한다는 좀 더 일반적인 기대를 의미한다. 이렇게 되면 그 자녀는 인생의 후반에 파괴적 권한을 갖게 되어 아동기를 포기해야만 했던 데 대해 자기가 응당 받을 것이 있다고 느낄 수 있다.

차원 V-존재는 비자아와의 관계에서 자아가 어떻게 발달하는가를 말한다(Ducommun-Nagy & Reiter, 2014). Nagy와 Krasner(1986)는 이 개념을 "타인과 비교

하여 자신의 자아를 정의하기 위해 관계를 사용하는 것"(p. 75)이라고 했다. 말하자면, 사람들은 자기-타인 대화를 기초로 해서 정체성을 발전시킨다. 나는 타인들과의 관계를 기초로 해서 나 자신을 알게 된다. 나는 내가 타인이 아니라는 것을 봄으로써 나를 알게 된다. 예를 들어, 내가 자랄 때 아버지가 폭력적이었다면 나는 부모 역할을 아버지와 같지 않은 방식으로 할 수 있다.

거장(巨匠)의 메시지
Ivan Boszormenyi-Nagy

다자성(multilaterality)이 가지는 포용적이고 공평한 측면은 상당한 정도로 가족치료라는 개념의 바로 그 기초가 된다. 치료사의 작업에 가족원(겉으로 보기에 적합하지 않거나 단절한 구성원조차도)을 모두 포함시키라는 주장은 사람들이 관계를 책임 있게 직면하는 데서 이득을 본다는 확신에서 비롯된다. 회피와 단절을 없애는 것도 그 자체로서 치료적이다. 맥락적 치료의 주요한 방법론적 원칙인 다각적인 편파성은 분명히 책임감이 구성원 상호 간에 치유적인 힘을 가진다는 가정 위에 구축되었다. 이는 주고받음에 대한 모든 구성원의 균형과 장부 그리고 그 결과를 직면함으로써 이루어진다고 가정한다.

(Boszormenyi-Nagy & Krasner, 1986, p. 89)

문제해결에 대한 관점

맥락적 치료사는 다각적인 편파성의 입장을 취하여 가족 내 각 개인(치료에 참석하지 않은 구성원 포함)의 관점을 고려한다. 치료사는 사람들이 어떻게 관심을 보이고 받기 위해 노력하는지를 이해함으로써 내담자가 자기 장부의 균형을 맞추도록 돕는다. 이는 인정을 통해 일어날 수 있다. 이때 내담자는 다른 사람이 응분의 관심을 보인 것을 기초로 쌓았던 공로를 인정한다.

맥락적 치료의 주요 목표는 재접속이다. 재접속은 사람들이 타인과의 관계에 윤리적으로 개입하도록 돕는 것이다(Boszormenyi-Nagy & Krasner, 1986). 그렇게 되면 사람들은 공평성을 회복하고 신뢰를 발전시킬 수 있다. 사람들이 공평성을 통해 타인과 더 많이 관계를 맺으면 맺을수록 건설적 권한이 양자 모두에게 일어날 가능성이 더 커진다. 그러면 그들은 관계망에 있는 타인들과 윤리적으로 관계를 맺을 가능성이 더 커질 것이다.

권한을 얻는 한 가지 방법은 면제를 통해서이다. 면제는 한 사람이 부정적으로 보였던 다른 구성원(대개 부모)에게 공평해지려고 시도할 때 일어난다(Boszormenyi-Nagy & Krasner, 1986). 집에서 함께 있으면 화가 나고 괴물로 보였던 한 구성원이 있을 수 있다. 그 사람이 더 이상 그 상황에 있지 않더라도, 그 사람의 행동 맥락을 이해하려는 노력은 현재의 파괴적 권한을 예방하는 데 도움이 될 수 있다.

맥락적 치료사는 가족원이 공평성에 기초한 교류인 진솔한 대화를 하도록 시도한다(Boszormenyi-Nagy & Krasner, 1986). 이 대화에서 구성원은 자신의 권리와 욕구뿐 아니라 관계를 맺고 있는 사람들의 권리와 욕구도 고려한다. 이렇게 진솔한 대화는 사람들을 관계적 자원과 연결함으로써 도움이 될 수 있다. "관계적 자원은 사람들과 그들의 관계에 있는 사실적이고 기본적인 수단, 선택, 기회로서, 이를 통해 사람들은 자신과 타인을 개선하고 도움을 줄 수 있다"(Boszormenyi-Nagy & Krasner, 1986, p. 420). 맥락적 치료는 병리에 초점을 두는 대신에 긍정적인 관계적 자원을 증가시키고 지원하고자 시도한다. 사람들이 관계적 자원을 활용할 때 신뢰를 발전시킨다. 즉, 사람들 간의 주고받음에 있어서 균형을 이루며 각자는 자신과 상대방에 대한 이해를 바탕으로 기능한다(Ulrich, 1998).

맥락적 치료는 사람들의 현재에 도움이 될 뿐 아니라 예방적인 기능을 하는 접근이기도 하다. "이런 의미에서 '맥락적'은 치료적 노력에 의해 영향을 받을 수 있는 사람들의 전반적인 범주를 의미한다. 치료적 개입이 사람들에게 미치는 영향에 관한 윤리적 관심이 '다자적 계약'의 본질이다"(Boszormenyi-Nagy, Grunebaum, & Ulrich, 1991, p. 200).

추가 질문

1. Bowen 치료는 구체적인 조언과 신속한 변화를 원하는 가족을 위해 어떤 작업을 합니까?
2. 가족과 가계도 작업을 하는 것은 어떤 도움이 될 수 있습니까? 가계도 작업은 합류 과정에 어떤 영향을 미칠 수 있습니까?
3. 관계 윤리에 초점을 두는 것은 회기에서 가족치료사의 행동 방식에 어떤 영향을 미칩니까?

제14장

경험적 가족치료

경험적 가족치료는 여기-지금을 기초로 하는데, 치료사는 회기 중에 가족원이 자신의 경험과 고유성에 접근하도록 돕는다. 이를 통해 사람들은 진솔해지고 자신의 개별성뿐만 아니라 타인의 고유성을 수용하게 된다. 이 장에서는 경험적 가족치료의 가장 중요한 두 개발자인 Virginia Satir의 성장 모델과 Carl Whitaker의 상징적-경험적 치료에 대해 살펴본다.

Satir의 성장 모델

모델 개발자

성장 모델은 Virginia Satir에 의해 개발되었다. Satir는 가족치료 분야의 선구자로서, 당시에는 주로 남성이었던 새로운 분야에서 그 존재감이 막강했다. 처음에 관심을 두었던 정신분석적 접근을 떠나서 Satir는 1964년 『합동가족치료(Conjoint Family Therapy)』를 출판했는데, 이 책은 가족치료 분야의 가장 영향력 있는 초기 책 중의 하나이다. Satir는 한동안 MRI에서 훈련코치였으며(제15장 참조), 그 후 1988년에 췌장암으로 사망할 때까지 자신의 접근을 계속해서 발전시켰다. Satir는 커리어의 후기에 그 초점을 가족에서 사회로 바꾸었으며 세상을 치유하기 위한 방법을 찾고자 노력하였다. Satir는 세상을 나라들로 이루어진 가족으로 보았다(Satir, 1988).

문제형성에 대한 관점

Satir(1988)는 사람, 가족, 사회는 서로 연결되어 있다고 보았다. 그녀는 모든 가족에서 각 개인은 자존감(긍정적이든 부정적이든)을 가지며 의사소통하고 규칙을 따르며 사회와 연결되어 있다고 믿었다. 이것들은 보편적이다. 문제는 어떤 방식으로 그렇게 되는가이다.

거장(巨匠)의 메시지
Virginia Satir

수년에 걸쳐서 나는 인간답게 사는 사람은 어떤 모습인지에 대한 생각을 발전시켜 왔다. 이런 사람들은 자신의 몸이 아름답고 유용하다는 점을 알고서 자신의 몸을 이해하고 가치 있게 여기며 성장하는 사람들이다. 이런 사람들은 자신과 타인에게 진실되고 정직하다. 자신과 타인을 사랑하고 또 자신과 타인에게 친절하다. 인간답게 사는 사람은 모험을 무릅쓰고 창의적이며 능력을 발휘하고 상황이 요구할 때 기꺼이 변화하고자 한다. 그들은 새롭고 색다른 것에 적응하는 방법을 찾으며, 아직 쓸모 있는 옛것은 간직하고 그렇지 못한 것은 버린다.

이 모든 것을 합치면, 신체적으로 건강하고 정신적으로 기민하며 감정을 느끼고 사랑하며 장난기가 있고 진솔하고 창의적이며 생산적이고 책임감 있는 사람이다. 또 자주적으로 행동할 수 있고 깊이 사랑하며 정당하고 효과적으로 싸울 수 있는 사람이다. 그들은 온순함과 거침을 모두 갖추어서 똑같이 사이좋게 지낼 수 있고, 그 둘 간의 차이를 인식할 수 있다. 가족은 이러한 차원들을 갖춘 개인들이 성장하는 맥락이다.

(Satir, 1988, p. 3)

문제가 있는 가족은 비일치적이고 문제가 있는 방식으로 의사소통하며, 구성원의 자존감이 낮고, 비난, 회유, 두려움을 통해 사회와 관계를 맺는 경향이 있다. 어려움이 거의 없는 가족은 분명하고, 직접적이며, 정직하게 의사소통하고, 구성원의 자존감이 높고, 융통적이고 적절한 규칙이 있고, 개방적이고 희망적인 방식으로 사회와 관계를 맺는다.

Satir(1988)는 자기가치를 가장 중시했다. 또한 그녀는 이를 자존감 혹은 '솥'이라고도 하였다. 그녀는 "자존감은 자신의 자아를 가치 있게 여기고 자신을 존엄, 사랑, 진실로 대할 수 있는 능력"(p. 22)이라고 했다. 세상에서 잘 행동하고 생명력을 느끼는 사람은 대개 높은 자존감을 가진다. 그들의 솥은 가득 차 있다. 그러나 사람들은 모두 자신에 대해 더 좋게 느끼거나 더 나쁘게 느낄 때가 있음을 경험한다. 더 잘 기능하는 사람은 자신의 솥이 덜 차 있을 때가 일시적이라고 보는 경향이 있다. 그는 일이 잘되어 갈 것이라는 희망과 기대를 가지고 있다.

자존감이 낮은 사람들은 위협을 지각할 때 자신을 보호하고자 노력한다. 그들은 다음의 네 가지 생존 유형, 즉 회유하기, 비난하기, 초이성적이기, 부적절하기 중 한 가지를 택함으로써 그렇게 한다(Satir, 1994; Satir, Banmen, Gerber, & Gomori, 1991). 이런 입장은 자기, 타인, 상황이라는 세 가지 요인의 조합으로 구분된다([그림 14-1] 참조).

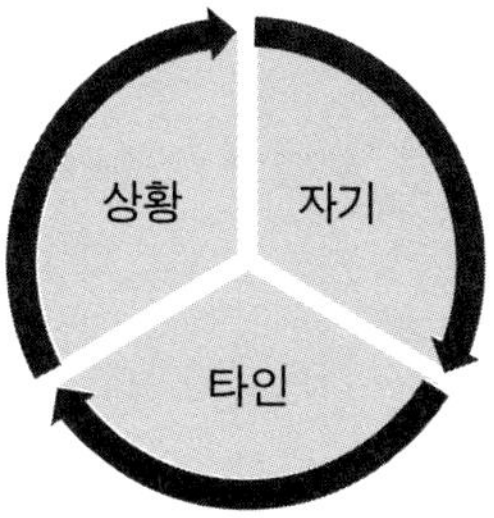

[그림 14-1] 의사소통의 세 요소

회유형은 자신을 존중하지 않고 누군가에게 권한을 줄 때이다([그림 14-2] 참조). 이 사람은 다른 누군가를 존중하며, 실제로 타인이 자기보다 더 중요하다고 말한다. 회유형은 비난을 수용하며, 사랑받을 만하다고 느끼지 않고, 자신보다 타인을 위해 행동한다. 이들은 타인과 상황을 존중하지만, 자신을 존중하지 않는다. 회유형은 우울증에 걸리고, 자살 충동의 경향이 있으며, 소화와 위장 관련 문제가 있을 수 있고 또 쉽게 포기한다. 그러나 그들은 잘 보살피고 민감하다는 강점이 있다.

비난형은 타인의 잘못에 집중할 때 일어난다([그림 14-3] 참조). 이 사람은 타인의 잘못을 찾고 타인을 공격하여 사람들을 대개 갈라놓는다. 비난형 의사소통을 하는 사람은 편집증, 비행 그리고 때로 살인 충동 느낌과 행동 문제를 갖는 경향이 있다. 또 고혈압, 근육 긴장, 순환기 문제를 가질 수도 있다. 지나치게 적대적인 경향이 있고, 한편 이들이 가진 자원 중의 하나는 주장성이다. 비난형은 자기와 맥락에 초점을 두지만, 타인을 무시한다.

초이성형은 상황에 초점을 두고 자기와 타인을 무시한다([그림 14-4] 참조). 이 사람은 대개 감정이 없고 자료와 논리에 집착한다. 극단적인 경우 이들은 "네가 그런 식으로 나한테 말했을 때 상처를 입었어."라고 말하는 대신에 "잘 지내기를 바란다면 자기 부모에게 그런 식으로 말하고 싶지는 않을 거야."라고 말할 수 있다. 초이성형의 자원은 지적이라는 점이다.

부적절한 의사소통 유형(산만형)은 자기, 타인, 상황을 모두 무시한다([그림 14-5] 참조). 이 사람은 주제에 머물러서 대화하는 것이 불편하고, 특히 그 주제가 갈등의 소지가 있을 때 그렇다. 이 사람은 주제에서 벗어난 대화를 하는 경향이 있고, 의미 있는 만남의 관계를 맺을 수 없다. 그러나 그들은 재미있고 즉흥적이라는 자원이 있다.

다섯 번째 의사소통 입장의 사람은 생존하기 위해 애쓰기보다는 대체로 잘 기능한다. 일치형은 자기, 타인, 상황을 모두 존중한다. 이 사람은 타인을 존중함과 동시에 자신이 무엇을 느끼는지 말할 수 있다.

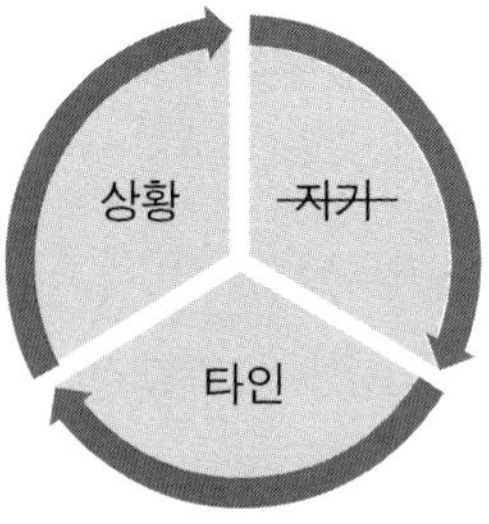

[그림 14-2] 회유형

[그림 14-3] 비난형

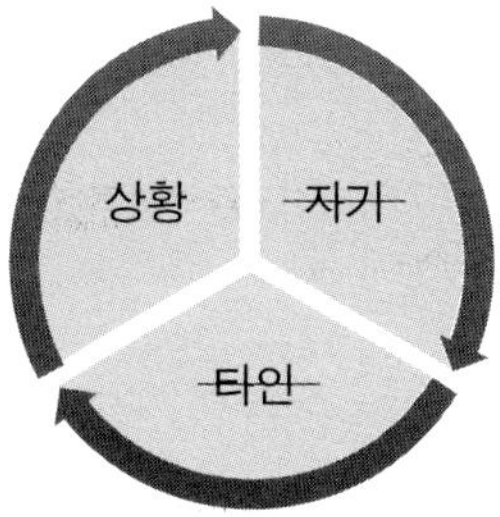

[그림 14-4] 초이성형

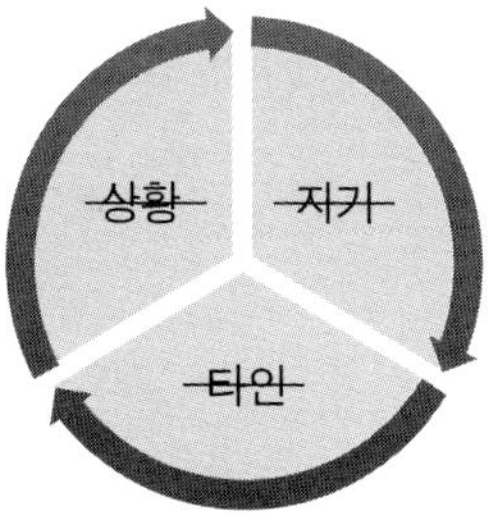

[그림 14-5] 부적절형

연습 14-1

다음의 내담자 진술은 어떤 의사소통 유형을 나타내는지 말하시오.

1. "당신은 내가 원하는 것을 절대 안 하지. 당신과 대화를 할 수가 없군."
2. "잘 기능하는 가족인 것 같지가 않아요. 행복한 가족은 서로 대화를 나누지요."
3. "우리가 의사소통을 잘하지 못해서 실망스러워요. 당신은 어떤지요?"
4. "무슨 문제요? 오늘 심부름을 모두 할 수 있었죠. 그리고 오늘 밤 TV에 뭐가 나오는지 알아요?"
5. "설날에 부모님께 간다고요? 음…… 그래요. 그게 만일 당신이 원하는 거라면요."

Satir는 사람들이 얼마나 다면적인지에 대해 이야기하기 위해서 자원의 수레바퀴(Satir, 1978) 혹은 만다라의 은유를 사용했다(Satir et al., 1991). 자원의 수레바퀴는 사람들에게 얼마나 많은 층이 있는지, 즉 생명의 원천, 타인과의 관계, 감각, 정서와 감정, 마음과 지능, 생리작용 등의 다양한 층을 나타낸다. 자아의 만다라(mandala)는 자아의 개념("나는 ……이다")이 여덟 가지 보편적인 자원 안에 어떻게 수용되어 있는지에 초점을 둔다. 여덟 가지 자원은 신체적(몸), 지적(좌뇌-사고와 사실), 정서적(우뇌-감정과 직관), 감각적(시각, 청각, 촉각, 미각, 후각), 상호작용적(나-당신 대화), 영양적, 맥락적(운동, 공간, 시간), 그리고 영적(삶의 의미와의 관계) 자원이다([그림 14-6] 참조). 만다라는 전일주의(全一主義) 개념을 설명하는 데 도움이 되는데, 이는 사람들이 이러한 각 자원의 영향을 받는다는 것이다. 자신이 각각의 자원과 연결되어 있다고 자각하면 더 높은 수준의 기능을 할 수 있다.

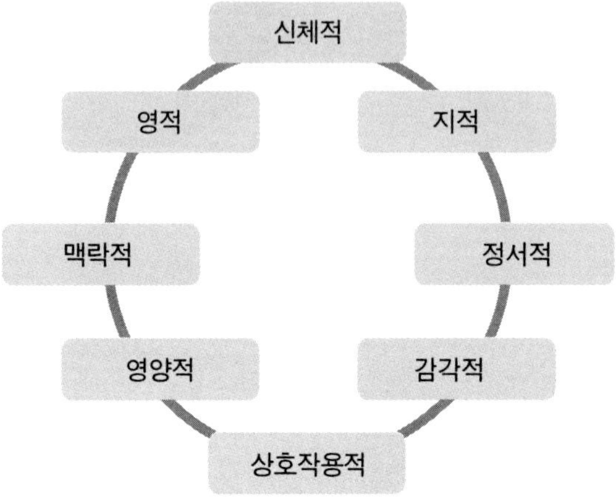

[그림 14-6] 자아 만다라의 여덟 가지 구성요소

문제해결에 대한 관점

치료는 자신의 자원에 접근하는 것에 관하여 이루어진다. Banmen과 Maki-Banmen(2014)은 “변형적인 변화 과정은 내담자가 자신이 처한 상황의 고통스러운 영향과 자기 생명력의 긍정적 에너지를 동시에 경험하는 과정이다.”(p. 124)라고 했다. 가족원은 자존감을 높이려는 시도를 하는 가운데 자신을 자각할 기회를 갖는다. 이렇게 되면 타인과 좀 더 진솔한 관계를 맺을 수 있다.

내담자를 위한 네 가지 상위 목표가 있다. 그것은 자존감 높이기, 선택자가 되기, 책임지는 사람이 되기, 일치적인 사람이 되기다(Satir et al., 1991). 변화의 과정은 6단계로서, 현 상태(현상 유지), 외부요인 도입, 혼란, 통합, 실행, 새로운 상태의 과정이다(Satir et al., 1991; [그림 14-7] 참조). 현 상태에서 가족체계는 새로운 규칙을 확립했지만(항상성) 변화할 필요가 있다. 외부요인을 도입하는 단계에서도 가족체계는 변화할 필요성을 표현하고 가족체계 밖의 누군가(즉, 가족치료사)를 불러들인다. 가족이 치료사를 받아들이기 위해서 치료사는 일치적이고 수용적이며 희망을 갖게 함으로써 가족원들과 접촉해야 한다. 세 번째 혼란 단계에서 가족은 변화를 이루기 시작하는데 아마 예측하지 못했던 방식으로 이루어질 수 있다. 네 번째 통합 단계는 새로운 대안들뿐만 아니라 이미 있는 요소들을 통합한다. 다섯 번째 실행 단계에서는 새로운 선택들을 실천한다. 여섯 번째 새로운 상태 단계에서는 가족의 항상성이 구성원의 자존감을 높이는 방식으로 발전된다.

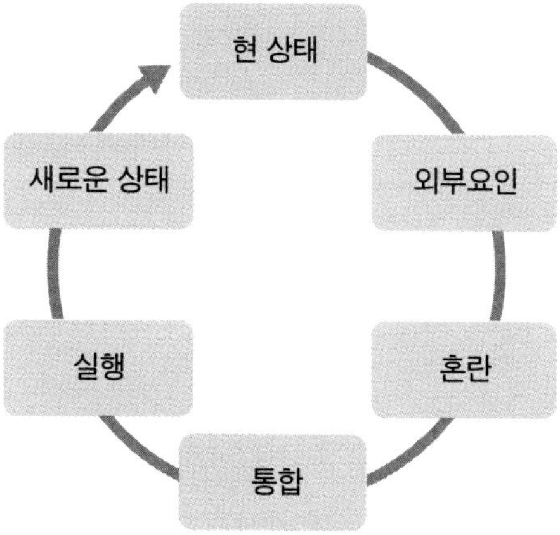

[그림 14-7] 6단계 변화 과정

Satir의 가장 유명한 기법 중에 하나는 조각하기다. 조각하기는 치료사가 가족의 한 구성원으로 하여금 가족원을 공간이나 행동으로 움직여 자신이 경험한 모습을 만들어 보라고 요구함으로써 그 가족원의 내적 세계가 외부로 보일 수 있도록 하는 것이다. 대개 치료사는 한 사람으로 시작하며 그 사람에게 다른 구성원을 상담실 안에서 이동시키고(공간적으로), 뿐만 아니라 그 구성원을 움직여서 어떤 자세에 있도록(행동적으로) 요청해서 그에게 다른 구성원과의 관계에서의 자기 경험을 드러내도록 한다. 일단 다른 모든 구성원이 자세를 취하면, 조각자는 현장에서 자신의 위치도 정한다. 그러고 나서 치료사는 밑에 깔린 경험을 더 많이 끌어내기 위해서 조각을 수정하도록 한다. 그리고 치료사는 각 구성원에게 조각자가 이렇게 지각한데 대해 어떤 느낌인지를 묻는다.

조각하기는 이전에는 몰랐을 내적인 지각을 자각할 수 있게 한다. 더욱이 조각하기는 가족원으로 하여금 조각자가 일상적으로 쓰는 단어를 사용하지 않고서도 그 사람의 말을 '들을 수' 있게 한다. 예를 들면, 남편이 다른 가족원과 소원한 관계에 있는 가족을 아내가 조각할 때, 아내가 남편을 상담실의 아주 구석으로 이동시키고 손으로 귀를 막는 자세를 취하게 하였다면, 남편은 아마 아내가 얼마나 외로운지를 생리적이고 심리적으로 깨달을 수 있다. 이렇게 되면 새로운 대화나 상호작용이 이루어질 수 있다.

연습 14-2

동료나 친구들과 함께 부부/가족의 역할극을 하기 위해서 적어도 두 사람으로 구성하시오. 먼저 10분간 면담을 하고 그 후에 가족조각을 하는데, 각자 가족 내 자신의 경험을 조각할 기회를 가지시오. 어떠한 생리적 반응과 연관되는 자세를 취하고 있는 동안에 그들을 면담하시오. 그들은 그런 자세에 있는 것에서부터 무엇을 이해하게 되었습니까?

조각하기는 하나의 도구이며, 사람들의 자기 자각을 돕고 또 사람들이 더 많은 가능성을 가지고 있음을 볼 수 있도록 돕는 더 큰 과정에서도 사용될 수 있다. 한 가지 더 큰 기법은 가족재구성이다. 이는 개인이 자신의 원가족을 재창조해서 초기에 학습했던 역기능적 패턴에서 벗어나도록 돕는 것이다(Nerin, 1986). 이 기법은 때로 집단에 참석하지 않은 가족원을 대신하는 다른 집단원과 함께 쓰인다.

밀접히 연관된 기법으로서 Satir가 부분들의 잔치라고 부른 기법이 있다(Satir et al., 1991). 사람들은 여러 가지 많은 부분으로 이루어졌기 때문에 (삶에 대한 열정 혹은 우아한 고아 등) 이 부분들을 인정하고 자원으로 변형할 수 있다. Satir 성장 모델의 모든 기법과 마찬가지로, 초점은 사람들이 전체적이고 진솔하게 되도록 하고 그 순간 자신을 경험하고 또 자신의 자존감 수준을 높이는 것이다. 진솔하고 자발적이 되기 위해서 치료사는 어떤 기법을 언제 사용하는지 미리 알고 있지 않는다. 모든 것은 회기 동안 유기적으로 발전된다.

Satir 성장 모델의 종결은 사람들이 새로운 행동방식을 실천으로 옮길 수 있을 때 일어난다(Loeschen, 1998). 회기 내내 치료사는 상상의 리허설을 하고(내담자가 긍정적인 방식으로 행동하는 미래의 상황을 상상하게 하여) 또 내담자를 코치함으로써(서로 이용할 수 있는 대사를 알려 줄 수 있음) 긍정적 변화가 일어날 때, 그 변화를 강조함으로써 긍정적 변화를 강화한다. 사람들은 더 높은 자존감을 가지고 치료를 떠나며 더욱 일치적이 된다.

상징적-경험적 가족치료

모델 개발자

Carl Whitaker는 상징적-경험적 가족치료를 개발했다. 그러나 Whitaker는 특정 이론을 좋아하지 않았다. 이론은 치료사의 선택권을 제한하는 경향이 있다고 보았기 때문이다(Whitaker, 1982b). 그렇다고 하더라도 그는 가족이 문제를 갖게 하는 것이 무엇이며, 치료사는 어떻게 도움이 될 수 있는지 그 방법에 대한 일반적인 아이디어를 가지고 있었다.

Whitaker는 의학학위를 받았고 처음에는 산부인과 의사로 일했으나, 후에 소아정신과 의사 훈련을 받았다. 에모리 대학교의 정신건강의학과에서 일하는 동안 그와 동료들은 피치트리 집단(Peachtree Group)으로 알려지게 되었다. 후에 Whitaker는 위스콘신 대학교로 이직했다. Whitaker는 가족치료의 모든 창시자 중에서 가장 존경받지 못한 분으로서 때로 그의 치료를 '불합리한 치료'라고 말하기도 했다.

문제형성에 대한 관점

Whitaker는 '광기(craziness)'에 대해 두 가지 정의를 했다. 첫째, 문제가 되는 것이다. 이는 사람들이 경직된 방식의 관점으로 자신을 제한할 때이다. 이런 형태의 광기에서 사람들의 선택권은 극히 제한되고, 사람들은 많은 어려움을 경험하는 경향이 있다. 둘째, 사람들이 역할과 경직된 규칙에 제한을 받지 않는 것이다. 이때 사람들은 전방위적인 자기 존재를 자각하고 그 존재에 접근하며, 자발적이 되고 성장할 수 있다. 그래서 미치는 것(즉, 경직되고 제한되는 것)이 문제가 될 수 있지만, 미치는 것이 이득이 될 수도 있다(즉, 자신을 자유롭게 표현함).

상징적-경험적 가족치료는 병리에 초점을 두지 않으며, 하지만 인생, 성장, 과정의 이슈에 초점을 둔다(Boylin & Briggie, 1987). 그러나 가족원은 자신과 타인에게 제한적인 방식으로 서로 관계를 맺을 수 있다. 가족 안에는 어떻게 되어야 하는지에 대한 압력이 있으며, 이는 다세대에 그리고 가족생활주기에 따라 일어나는 가족 패턴을 형성하게 한다(Roberto, 1991). 이러한 기대와 압력은 대개 의식 밖에 있다.

증상 가족은 지나치게 경직되거나 융합된 내적 경계를 이루는 경향이 있다(Roberto, 1991). 가족의 경계선이 경직되어 있을 때 구성원은 서로 간에 고립되어 있다고 느낄 수 있다. 융합된 경계선의 가족은 서로 지나치게 의존하고 자신의 개별성을 주장할 수가 없을 것이다. 어느 쪽의 극단으로든, 한계가 있고 구성원은 전방위적인 자기 존재에 접근하지 못한다.

가족은 세 가지 원천에서 스트레스를 경험한다(Roberto, 1991). 첫째, 스트레스는 학교, 직장 혹은 사회적 상황 같은 가족체계 밖에서 온다. 둘째, 가족의 발달적인 스트레스원이 있다. 새로운 자녀의 출생, 진수기에 집을 떠나지 않는 젊은 성인은 큰 혼란을 줄 수 있다. 셋째, 다세대 스트레스가 있을 수 있다. 이는 질병 때문에 가족과 함께 살아야 하는 노부모가 있는 형태일 수 있다. 각 스트레스원은 자기 자신, 타인, 가족을 어떻게 보는가를 제한할 수 있고 그래서 그 대안을 제한할 수 있다.

거장(巨匠)의 메시지

Carl Whitaker

치료 목표는 가족이 더욱 적응적이고 성취할 수 있는 만큼의 삶을 살도록 돕는 것이다. 증상 완화만으로는 충분하지 않다. 나는 증상 완화를 치료 목표가 아니라 생산적인 치료의 부작용으로 본다. 사실 증상이 없는 삶은 파괴적인 환상에 지나지 않을 것이다. 더욱 현실적이고 기분 좋은 목표는 희생양을 돌아가면서 맡는 가족생활을 할 수 있을 정도의 자유를 갖게 하는 것이다. 이때 가족원은 모두 모든 입장을 맡는 경험을 하여 이득을 볼 수 있다.

(Whitaker & Bumberry, 1988, p. 49)

문제해결에 대한 관점

상징적-경험적 가족치료는 유능성과 자원을 기초로 가족을 사정한다. 이는 치료 목표가 가족원으로 하여금 더 풍부한 삶을 살도록 하는 것이기 때문에 중요하다. Roberto(1991)는 상징적-경험적 가족치료의 두 가지 목표를 ① 가족원 간에 소속감과 응집성을 높여서 구성원이 자신과 타인을 돌보는 존재로 경험하게 하는 것이며, ② 가족원이 발달과업을 완수하도록 서로 돕게 하는 것이다.

아마 어떤 다른 가족치료사보다 Whitaker는 전체 가족이 치료를 시작할 때 참석해야 한다고 믿었다(Whitaker & Keith, 1981). 이는 치료사와 내담자 간의 두 가지 투쟁의 첫 번째이다. 첫 번째 투쟁인 구조 투쟁은 치료사가 반드시 이겨야 하는 것이다. 치료사는 누가 치료에 와야 하는가 등 치료의 단계를 설정한다. 이는 일상적으로 문제가 되는 가족의 기능이 변화될 필요가 있다는 것을 가족에게 알리는 신호이다. 그래서 한쪽 부모가 한 자녀와 함께 치료에 오면 이것은 가족문제가 아니라 자녀문제라는 메시지를 보내는 것이다. 치료사가 다른 쪽 부모뿐만 아니라 형제자매도 함께 와야 한다고 주장하면 모든 가족원이 관련되어 있다는 메시지를 주는 것이다.

두 번째는 주도권 투쟁이다. 이때 치료사는 내담자의 삶을 지시하는 데 대해 소유권을 갖지 않는다. 치료사는 문제를 해결하는 것이 아니라 내담자의 고통에 대한 불안이 내담자가 대안적인 존재방식(치료사는 그 방식을 알지 못함)을 찾기 위한 촉매제가 되도록 한다. 하지만 내담자가 어려움과 불안을 다루는 일상적인 방식들이 현재의 상황을 헤쳐 나가는데 충분하지 않을 때, 그 방식들은 수면 위로 떠오른다([그림 14-8] 참조). 이러한 주도권은 상담실에서도 일어나는데, 여기서 논의될 이슈는 가족의 책임이다(Boylin & Briggie, 1987).

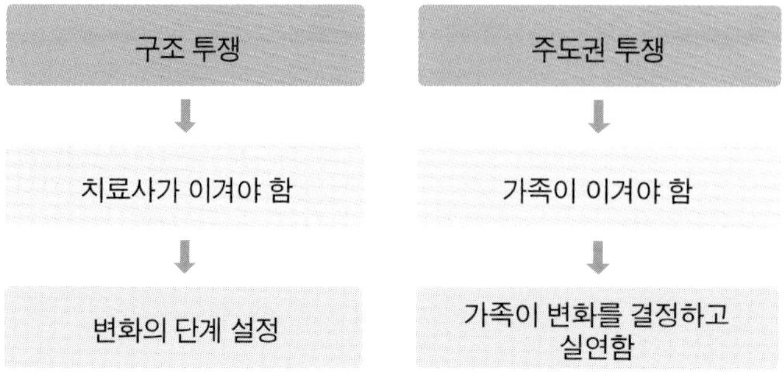

[그림 14-8] 구조 투쟁과 주도권 투쟁

이러한 투쟁들을 놓고 볼 때, 치료사는 치료를 진행하는 동안 줄곧 내담자에 대한 자신의 입장을 바꾼다(Whitaker & Keith, 1981). 치료를 시작할 때 치료사는 훨씬 더 적극적이고 직접적이다. 중간 단계에서 치료사는 스트레스 활성제처럼 더 많이 행동한다. 치료가 진행되면서 치료사는 자신의 환상, 자유연상, 자기개방을 표현하여 더욱 개인적이 됨으로써 참여를 더 많이 할 수 있는 능력을 갖는다. 치료가 종결로 향하면서 치료사는 가족 밖으로 더 이동해서 가족이 변화와 종결의 주도권을 갖도록 한다.

상징적-경험적 가족치료는 가족의 구체적 행동 변화에 관한 치료가 아니라 가족원의 전반적인 삶의 향상에 관한 치료이다. 이것은 사람들이 자기 자신에 대한 소유권을 가짐으로써 비롯되는데, '나' 입장에서 기능하고 또 자신이 누구인지 완전한 잠재력을 경험함과 동시에 타인이 똑같이 그럴 수 있도록 받아들이는 데서 나온다. 치료사는 사람들이 고군분투하면서 성장할 수 있는 가능성을 가지고 있음을 알고 있다(Whitaker & Bumberry, 1988).

치료사는 사람들이 어떻게 성장해야 하는지(또는 무엇을 해야 하는지)를 명시하지 않기 때문에 치료는 내담자와 치료사가 새로운 방식으로 서로 관계를 맺는 매체가 된다. 치료사가 가족에게 보여 주는 돌봄은 엄격함의 능력과 조화를 이룬다(Whitaker & Bumberry, 1988). 상징적-경험적 가족치료는 가족의 고통을 경험하기 위해 내담자에게 합류하며, 또한 가족에서 일어나는 과정에 대한 치료사 자신의 관점을 공유함으로써 가족에게 직면한다. 변화의 경로는 지적인 수단을 통해서가 아니라 정서적으로 관계를 맺는 데 있다(Whitaker & Bumberry, 1988). 이는 현재 그 순간에 새로운 방식으로 자기와 타인을 경험함으로써 일어난다.

Mitten과 Connell(2004)은 상징적-경험적 가족치료의 여섯 가지 핵심 변인을 제시하였는데, 그것은 대인관계 상황을 생성하기, 상위체계 만들기, 상징적 맥락을 자극하기, 가족체계 내 스트레스를 활성화하기, 상징적 경험을 하게 하기, 가족체계에서 나가기다([그림 14-9] 참조). 대인관계 상황을 생성하기는 IP로부터 가족체계로의 이동으로서 증상의 확장이다. 상위체계 만들기는 치료사가 가족에 합류할 뿐 아니라 가족 밖에 있음으로써 일어난다. Whitaker는 자신은 팀의 코치지 선수가 아니라고 했다. 상징적 맥락을 자극하기는 현실에서 상징으로 이동하는 것으로서 사람들이 말하는 내용을 넘어서서 듣고 또 환상을 불러오는 것이다. 가족체계 내 스트레스를 활성화하기는 치료사가 가족의 불안 수준을 높일 때 일어나는데, 불안은 성장을 촉진한다. 불안은 가족원이 변화를 원할 만큼 충분히 절망적이게 한다. 상징적 경험을 하게 하기는 사람이 변하는 것은 통찰을 통해서가 아니라 새롭고 색다른 경험을 함으로써 이루어진다는 면에서 핵심이다. 가족체계에서 나가기는 가족이 치료사에게 스스로 재조직하고 있음을 알릴 때 일어난다. 치료사는 스스로 가족체계에서 나가고(종결로 이어짐), 가족은 성장하기 위해 스스로 계속해서 힘을 부여할 수 있다.

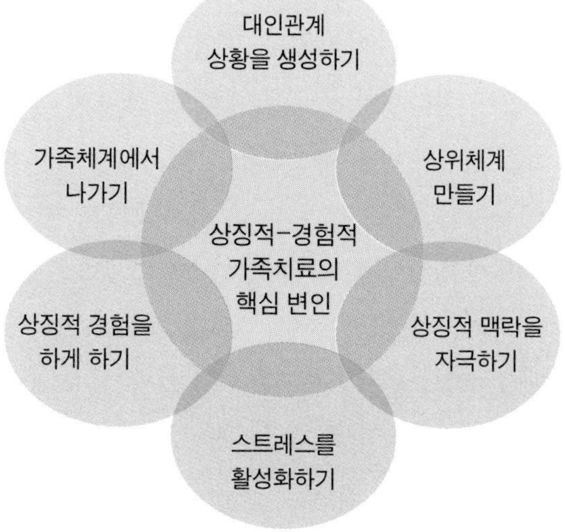

[그림 14-9] 상징적-경험적 가족치료의 핵심 변인

상징적-경험적 가족치료가 모든 내담자에게 사용하는 구체적인 기법들을 갖고 있는 것은 아니다. 그렇게 되면 치료사가 자발적이 되는데 방해가 될 수 있다. 하지만 몇 가지 일반적인 치료 기법이 있다(Whitaker & Keith, 1981). 그 기법이란 증상을 성장의 노력으로 재정의하기, 현실생활의 스트레스에 대한 환상의 대안들을 모델링하기, 대인 간의 스트레스와 개인내적인 환상의 스트레스를 분리하기, 가족원의 절망을 증가시키기(그 사람 주변의 가족을 연합하기, 애정적 직면, 자녀를 동료 대신 자녀 같이 대하기)를 포함한다.

어떤 기법을 사용할 것인지의 결정은 임상적 판단을 기초로 한다. 치료사는 스스로 이중사고를 하지 않으며, 일치적이고 진솔하게 그 순간에 살아 있는다. 이러한 점 때문에 이 치료를 가르치기가 더 어려운데, 매뉴얼이 아니라 치료사의 직관에 의존하기 때문이다. Whitaker와 Keith(1981)는 이 모델을 가르칠 수는 있지만, 치료사가 훈습을 해야 하며 또 치료사 자신을 변화시킬 의지 그리고 치료사가 자기 가족과 어떤 관계를 맺고 있는지를 변화시킬 의지가 있어야 한다고 했다.

Keith(1998)는 상징적-경험적 가족치료의 몇 가지 목표를 다음과 같이 제시하였다.

① 가족 내 불안을 증가시킨다("이는 사실 생각보다 훨씬 더 나쁘다."). 불안이 높아지면 가족원들은 자신의 삶에 대해 더 많은 책임감을 강제로 가지게 된다.
② 모호함을 증가시킨다. 모호함이 증가되면, 각 개인의 자아는 어쩔 수 없이 성장에 대한 자극으로 존재하고, 그래서 합(合)을 향한 존재적인 변증법(독립과 의존, 사랑과 미움, 창조성과 적응), 즉 새로운 존재 수준으로 향한다.
③ 각자는 부모, 배우자, 형제자매와의 공생 춤을 완성하여 자기에 대한 투자에 더 많은 효과를 낼 수 있다.
④ 각자는 자기에 대한 투자를 증가시킨다. 이는 개별화/분화의 증상이며, 배우자, 결혼, 부모, 자녀에게 더 건강한 애정적 투자를 할 수 있게 한다.
⑤ 마찬가지로 가족 내 각 개인은 치료사와 치료 프로젝트에 대한 투자에 더 많은 영향을 줄 수 있다(p. 180).

상징적-경험적 가족치료의 종결은 가족의 스트레스가 줄어들 때 일어난다(Whitaker & Keith, 1981). 모든 구성원이 변화할 필요는 없지만, 구성원이 자기 자신이 될 수 있을 정도로 가족 내 더 많은 자유가 생긴다. 원인이 순환적이라는 개념을 놓고 볼 때 변화 또한 순환적이다(Whitaker & Keith, 1981). 즉, 어느 한 사람 혹은 한 가족 수준에서의 변화는 다른 사람/수준의 변화를 가져올 수 있다. 이 치료는 통찰지향적 접근이 아니라 상담실에서 일어나는 경험적 상호작용을 바탕으로 한다. 가족원에게 치료 성과는 활력과 생동감으로 나타난다.

추가 질문

1. 경험적 치료는 과거에 대한 이해에 관한 측면이 더 중요한가요, 아니면 여기-지금에 관한 것인가요? 각 관점은 치료사에게 어떤 차이를 제공하나요?
2. 경험적 치료사는 회기 중 가족에게 일시적으로 혼란을 만듭니다. 이것은 윤리적인가요?
3. 경험적 치료사는 구체적인 행동 변화에 초점을 두지 않습니다. 그렇다면 치료사는 진전이 이루어지고 있다는 것을 어떻게 알까요?

제15장 전략적 가족치료

전략적 가족치료는 두 사람의 연구를 기초로 한다. 첫째, 인류학자인 Gregory Bateson으로서, 그는 의사소통의 다중 수준과 궁극적으로는 조현병의 의사소통 측면을 연구하기 위한 팀을 만들었다. 둘째, 정신과 의사였던 Milton H. Erickson으로서, 그는 최면과 치료에 대한 획기적인 연구로 명성이 높다.

전략적 치료는 증상 중심이고 단기적이며 목표지향적인 경향이 있다. 치료사는 문제를 유지하는 패턴을 결정하고 그 패턴을 파괴하기 위한 개입을 발전시키며 내담자의 목표에 맞는 새로운 상호작용을 발전시키는 데 있어서 적극적인 역할을 한다. 이 장에서는 MRI 단기치료모델과 전략적 가족치료를 다룬다.

MRI 단기치료

모델 개발자

가족치료의 어떤 다른 모델보다도 MRI 단기치료모델은 한 사람이 아니라 집단에 의해 개발되었고 상호작용 모델이라고도 한다. 이 집단원에는 John Weakland, Richard Fisch, Don Jackson, Paul Watzlawick이 포함된다. 이 모델은 원래 Gregory Bateson의 의사소통 연구 프로젝트에서 시작되었다. 이 집단은 가족치료 역사에서 가장 중요한 논문 중 하나인 「조현병에 관한 이론을 모색하며(Toward a theory of schizophrenia)」라는 논문을 발표했다(Bateson, Jackson, Haley, & Weakland, 1956). 1958년에 Don Jackson은 정신건강연구소(Mental Research Institute: MRI)를 창립했다. 1967년에 MRI는 단기치료센터를 설립했는데, 이는 치료사가 가족원을 동시에 만나 합동가족치료를 실시한 첫 번째 치료센터 가운데 하나였다.

문제형성에 대한 관점

문제는 상호작용 맥락에서 반복될 때 발생한다. Fisch와 동료들(1982)은 문제의 구성요소를 다음과 같이 말했다.

- 내담자가 자기 혹은 타인에 대한 걱정이 있다.
- 행동이 자기 혹은 타인에게 비정상적이고 스트레스가 된다고 말한다.
- 문제해결을 위한 과거의 시도가 효과가 없었다.
- 한 사람 이상이 치료사에게 도움을 요청한다.

모든 사람과 가족에게는 어려움이 있다. 어려움이 문제가 되는 것은 사람들이 어려움을 해결하기 위해 노력하지만, 해결이 효과적이지 못하며 그 어려움을 유지하거나 증가시키는 경향이 있을 때이다. Weakland와 Fisch(2010)는 다음과 같이 말했다.

> 그런 일상적인 어려움이 잘못 다루어질 때, 일이 눈덩이처럼 되는 것 같다. 잘못된 대처는 어려움을 증가시키고, 곧이어 '문제'로 재명명되며, 대개는 똑같이 적절하지 못한 대처를 더 많이 하게 되어 어려움이 악화되거나 확산되어서, 원래 사소하거나 흔한 삶의 어려움이 심각한 증상으로 이어지기 쉽다.
>
> (Weakland & Fisch, 2010, p. 30)

이렇게 잘못된 해결의 시도는 '똑같은 것을 더 많이 하는' 해결이라고 분류할 수 있다(Watzlawick et al., 1974). MRI가 흔하게 하는 말인 '해결이 문제'이다.

똑같은 것을 더 많이 하는 해결은 대개 세 가지 형태 중 하나를 취한다(Watzlawick et al., 1974). 즉, 행동이 필요하지만 하지 않음, 행동이 필요하지 않을 때 취함, 행동이 잘못된 수준에서 이루어짐의 형태이다. 이런 잘못된 해결의 어떤 것도 문제를 악화시킬 수 있다. 그러나 해결의 시도는 한번만 일어나는 것이 아니라 계속 일어난다. 이는 대개 "처음에 성공하지 못하면 또다시 시도한다."는 서양의 격언처럼 일어난다. 사람들이 이런 자세를 취하고 똑같이 잘못된 해결을 계속할 때 문제는 악화된다.

사람들이 치료에 가지고 오는 문제는 대개 상황적이다. 말하자면 그런 문제는 상호작용적인 것이다. 신체적인 문제가 있을 때조차 문제는 가족원 간의 상호작용 문제인 경향이 있다. 예를 들면, 한 가족원이 암에 걸렸는데 가족원들은 이 병의 마지막 상황에 대해 상의할 시도조차 하지 않을 수 있다. 이는 암 진단을 받은 구성원을 실망시킬 수 있고 또 다른 구성원을 불안하게 할 수 있다.

문제에 대해 다섯 가지 기본적인 해결방식이 있다.

- 자발적으로만 일어날 수 있는 어떤 것을 강제하려는 시도
- 겁이 나는 사건을 미룸으로써 그것을 통제하려는 시도
- 반대를 통해 합의에 이르려는 시도
- 자발적 참여를 통해 순응을 얻으려는 시도
- 자신을 방어하려고 함으로써 비난자의 의혹을 확인해 주기(Fisch, Weakland, & Segal, 1982, p. 128)

이와 같은 해결방식의 시도는 치료에 온 사람들에 의해서 비생산적으로 활용되는 경향이 있다.

사람들이 삶의 문제를 가지고 있는 것은 정상적이기 때문에 치료의 초점이 되는 것은 삶의 문제 그 자체가 아니다. 그보다 치료사는 사람들이 이러한 사건을 어떻게 잘못 다루는지에 주의를 기울인다(Weakland et al., 1974). 처음에 어려움이 일어날 때 정적 피드백 루프가 있고, 사람들은 문제를 성공적이지 못한 방식으로 해결하려고 하며, 그러면 원래의 어려움이 증가되고, 잘못된 해결을 더 하게 되는 등의 과정

이 일어난다([그림 15-1] 참조).

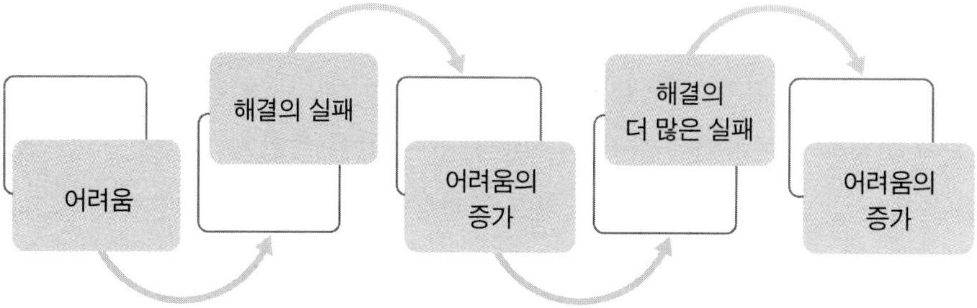

[그림 15-1] 잘못된 해결 시도의 패턴

거장(巨匠)의 메시지

The MRI Group

첫째로 우리는 문제를 현시점에서 바라지 않은 행동으로 보기 때문에 과거 혹은 내담자의 마음 깊은 곳에 있다고 추정되는 근본적인 요인을 별로 중요하게 여기지 않는다. 우리는 문제행동을 명확하게 파악하는 것을 중시한다. 말하자면 문제가 무엇이고, 어떤 식으로 문제로 보이며, 누구에 의해 문제로 보는가를 파악하는 것을 중요하게 여긴다. 우리는 또한 문제행동의 수행과 지속에 중요성을 부여한다. 행동은 그 자체만으로 독립적으로 존재하지 않으며, 특정인이 수행하는 행위들로 이루어진다. 개인은 무언가를 하거나 말할 수 있고 또 자신이 그렇게 하고 있음을 선언할 수 있음을 우리는 알고 있다. 또 치료사는 '자발적' 행동과 '비자발적' 행동의 구분에 대해 인식해야 할 것인데, 그 이유는 그것이 내담자에게 중요하기 때문이다. 하지만 우리는 이러한 구분이 도움이 된다고 보지 않는다.

(Fisch et al., 1982, p. 12)

문제해결에 대한 관점

MRI 단기치료는 6단계 형식을 따르는 경향이 있다([그림 15-2] 참조). 그 단계란 치료 과정의 도입, 문제 정의, 문제 유지 행동의 탐색, 목표 설정, 개입, 종결이다(Weakland et al., 1974). 치료사는 가족 내 누가 변화의 고객인지 결정하고자 하며, 신속히 그 고객과 함께 작업하여 무슨 일이 일어나지 않기를 바라는지, 문제해결을 위해 어떤 시도를 해 보았는지를 결정하고, 문제 유지 패턴을 바꾸기 위한 개입방법을 개발한다.

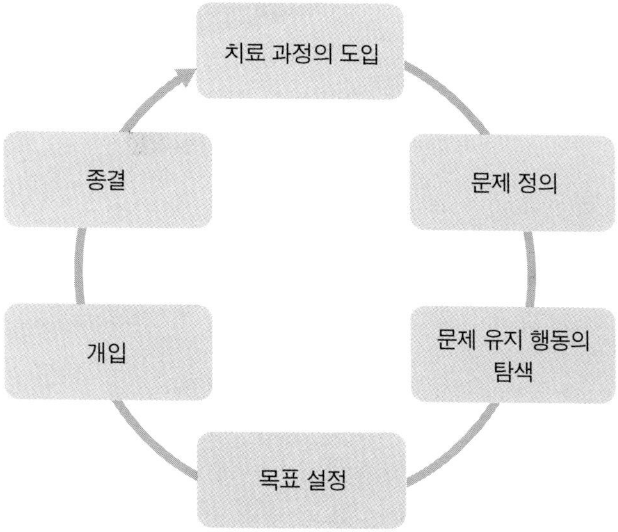

[그림 15-2] MRI 단기치료 형식의 6단계

치료의 요지는 문제 유지 행동을 중단하는 데 초점을 둔다(Weakland & Fisch, 2010). 이는 대개 내담자로 하여금 문제 유지 행동과 반대되는 행동에 개입하게 함으로써 일어난다. 여기서 일차 변화와 이차 변화 간의 차이에 대해 살펴볼 수 있다(Watzlawick et al., 1974). 대개 가족은 잘못된 해결의 시도 때문에 치료를 받으러 온다. 그 시도는 기법에서 차이가 있겠지만, 모두 똑같은 규칙을 따른다(즉, 우리가 부모이므로 자녀를 훈육할 권한이 있다). 이러한 시도(예: 자녀와 이야기하기, 외출금지, 벌주기)는 일차 변화 시도이다. 이는 부모가 자녀를 보살필 책임이 있다는 규칙과 잘 맞는다. 이차 변화 기법은 가족체계의 규칙 구조의 변화이다. 예컨대, 부모는 자녀 양육의 역할을 충분히 잘하지 못한 데 대해 자녀에게 사과할 수 있다.

연습 15-1

일차 변화와 이차 변화를 더 잘 이해할 수 있는 한 가지 방법은 아홉 개의 점 문제를 통해서이다. 아래 아홉 개의 점이 있다. 펜을 종이에서 떼지 말고 네 개의 직선을 이용해서 아홉 개의 점을 모두 연결하시오. 답은 이 장의 맨 끝에 있다.

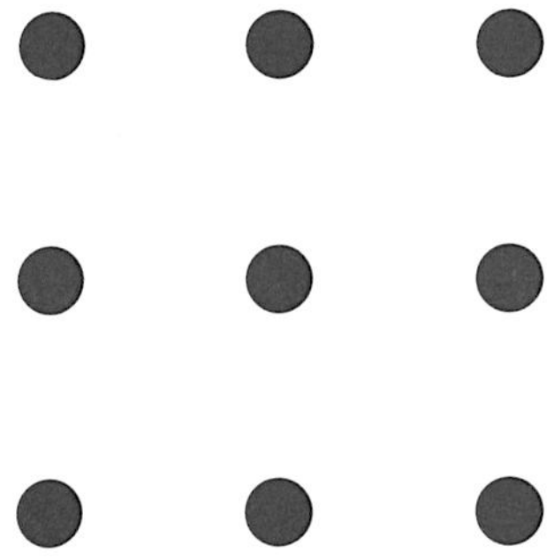

사람들이 사회체계의 구성원이라는 점에서 볼 때, 개인의 변화는 타인과의 관계를 변화시킬 것이다. 따라서 가족원 모두 치료에 올 필요는 없다. 치료사가 문제와 관련된 행동에 대한 감을 잘 잡을 때, 가족 내 한 사람만 만날 수도 있다(Weakland, 2010). 문제를 유지시키는 패턴에서 한 사람의 기능을 변화시키면 상호작용의 변화가 일어날 것이다. 하지만 사람들이 체계의 변화에 더 많이 투자할수록, 다른 패턴에 개입할 가능성이 더 높아진다.

MRI 치료사는 일반 개입과 주요 개입을 이용한다(Fisch et al., 1982). 일반 개입은 아주 일반적이어서 대부분의 내담자와 내담자 문제에 사용할 수 있다. 이는 치료사의 입장으로 생각할 수 있으며, 변화를 위해 충분할 수도 있고 혹은 더 구체적인 지시를 하게 할 수도 있다. 네 가지 일반적인 개입이 있는데, 그것은 천천히 진행하기, 개선의 위험, U턴하기, 문제를 악화시키기이다. 천천히 진행하기는 치료사가 바로 당장 변화할 필요는 없으나 변화를 차츰 천천히 늘려 가는 것에 대한 합당한 근거를 내담자에게 줄 때 가장 흔하게 사용되는 것 같다. 이 개입은 보통 문제를 해결하기 위해 너무 열심히 노력해 온 내담자에게 이용된다. 개선의 위험은 천천히 진행하기 개입과 비슷하지만, 목적이 다르다. 내담자에게 자기와 타인에 대한 개선의 위험을 인식할 수 있는지에 관한 질문을 한다. 이런 위험은 나중에 변화하지 않는 내담자를 위해 혹은 동기를 높이기 위해 천천히 진행하는 정당한 근거로 사용될 수 있다. U턴하기는 치료사가 한 가지 전략에서 다른 전략으로 바꾸는 자세를 취하고 내담자에게 이러한 변화에 대해 설명하는 것이다. 이 개입은 대개 내담자가 치료사의 전략을 계속해서 묵살하거나, 전략을 받아들이지만 아무 변화도 일어나지 않을 때 사용된다. 문제를 악화시키는 방법은 내담자가 과거의 개입에 저항할 때 사용된다. 이때 치료사는 내담자에게 상황을 확실히 더 나쁘게 만들 제안이 있다고 설명한다. 그 제안은 내담자의 여러 가지 잘못된 해결의 시도들이다.

주요 개입은 특정 사례에 대한 맞춤형 개입이다. 이는 사람들이 치료에 가져오는 문제에 대한 다섯 가지 기본적인 해결 시도 중 하나와 일치하는 것 같다. 예를 들어, 시도된 해결이 반대를 통해 일치에 이르게 하려는 시도에 해당하는 경우, 치료사는 한 단계 낮은 자세를 취하기 위해 불평을 받아들인다(Segal, 1991). 이렇게 하면 처음에 문제를 심화시켰던 대칭적인 관계가 확장되는 것을 변화시킨다.

MRI 접근은 치료사와 내담자 간에 계약한 회기 수를 일부 근거로 하며, 단기치료라고 불린다. 대개 치료를 시작할 때 최대 10회기에 합의한다. 수년에 걸쳐 주당 몇 회기를 하는 전통적인 정신분석 과정과 차이가 있는 주요한 변화이다. 그러나 MRI 접근이 심층적인 성격 변화에 관한 것이 아니라 문제를 유지하는 순서의 패턴을 중단하는 것이라는 점에 비추어 볼 때, 단기간의 치료 기간만 필요하다.

내담자가 불평을 가지고 치료에 온다는 점에서 볼 때, 더 이상 그런 불평이 없을 때 치료는 완료된다(Fisch et al., 1982). 종결은 또 내담자가 아직 불평은 있지만 괜찮다고 여기는 수준일 때 일어난다. 예를 들면, 부부가 성생활을 하지 않는다고 불평하면서 치료에 왔고 치료사와의 작업 후에 한 달에 세 번 성생활을 하는데, 비록 그것이 원하는 만큼 충분하지 않지만 치료를 종료할 만큼 충분하다고 여길 수 있다. 그래서 치료는 작지만 중요한 변화가 일어날 때, 변화가 오래 지속되고 있을 때 그리고 내담자가 더 이상 치료가 필요하지 않다고 생각할 때 종료된다(Segal, 1991).

전략적 가족치료

모델 개발자

전략적 가족치료는 Jay Haley와 Cloe Madanes에 의해 개발되었다. Haley는 원래 Bateson 프로젝트에 참여해서 역설적 의사소통을 연구했고, 그다음에 Milton H. Erickson의 지도를 받고 Erickson의 최면접근과 전략적 접근을 대중에게 적용했다(Haley, 1973, 1981, 1984, 1985, 1993 참조). 그러고 나서 Haley는 필라델피아 아동지도 클리닉의 Minuchin에게 합류하여 훈련 책임을 맡았다. 1976년에 Haley와 당시의 아내인 Cloe Madanes는 워싱톤 DC에서 가족치료연구소를 개소했다. 마지막 저서에서 Haley는 자신의 접근을 지시적 가족치료라고 불렀다(Haley & Richeport-Haley, 2007).

문제형성에 대한 관점

전략적 가족치료는 사회적 맥락 속의 사람들에게 관심을 둔다. 증상은 그 사람이 처해 있는 사회적 단위와 연결된다. 가족은 가족생활의 한 단계에서 다른 단계로 전환할 때 어려움을 겪는 경향이 있다(Haley, 1987; Haley & Richeport-Haley, 2007). 이 단계에는 출생, 영아기, 아동기, 학령기, 청소년기, 진수기, 부모기, 조부모기, 고령기를 포함한다([그림 15-3] 참조). 증상은 생활 단계상의 문제를 나타내는 경향이 있다. 즉, 가족은 새로운 생활 단계에서 적절히 기능할 만큼 재조직되지 못해서 증상을 경험한다.

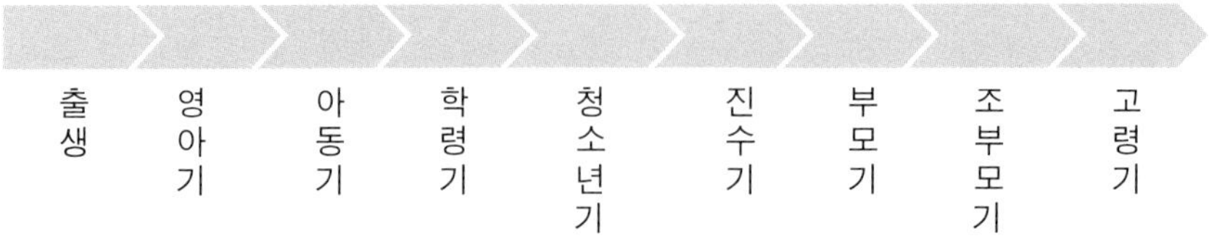

[그림 15-3] 가족생활주기 단계들

가족 내 구성원들은 서로 관계를 맺는 방식을 조직한다. 이러한 조직은 패턴화된 관계 형태로 나타나며, 그 안에 위계가 있다(Haley, 1987). 가장 기본적인 위계는 다세대(즉, 부모/자녀)에 있다. 증상은 위계질서의 혼란을 나타낸다. 가족의 가장 큰 어려움 중의 하나는 세대교차적 연합, 특히 비밀스러운 연합이 있을 때 나타난다(Haley, 1987).

그래서 증상은 가족의 기능으로 작용한다(Haley, 1963). 의식적으로 자각하기 어렵지만, 증상은 다른 영역의 갈등으로부터 주의를 돌리게 하거나 희생양의 기능을 할 수 있다. 내담자가 치료에 올 때, 문제를 IP의 비자발적인 행동으로 제시하는 경향이 있다(Madanes, 1991). 그러나 전략적 치료사는 문제를 자발적인 것으로 본다.

위계는 순서를 배치해 봄으로써 정해질 수 있다(Haley, 1987). 순서는 사람들 간에 일어나는 상호작용이다. 만일 내가 아들에게 이를 닦으라고 말하는데 아들이 투덜대지만 결국 이를 닦는 상황일 때, 여기에서 순서를 보게 된다. 이런 순서가 반복해서 일어나면, 내가 아들보다 더 높은 위계에 있다는 것을 보여 주는 패턴이 있다. 순서가 똑같이 머물러 있을 때, 가족은 현재의 항상성을 유지하며 어떤 변화도 일어나지 않는다. 순서가 변화될 때, 가족원은 변화한다. 그래서 치료는 순서를 바꾸는 데 초점을 두며, 새로운 행동 패턴이 발전되어서 더욱 바라는 조직을 형성하게 하는 것이다([그림 15-4] 참조).

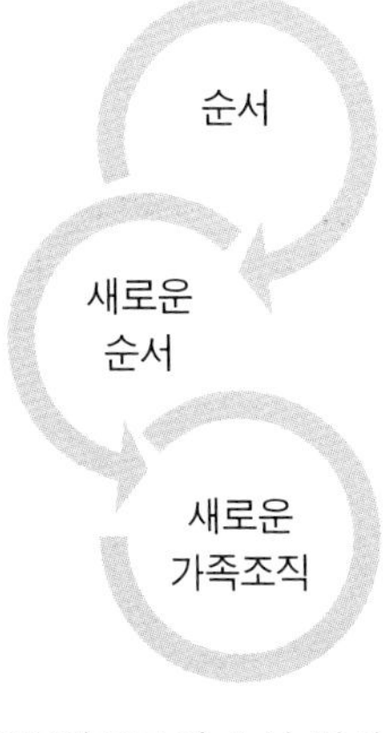

[그림 15-4] 새로운 가족조직으로의 순서 변화

문제해결에 대한 관점

전략적 치료는 현재에 초점을 두며 행동 지향적이다(Haley & Richeport-Haley, 2007). 내담자는 자신이 하고 있는 것을 왜 하고 있는지에 대해 통찰할 필요가 없다. 내담자는 자신이 잘할 수 있는 어떤 다른 것을 해야 할 뿐이다. 변화를 향한 치료사의 이러한 압력은 내담자와의 첫 만남에서부터 시작된다.

전략적 치료사는 모든 가족에 두루 적용되도록 만든 접근이 아니라 가족이 제시하는 증상에 초점을 둠으로써 치료사가 만나고 있는 가족에게 치료사 자신의 개입을 맞춘다(Madanes, 1981). Haley는 이 과정을 다음과 같이 설명하였다.

> 치료사가 증상에 초점을 두고 그 과정에서 권력과 통제 영역의 문제를 다룰 때, 가족은 더욱 친밀한 대인관계를 계속해서 발전시킬 수 있다고 생각한다.
>
> (Simon, 1992, p. 15)

그래서 치료적 변화는 가족체계의 반복되는 순서를 변화시켜서 가족이 상호작용하는 방식을 덜 경직되게 만드는 것을 포함한다.

이렇게 문제를 유지시키는 패턴의 중단에 초점을 두면 가족원이 서로 상호작용을 하는 가능성이 확장된다. Madanes(1981)는 "치료목표는 주로 순서의 반복을 예방하고 복잡성과 대안을 더 많이 도입하는 것이다."(p. 21)라고 했다. 그렇게 할 때, 치료사는 세대교차적인 연합을 제거하기 위해 위계를 바꾸려는 노력을 하는 것이다.

Haley(1987)는 첫 회기의 5단계 모델을 개발했는데, 그것은 사회적 단계, 문제 제시 단계, 상호작용 단계, 목표 설정 단계, 과제 설정 단계이다([그림 15-5] 참조). 사회적 단계에서 치료사는 각 가족원과 접촉한다. 이는 공식적인 합류라고 할 수 있는데, 구성원에게 직업, 교육, 취미 등에 대해 질문한다. 그 의도는 가족원 모두 치료 과정에 개입될 것이라는 메시지를 보내는 것이다. 그다음 회기는 치료사가 왜 가족이 치료에 오게 되었는지를 질문하는 문제 제시 단계로 옮겨 간다. 치료사는 한 가지 문제에 집중하기보다 대개 가족원이 "오늘 어떻게 해서 치료에 오게 되었습니까?"라는 질문에 대답할 여지를 준다. 상호작용 단계는 내담자–치료사 대화에서 가족원–가족원 대화로 바꾸어 문제에 대해 이야기하도록 한다. 문제 제시 단계에서 왜 가족이 치료에 왔는가에 대한 구성원 간의 의견이 대개 일치하지 않는다는 점에 비추어 볼 때, 구성원 간에 자연스러운 토론이 일어나는 경향이 있다. 상호작용은 두 사람과 함께 시작할 수 있지만, 치료사는 상담실의 모든 구성원이 서로 이야기하도록 해야 한다. 목표 설정 단계에서 치료사와 내담자 간의 협상이 이루어져서 해결할 수 있는 문제가 제시된다. 목표를 기초로 해서 과제 설정 단계 동안 치료사는 가족이 목표를 향해 움직이는 데 도움이 될 지시를 개발한다.

사회적 단계	• 치료사가 모든 가족원과 접촉함
문제 제시 단계	• 각 구성원에게 치료에 오게 된 경위에 대해 질문함
상호작용 단계	• 가족원들이 서로 이야기하도록 함
목표 설정 단계	• 치료에 대한 각 구성원의 목표를 탐색함
과제 설정 단계	• 가족을 위한 지시를 개발함

[그림 15–5] 전략적 모델의 첫 회기의 5단계

전략적 치료의 전형적인 특징은 치료사의 지시 사용이다. 지시는 치료사가 가족에게 주는 과제와 개입이다. Madanes(1991)가 주장했듯이 "해석이 정신분석의 핵심이듯이 지시는 전략적 치료의 핵심이다. 이는 이 접근의 기본 도구이다"(p. 397). 아마 어떤 다른 접근보다도 전략적 치료에서는 내담자의 변화를 향한 경로를 찾아내는 것이 치료사의 책임이라고 생각한다. 만일 가족이 변화하지 않으면 더 좋은 지시를 개발하는 것은 치료사의 어깨에 달려 있다.

치료사가 지시를 사용하는 몇 가지 이유가 있다(Haley, 1987). 가장 중요한 첫째는 치료가 내담자로 하여금 뭔가 다른 것을 하도록 하는 것이다. 지시는 사람들이 변화하도록 한다. 둘째, 지시는 치료사와 내담자의 매개체이며, 그래서 치료관계를 강화한다. 셋째, 지시는 정보를 수집하는 도구이다. 지시를 수행하는 가족의 성과가 무엇이든지, 치료사에게는 그것이 가족을 더 잘 이해하고 그다음의 지시를 개발하기 위한 정보가 된다. 만일 가족이 지시를 따르지 않으면 그 역시 치료사에게 정보가 된다. 개입은 어림짐작(approximations)이다. 가족이 목표를 이루기 위해서는 대개 몇 가지 지시가 필요하다. 그러나 가족이 치료에 다시 와서 지시에 대해 보고할 때는 언제나(지시를 따르든 그렇지 않든 간에) 치료사가 가족, 가족에 대한 자신의 입장 그리고 다음의 가능한 지시를 더 잘 이해하기 위해 사용할 수 있는 정보가 된다.

지시는 내담자가 제안한 것일 수도 있고 치료사가 제안한 것일 수도 있다(Keim, 1998). 내담자가 제안한 지시는 치료사가 내담자에게 무엇이 도움이 될 것인지에 대한 아이디어를 내도록 요청하고, 그다음에 그 아이디어를 시도해 보라고 요청할 때이다. 치료사가 제안한 지시는 무엇이 도움이 될 것인지에 대한 아이디어를 치료사가 고안하는 것이다.

또한 두 가지 일반적인 형태의 지시가 있는데, 그것은 직접적인 지시와 간접적인 지시이다(Haley, 1987). 직접적인 지시는 치료사가 요청하는 것을 내담자가 하도록 하는 것이다. 이는 치료사가 내담자로 하여금 자신의 안내를 따르게 하는 입장에 있을 때 가장 잘 사용된다. 간접적인 지시는 치료사가 요청하는 것을 내담자가 따르지 않도록 하는 것이다. 이는 치료사와 내담자 간에 권력 다툼이 있을 때 사용될 수 있다. 간접적인 지시의 한 형태는 제지기법 같은 역설적 기법이다.

거장(巨匠)의 메시지

Jay Haley

치료사가 무엇을 하든 그것은 상대방에게는 무언가를 하라는 메시지이며, 그런 의미에서 치료사는 지시를 하고 있는 것이다. 만일 어떤 사람이 "나는 불행해요."라고 말하고, 치료사가 "당신이 불행하다는 것을 이해합니다."라고 답하면, 이 대답은 지시처럼 보이지 않는다. 그러나 이는 하나의 지시로 정의될

> 수 있다. 왜냐하면 치료사는 자신이 그런 말에 관심이 있으며, 그 사람이 그런 종류의 것을 말해야 한다거나 혹은 말해도 괜찮다는 것을 드러내고 있기 때문이다. 치료사가 그 사람이 말했던 어떤 다른 것에는 반응하지 않을 수도 있는데 이 말에는 반응을 했기 때문에 치료사의 반응은 그에게 이 말이 중요하다는 것을 말해 준다. 치료사의 반응은 또한 그런 중요한 것에 대해 더 많이 말해야 함을 암시한다. 치료사가 자신이 말하거나 말하지 않은 것은 무엇이든 그 사람에게 무언가를 하라는 것을 말하고 있다는 사실을 직시하면, 치료사가 지시를 하고 있다는 생각을 받아들이기가 더 쉬울 것이다. 사실, 내담자가 무엇을 해야 할지 치료사에게 지시하도록 유도하고 있음을 치료사가 내담자에게 지적함으로써 지시를 내리는 것을 피하려고 할 때도, 치료사는 내담자에게 어떻게 행동할지에 대한 지시를 하고 있는 것이다.
>
> (Haley, 1987, p. 57)

전략적 가족치료의 주요 전략은 역설적 기법의 사용이다. "역설적 기법은 그 자체로서 혹은 치료의 목적과 명백하게 모순되는 지시 혹은 그것을 확장한 메시지이다"(Madanes, 1984, p. 148). 가족으로 하여금 계속해서 문제를 가지고 있으라거나 변화하지 말라는 요구는 그들이 치료를 요청한 것과 반대인 것처럼 보인다. 가족은 생활의 어떤 면을 변화시키고자 치료에 왔는데, 치료사는 그 문제를 계속 가지고 있으라거나 그 문제를 더 많이 가지라고까지 말한다. 가족은 문제를 가지고 있기를 원하지 않기 때문에 역설에 빠지게 된다. 즉, 만일 가족이 치료사의 말을 들으면 문제를 가지고 있게 될 것이고, 치료사의 말을 듣지 않으면 전문가의 지시에 반하는 것이 된다. 그러나 치료사가 역설적 과제를 내주는 까닭은 가족의 저항이 있을지도 모르기 때문이다. 전략적 치료사는 가족 안의 권력관계 그리고 가족과 치료사 간 권력관계의 관찰자이다. 치료사가 가족에 대해 약한 입장에 있을 때 간접적 혹은 역설적 전략이 쓰인다(Madanes, 1984). 많은 경우, 치료사는 가족이 치료사에게 저항을 하라는 희망으로 역설적 과제를 준다(Haley, 1987). 그래서 만일 치료사가 증상을 갖도록 처방하고 가족이 저항하면 가족은 증상을 갖지 않게 될 것이고, 대신 목표에 개입하게 될 것이다.

역설적 기법, 특히 증상처방 기법이나 제지 기법은 항상성의 안정/변화 측면에 초점을 둔다([그림 15-6] 참조). 대개 가족은 변화에 초점을 두고 치료에 온다. 가족은 가족 안에서 변화하기를 원하는, 싫어하는 행동에 대해 말한다. 그러면 치료사도 가능성과 대안을 제시하면서 변화에 초점을 두는 경향이 있다. 하지만 가족은 항상성을 유지하고자 하며, 변화하지 않으려고 할 수도 있다. 이때 치료사는 변화의 초점을 안정으로 바꾼다는 가능성을 가지고 있다. 치료사가 가족의 안정을 존중할 때, 가족은 변화에 초점을 둘 자유를 갖게 된다.

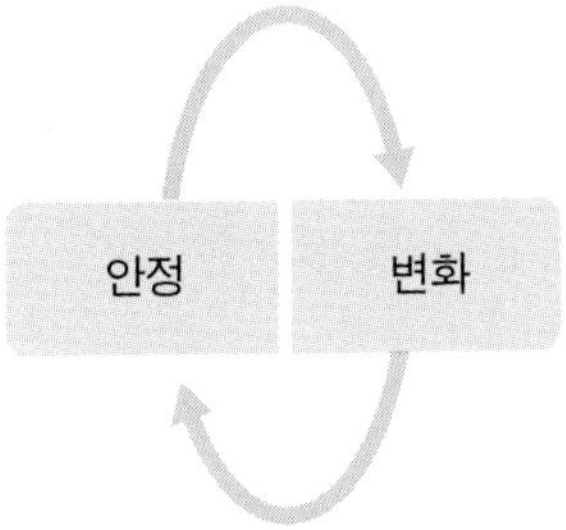

[그림 15-6] 항상성의 안정/변화 요소

Haley(1984)는 Milton Erickson이 내담자에게 고된 체험을 사용했던 점을 적용했다. 고된 체험(ordeals)은 치료사가 내담자에게 주는 지시로서, 고된 체험을 하는 것이 증상을 가지고 있는 것보다 더 어렵다. 고된 체험을 사용할 때 몇 단계가 있는데, 문제를 명확하게 정의하기, 문제 극복에 대한 내담자의 헌신을 얻어 내기, 고된 체험을 선택하기, 고된 체험의 근거를 제공하기, 문제가 해결될 때까지 내담자가 계속해서 고된 체험에 개입하기, 고된 체험을 사회적 맥락에서 이해하기의 단계들이다. 즉, 증상은 가족조직의 맥락에서 일어나며, 증상이 변할 때 가족조직도 변화할 것이다. 고된 체험의 예를 들면, 야뇨증이 있는 일곱 살 아이의 가족이 있는데, 부모에게 매시간 일어나서 오줌 쌌는지를 체크하라고 말하는 것이다. 그리고 오줌을 쌌으면, 부모가 아이를 깨워서 한 시간 동안 수학이나 받아쓰기 등 글을 쓰게 하는 것이다.

Madanes(1981)는 가장 기법(pretend techniques)을 소개했는데, 이는 내담자에게 증상을 가지고 있는 것처럼 가장하라는 요청을 하는 역설적 기법의 한 형태이다. 이 기법은 비자발적 행동으로 생각되었던 것을 자발적 행동으로 바꾸는 것이다. 또한 이는 치료와 가족 내 관계에 놀이를 도입한다. 증상이 자녀에게 있다고 호소하는 가족의 경우에 부모는 자녀의 도움이 필요한 것처럼 가장하라는 지시를 받을 수 있고, 자녀는 부모를 돕는 것처럼 가장하라는 요구를 받을 수 있다. 가장 기법은 반대를 기초로 한 역설적 기법을 협동에 기초하여 사용하도록 바꾼 것이다.

전략적 치료의 종결은 행동의 새로운 순서가 일어나서 가족원들이 바라는 패턴에 개입할 때 일어난다. 가족원은 왜 문제가 일어났는지 알 필요가 없지만, 더욱 생산적인 방식으로 서로 관계를 맺게 된다.

추가 질문

1. 치료사가 조작하는 것은 괜찮을까요? 치료사가 조작해서는 절대로 안 됩니까?
2. 역설적 기법은 내담자를 존중하는 것입니까?
3. 일차 변화와 이차 변화에 대한 초점은 치료 과정에 대한 치료사의 지각에 어떤 영향을 미칩니까?

다음에 아홉 개의 점 문제에 대한 답이 있다. 대부분의 사람은 이 문제를 풀지 못한다. 주어진 규칙(즉, 펜을 종이에서 떼지 말고 4개의 직선으로 아홉 개의 점을 모두 연결하기)을 따르고 또 한 가지 규칙(즉, 아홉 개의 점으로 이루어진 박스로 보이는 것 안에서 문제를 풀어야 한다)을 더 추가하기 때문이다([그림 15-7] 참조). 이런 추가 규칙을 놓고 볼 때, 사람들이 많은 다른 방식을 시도해 보아도 아홉 개의 점 문제는 풀 수가 없다. 이러한 해결 시도는 일차 변화로 볼 수 있다. 그러나 그 규칙을 바꾸고 또 박스 안에서 문제를 푼다는 추가 규칙을 없애버리면 답이 가능해진다([그림 15-8] 참조). 이는 이차 변화를 나타낸다. 말하자면 이는 규칙의 변화를 나타낸다.

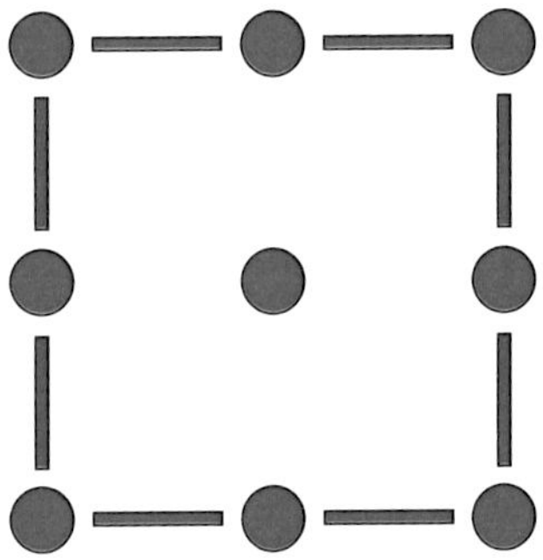

[그림 15-7] 아홉 개의 점 문제의 제약

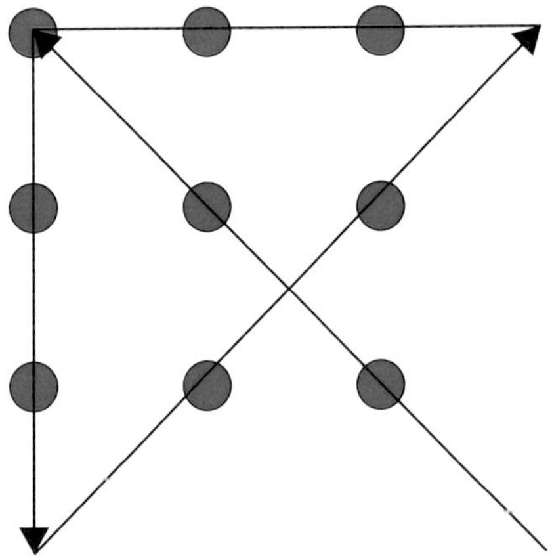

[그림 15-8] 아홉 개의 점 문제의 해답

제16장 체계론적 가족치료

체계론적 치료는 가족이 전체로서 어떻게 기능하는지에 초점을 둔다. 이 치료는 가족이 위치한 맥락을 이해하고자 하며, 그다음에 서로를 통해 가족원의 기능을 변화시킨다. 이 장에서는 두 가지 체계론적 가족치료인 구조적 치료와 Milan 체계적 가족치료를 살펴본다.

구조적 가족치료

모델 개발자

구조적 가족치료는 주로 Salvador Minuchin에 의해 개발되었다. 아르헨티나의 유태인 가정에서 태어난 Minuchin은 반유대주의를 경험하면서 자랐다. 의학학위를 받은 후 그는 이스라엘이 독립 투쟁을 하였을 때, 군의관으로서 이스라엘에 갔다. 그 후 미국으로 돌아와 뉴욕에서 정신의학 공부를 했다. Minuchin은 월트윅 소년학교에서 직장생활을 하였고, 결국 동료들과 더불어 가족과 함께하는 작업을 시작하였다.

Minuchin과 동료들은 사회경제적 지위가 낮은 가족을 대상으로 작업하기 시작하였고(Minuchin, Montalvo, Guerney, Rosman, & Schumer, 1967) 빈곤가족을 대상으로 하는 작업을 계속하였으며 여러 사회기관과 관계를 맺었다(Minuchin, Colapinto, & Minuchin, 1998). 결국 Minuchin은 필라델피아 아동지도클리닉의 장을 맡았고, 이기관을 가족치료 실천과 훈련의 주요 기관 중 하나로 만들었다. Jay Haley, Braulio Montalvo와 다른 동료들과 긴밀하게 일하면서 Minuchin은 구조적 가족치료를 가장 잘 알려진 가족치료 접근 중 하나로 만드는 데 도움을 주었다.

문제형성에 대한 관점

구조적 치료는 사람을 사회체계의 맥락 안에서 이해하고자 한다. 개인과 가족은 모두 체계이자 하위체계이다([그림 16-1] 참조). 개인은 다양한 하위체계에 속해 있고, 각 체계는 행동을 지시하고 제한하는 구체적인 규칙(명백한 규칙과 암묵적인 규칙 모두)을 가지고 있다. 이들 각 하위체계는 개인에게 정체성을 제공하며, 개인이 다양한 정체성을 갖게 한다(즉, 어머니, 딸, 친구, 동료 등).

가족은 보편적이기도 하고 독특하기도 하다(Minuchin, Lee, & Simon, 1996). 모든 가족은 하위체계의 작동방식에 관한 규칙을 바탕으로 하나의 조직을 가지고 있다. 더욱이 가족체계는 다음과 같은 특성을 갖는다(Minuchin, 1974/2012).

- 가족의 구조 변화는 적어도 하나의 새로운 대안을 제공한다.
- 가족은 소속감에 기초하여 조직되는데, 거기에는 지원, 규제, 사회화가 포함된다.
- 가족은 자기 지속적이다. 따라서 가족 안에서 변화가 일어나면 가족은 그 변화를 유지할 것이다.

이러한 과정들의 구체적인 사항들은 가족의 독특한 면이 된다.

가족은 발달단계의 주요 전환기 전후에 어려움을 가지는 경향이 있다(Minuchin, 1974/2012). 가족 항상성이 하나의 발달 기간 동안에는 기능적일 수 있지만, 다른 기간에는 그렇지 못할 것이다. 구성원은 가족의 요구를 바꾸는 데 적응해야 하기 때문에 적응을 잘하지 못할 때 문제가 생긴다. 예를 들면, 경직된 경계선의 가족에서 자녀가 청소년이 될 때, 경계선이 더 분명해지지 않으면 그 가족은 어려움을 경험할 수 있다. 청소년 자녀는 어떻게 더 독립적이 되는지 배워야 하기 때문이다.

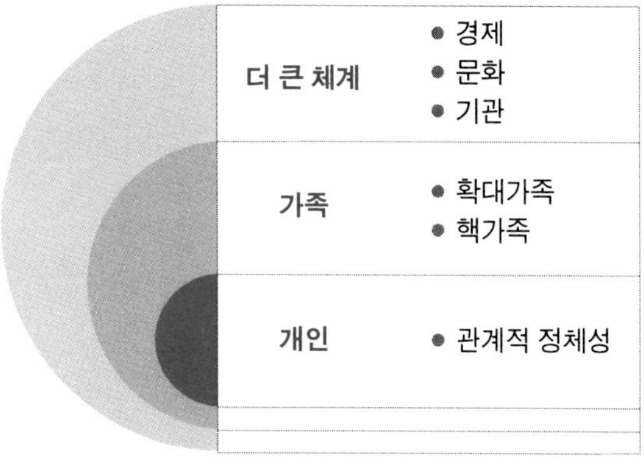

[그림 16-1] 체계의 수준

Minuchin은 가족의 세 가지 주요 하위체계를 부모, 부부, 형제자매 하위체계라고 하였다. 하위체계는 경계선에 의해 구분된다. Minuchin(1974/2012)은 "하위체계의 경계선은 누가 참여하며 어떻게 참여하는가를 규정하는 규칙이다."(p. 40)라고 하였다. 세 가지 주요 경계선은 경직된, 혼란한, 분명한 경계선이다([그림 16-2] 참조). 경직된 경계선은 구성원 간에 많은 정보가 오고 가도록 허용하지 않는다. 이는 부모가 권위적이고 모든 규칙을 만들며 자녀의 피드백을 참작하지 않는 가족에서 보이는 경계선일 것이다. 경직된 경계선은 단절로 이어진다. 혼란한 경계선은 구성원 간에 너무 많은 정보를 공유한다. 이런 상황에서 어머니는 정서적으로 남편보다 딸에게 의지할 수 있다. 혼란한 경계선은 밀착하게 한다. 분명한 경계선은 침투할 수 있는 경계선이라고도 하는데, 구성원 간에 정보를 적절히 공유한다. 부모가 통금시간 같은 규칙을 만들 수 있지만, 청소년 자녀는 상황(즉, 특별한 파티)에 따라 그 규칙에 대한 협상을 할 수 있다. 대개 가족의 효율적인 기능은 경계선이 경직 혹은 혼란이라는 극단적인 경우보다 경계선이 분명할 때 더 잘 이루어진다.

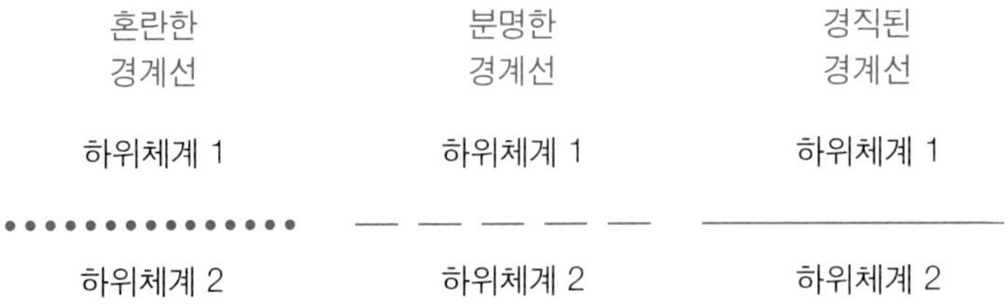

[그림 16-2] 경계선의 종류

연습 16-1

다음의 가족 하위체계 시나리오에서는 어떤 형태의 경계선을 말하는지 답하시오.

1. 아멧은 자주 아내 소미와 다툰다. 좌절감을 느낄 때 그는 열다섯 살 아들 알리에게 아내에게 화가 난 데 대해 말한다.
2. 실비아는 딸 게일이 남자애들과 이야기를 주도하여 말하는 것을 좋아하지 않는다. 실비아는 게일이 데이트하러 나가거나 SNS 사용하는 것을 금지한다. 게일은 실비아에게 친구들이 모두 SNS를 사용해서 서로 소통한다고 말하려고 하지만, 실비아는 "내가 엄마야, 알았지."라고 말한다.
3. 해롤드와 로즈는 최근에 결혼했다. 그들은 집을 살 수 있을 만큼 돈을 벌 때까지 해롤드의 부모 집에서 함께 살았다. 이제 독립하게 된 그들은 때로 해롤드의 부모와 결혼생활에 대해 상의하지만, 반드시 자신들의 생각을 따르자고 다짐한다.
4. 샤론다는 다섯 살 아들 조슈아 양육에 어려움이 있다. 원할 때면 언제든지 샤론다의 어머니인 유지니아가 건너와서 부모 노릇을 어떻게 하는지 샤론다에게 말해 준다.
5. 찰스와 스탠은 최근에 결혼했다. 찰스의 부모는 그의 생활양식이 마음에 안 들어서 결혼식에 오지 않았다. 찰스와 스탠이 결혼 승낙을 받기 위해 찰스 부모님의 집에 갔을 때, 부모님은 "우리는 이 일과 아무 상관이 없어."라고 말했다.

한 구성원의 증상은 맥락의 문제를 나타낸다(Minuchin, 1974/2012). 그래서 치료사는 치료 과정에서 가능한 한 빨리 IP를 중심에서 벗어나게 하여 문제를 유지시키는 상호작용에 초점을 두고 살펴보고자 한다. Minuchin이 치료 과정을 어떻게 이해하는지를 다음과 같이 설명하였다.

가족이 치료를 받으러 올 때, 나는 그들에게 내재적으로 잘못된 무언가에 문제가 있는 것이 아니라 고착이 되어서 문제가 있다고 가정한다. 시간이 흐름에 따라 살아왔던 구조에 고착이 되었거나 효과가 없는 이야기에 고착되었을 때 문제를 가지게 된다고 가정한다. 무엇이 가족을 교착상태에 빠지게 하는지를 발견하기 위해서 나는 서로를 연결하는 패턴을 살펴본다.

(Minuchin & Nichols, 1993, p. 43)

거장(巨匠)의 메시지
Salvador Minuchin

가족치료는 기본적으로 지금껏 사용되지 않은 가능성을 찾으러 떠나는 탐구의 여정이다. 가족은 특정 패턴으로 구성원을 조직하는데, 어느 정도는 그렇지 않게 조직할 수도 있다. 안전감을 느끼려면 사람들은 예측 가능한 상호작용의 부분이 되어야 한다. 안타깝게도 예측할 수 있는 것은 이미 만들어진 틀 안에 굳어져 있고, 그래서 패턴은 융통성이 없으며, 가족원들은 자기들에게 유용한 좁은 범위의 행동만 한다는 것이다. 어떤 가족에서는 분노를 표현하면 안 된다. 또 다른 가족에서는 온화함이 표현되어서는 안 된다. 눈에 보이지 않는 규칙은 특정 행동을 처방하고, 가족은 자신이 선택했던 것들을 필수 불가결하고 변화할 수 없는 것으로 인식한다. 그 결과, 가족은 가족 환경 안에서 자신의 능력보다 못하게 기능하는 사람들을 만들어 낸다. 치료는 참신함을 찾아가는 것일 수도 있지만, 우리가 실제로 발견하는 것은 모두 이미 거기에 있는 것이다.

(Minuchin & Nichols, 1993, p. 45)

문제해결에 대한 관점

구조적 치료의 첫 번째 과제는 가족에 합류하고 치료체계에서 리더십을 갖는 것이다(Minuchin, Rosman, & Baker, 1978). Minuchin은 합류의 중요성을 강조한 첫 번째 가족치료사 중의 한 사람이다. 그에게 합류는 한번 일어나면 잊어버리는 과정이 아니라 치료 과정 내내 계속되는 것이다. 이 점은 중요한데, 치료사가 도전을 할 수 있기 위해서는 가족과 연결되어 있어야 하기 때문이다.

구조적 치료는 합류할 때 도전하기 위해 취하기/버리기를 사용할 수 있다. 이렇게 지원(취하기)과 도전(버리기)을 조합한 메시지를 받은 가족은 치료사의 개입을 수용할 수 있다(Minuchin et al., 2014). 치료사는 다음과 같이 말할 수 있다.

- 아주 재미있군요. 당신들 모두 아주 지적인 분들인데도, 아주 해로운 무언가를 아직도 계속해서 하고 계시네요.
- 가족을 아주 많이 사랑하시는군요. 그런 사랑이 사람들을 숨 막히게 할 수도 있지요.
- 모두가 서로를 도와주려고 아주 열심히 노력하신 점이 인상적이었습니다. 그렇게 하는 동안에 서로 발을 헛디뎌서 엎어지면 어떻게 되지요?

구조적 가족치료의 핵심은 실연이다. Minuchin과 Fishman(1981)은 “치료사는 회기 중에 대인관계 시나리오를 만들어서 가족원 간의 역기능적인 상호교류가 현장에서 보여질 수 있게 한다.”(p. 79)고 했다. 그러고 나서 치료사는 좀 더 먼 입장에서 가족과정을 관찰할 수 있다. 실연은 전체 가족에 관한 것일 수도 있고 하나의 하위체계에 관한 것일 수도 있다. 구성원이 회기 중에 서로 이야기하라는 요청을 받을 때 시간이 천천히 흘러가므로 구성원은 그들의 관계에서 무엇이 일어나고 있는지에 대해 생각해 볼 수 있다. 더욱이 자신들이 관찰 당하고 있음을 알게 될 때 자신들의 상호작용을 더욱 면밀히 살펴보기 시작한다. 실연을 할 때 어떤 가족원이 관찰자 역할에 있기도 하는데, 이때 가족원들은 듣는 입장으로부터 과정을 보는 입장으로 내용을 바꾸게 된다.

다양한 실연을 통한 하위체계의 변화는 사람들이 다중의 하위체계에 대한 소속감을 높이고 더 새로운 정체성을 위한 대안을 열어 준다. 가족은 구성원의 이러한 정체성이 확실하다는 믿음으로 치료에 오는 경향이 있음에 비추어 볼 때, 하위체계의 변화는 가족원의 이러한 확실성에 의문을 품게 한다(Minuchin et al., 2014). 가족원은 다중의 하위체계에 소속되어 있는 자신의 방식을 살펴보게 되고, 자기가 생각했던 것보다 다채롭다는 것을 깨닫는다. 그래서 의무를 다하는 아내는 보호자, 기억은행, 감독자, 참견인이기도 함을 알게 된다.

문제 있는 위계가 증상을 유지시킨다는 점을 놓고 볼 때, 구조적 치료는 체계의 균형을 깨기 위한 시도를 한다. 균형 깨기는 가족원의 위계 배열을 변화시키는 것이다(Minuchin & Fishman, 1981). 이는 한 가족원/하위체계에 합류하고 다른 가족원/하위체계에는 합류하지 않음으로써 일어날 수 있다. 균형 깨기는 가족원과의 제휴, 돌아가면서 연합함, 가족원에 대항한 연합에 의해 일어날 수 있다. 균형 깨기를 할 때, 치료사는 다양한 하위체계를 둘러싸고 새로운 경계선을 설정한다.

경계선 만들기는 혼란한 혹은 경직된 경계선을 더 분명한 경계선으로 바꾸는 것이다. 이것이 일어나는 한 가지 방법은 물리적 공간을 통해서이다. Minuchin은 회기 중 움직임을 활용하는 것으로 잘 알려져 있는데, 특히 가족원의 자리를 이동시킨다. 치료사가 부모 사이에 앉아 있는 자녀에게 한쪽 부모 옆에 가서 앉도록 자리를 바꾸라고 하고 부모 둘이 나란히 앉도록 하는데, 이것은 부모 하위체계를 강화하는 것이다.

구조적 가족치료는 주로 현재에 관한 치료였다(Minuchin, 1974/2012). 개입은 치료사가 치료체계에서 적극적인 역할을 함으로써 그 순간에 일어났다. 더욱 최근의 구조적 가족치료모델에서 Minuchin은 탐색의 범위를 넓혀서 가족과 부부의 사정을 위한 4단계 모델을 개발하였다(Minuchin et al., 2007). 이 모델의 단계는 문제를 탈중심화하기, 문제를 유지시키는 패턴을 탐색하기, 과거 탐색에 초점두기, 대안을 탐색하기다([그림 16-3] 참조).

본질적으로 구조적 치료사는 가족에 합류하여 어떤 형태의 스트레스를 유도한다(Minuchin & Nichols, 1993). 이때 가족의 확신이 도전을 받는다. 즉, 누가 증상 보유자인지, 누가 문제를 소유하고 있는 사람인지, 증상은 어떤 의미인지 등에 대한 도전을 받는다. 가족원은 그들이 생각했던 것보다 더 풍부하고 가용한 더 많은 대안을 가지고 있음을 볼 수 있게 된다. 이는 변화에 대한 희망과 가족원의 정체성을 확장하도록 한다. 종결은 가족의 조직이 더욱 효과적인 기능을 하도록 변화할 때 일어난다.

1단계	• 문제를 탈중심화하기 • IP를 바꾸기
2단계	• 문제를 유지시키는 가족패턴을 탐색하기
3단계	• 과거 탐색에 초점두기 • 주요 가족원의 과거로부터 현재까지의 과정
4단계	• 대안적인 관계맺기 방식을 탐색하기

[그림 16-3] 4단계의 구조적 모델

Milan 체계적 가족치료

모델 개발자

Milan 체계적 가족치료는 이탈리아 밀란에서 네 명의 정신과 의사인 Mara Selvini Palazzoli, Luigi Boscolo, Gianfranco Cecchin, Giuliana Prata에 의해 개발되었다. 이들은 원래 거식증 환자를 대상으로 정신분석적 관점에서 작업하였고, Gregory Bateson의 연구와 MRI 집단의 연구를 공부하기 시작하였다(제15장 참조). 그들은 자주 Paul Watzlawick에게 자문을 하였고, 사람들과 작업하기 위해 더욱 전략적인 가족중심 방식을 개발하는 데 있어서 도움을 구했다.

Milan 모델은 전략적 모델(Selvini Palazzoli, Boscolo, Cecchin, & Prata, 1978a)로부터 더욱 포스트모던 지향의 모델(Boscolo, Cecchin, Hoffman, & Penn, 1987)로 변화하면서 몇 번의 주요 전환기를 거쳐 갔다. Milan 팀 역사의 주요 사건 중 하나는 Bateson의 연구, 특히 그의 저서인 『마음의 생태학의 단계들(Steps to an Ecology of Mind)』을 재발견한 것이었다. 1980년에 이 팀은 분열되었고, Palazzoli와 Prata는 전략적 모델을 유지하였고, Boscolo와 Cecchin은 포스트모던 방식의 작업을 하였다.

문제형성에 대한 관점

Milan 치료사는 원래 가족의 항상성을 문제를 유지하는 방식으로 보았다. 그들은 문제를 지속시키는 가족 상호작용 규칙을 가족게임이라고 불렀다. 살아 있는 체계인 가족은 세 가지 기본적인 특징, 즉 전체성, 자기교정 능력, 변형 능력을 갖고 있다(Selvini Palazzoli et al., 1978a). 말하자면, 가족은 증상적일 수도 있는 기능을 유지하는 특정 규칙에 따라 작동하지만 그것은 변화될 수 있다.

Milan 치료사는 문제가 체계를 만든다고 할 것이다(Boscolo et al., 1987). 이 말은 우리가 관찰하는 체계 안에 문제가 위치해 있는데, 이 체계가 문제를 집단적으로 정의했다는 의미이다. 이렇게 관찰하는 체계는 가족뿐 아니라 가족에 영향을 주는 더 큰 체계에 속한 사람들도 포함하는데, 이들이 물리적으로는 아니더라도 개념적으로 치료에 포함될 수 있다(Selvini Palazzoli, Boscolo, Cecchin, & Prata, 1980a).

가족게임으로 인해 움직임이 제한됨으로써 가족은 시간 속에 갇히게 되고, 과거의 상호작용이 발전하지 못한다(Gelcer, McCabe, & Snith-Resnick, 1990). 이는 가족 내 불균형을 일으키며, 그리하여 가족원은 항상성을 되찾고자 시도한다. 이런 시도는 한 가족원 이상에게서 증상이 나타나게 한다. 그러면 가족은 가족신화를 만든다. 이는 구성원이 증상을 유지하는 패턴 밖에서 기능하지 못하게 하는 전제이다. "신화는 모든 사람에게 어떻게 행동하는지에 대한 단서를 제공한다. 그러나 그것은 특정 행동을 처방하기 때문에 구속이 된다"(Boscolo et al., 1987, p. 35).

거장(巨匠)의 메시지
The Milan Group

가족은 자기규제 체계로서 시행착오 과정을 통해 수년에 걸쳐 형성된 규칙에 따라 스스로를 통제한다. 이러한 가정의 중심 아이디어는 역사가 있는 모든 자연집단(가족이 기본적인 예이며, 직장의 팀, 자발적인 지역사회, 관리집단이 다른 예이다)은 일련의 상호교류와 교정적인 피드백을 통해 일정 기간을 거치면서 존

> 재하게 된다는 것이다. 이 집단들은 관계에서 무엇이 허용되고 무엇이 허용되지 않는지를 가린다. 이러한 자연집단이 그 집단에만 특별한 규칙들에 의해 엮어지는 하나의 체계단위가 될 때까지 그렇다. 이 규칙들은 자연집단 안에서 일어나는 상호교류와 관련이 있는데, 상호교류는 언어적 혹은 비언어적 수준에서 질적인 의사소통을 하는 것이다. 이 가설에 따라서 또 다른 가설에 도달할 수 있다. 즉, 한 명 이상이 전통적으로 '병리적'이라고 진단받은 행동을 보이는 가족은 상호교류에 의해서 함께 엮여 있고, 따라서 병리에 대한 특별한 규칙들에 의해서 함께 엮여 있다. 그래서 행동-의사소통과 행동-반응은 그런 규칙들을 유지시키고, 그래서 병리적 상호교류를 유지시키는 그런 특성을 갖게 될 것이다. 증상 행동은 증상이 일어나는 체계에 특별한 상호교류 패턴의 일부이기 때문에 증상을 제거하는 방법은 그 규칙을 바꾸는 것이다.
>
> (Selvini Palazzoli et al., 1978a, pp. 3-4)

Milan 치료사는 가족게임의 순서를 결정하려는 시도를 하며, 구성원들의 관계가 가족신화와의 관계에서 어떻게 조직되는지를 살펴본다. 그리고 친척 및 다른 더 큰 체계와 연결되어 있는 가족과의 관계 안에서 개인을 살펴본다. 말하자면, 각 개인이 자기에게 중요한 체계에 부여한 의미를 탐색한다. 이렇게 가족의 전제에 대한 이해를 하는 것은 극히 중요한데, "가족치료의 가장 큰 변화는 깊이 있는 전제 수준에서 작업하는 것이 성공할 때 일어나기"(Boscolo et al., 1987, p. 89) 때문이다.

Milan 팀은 증상을 더 넓은 맥락 안에서 이해함으로써 누구를 내담자로 간주하는가에 대한 범위를 넓혔다. IP뿐 아니라 가족체계도 고려하였다. 더욱이 '중요한 체계'의 개념은 치료사가 가족만 문제해결의 시도에 개입할 뿐 아니라 의뢰한 사람 같이 또 다른 개인과 기관도 그러한 시도에 개입한다는 점을 이해하는 데 도움이 된다(Boscolo et al., 1987; Selvini Palazzoli, Boscolo, Cecchin, & Prata, 1980a).

문제해결에 대한 관점

Milan 팀은 하나의 팀으로 작업하였는데, 네 명의 팀원이 가족을 함께 보는 경향이 있어서 두 사람이 상담실에서 가족을 만났고, 다른 두 명은 회기를 관찰하였다. 대개 그들은 남성-여성으로 이루어진 공동치료사의 구도를 취했다. Milan 집단은 5단계 회기 형식을 개발했는데([그림 16-4] 참조), 그것은 회기 전, 회기, 회기 간, 개입, 회기 후 단계이다(Selvini Palazzoli et al., 1980b; Tomm, 1984). 회기 전 단계는 팀원이 가설을 설정하고 구체화하기 위해 어떤 정보를 가지고 있든지 그 정보를 활용한다. 즉, 첫 회기에서는 접수면접이나 전화로 얻은 정보, 2회기 이후에는 그 이전 회기에서 일어났던 상황에 대한 정보를 활용한다.

일단 치료사가 작업가설을 설정할 수 있을 정도로 정보를 충분히 가지고 있으면, 치료사가 가족과 만나는 회기를 진행한다. 첫 번째 회기에서 치료사는 대개 가족에게 현재 가지고 온 문제에 대해 말해 달라고 요청한다(Boscolo et al., 1987). 가족은 IP가 어떻게 행동해 왔는지 말하게 될 것이다. 그러면 치료사는 "누가 문제를 가장 먼저 알게 되었나요?"라고 질문한다. 이 질문은 문제가 한 사람에게 있는 것이 아니라 어느 정도는 관계적임을 암시한다. 왜냐하면 이 질문에 답하기 위해서는 다른 사람들이 문제를 알아차려야 했기 때문이다.

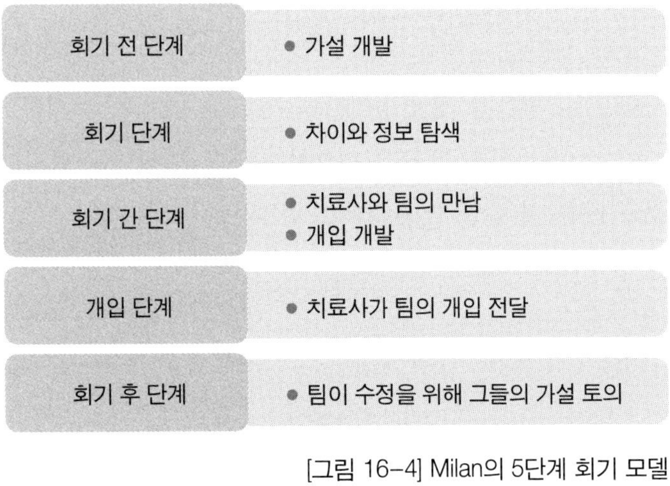

[그림 16-4] Milan의 5단계 회기 모델

회기 마지막에 치료사는 잠깐 동안 자문 시간을 가지고 회기 간 단계에 개입한다. 이때 치료사는 가족을 직접 만나지 않고 회기를 보고 있던 팀 구성원과 이야기를 나눈다. 회기 간 단계에서 치료사는 원래의 가설과 면담에서 얻은 정보를 논의해서 가설을 조정할 수 있다. 또한 초기의 회기에서 Milan 팀은 보통 반역설이라는 개입을 개발한다. 그리고 치료사는 회기로 돌아가서 그 개입을 전달한다. 이 시점에서 치료사는 그 개입을 제시하며 가족에게 과제를 반박할 시간을 알려 주고 회기를 종료한다. 회기 형식의 마지막 단계는 회기 후 단계이다. 이때 치료사들은 다시 모여서 치료적 개입이 어떻게 되어 갔는지에 대해 이야기하고 또 새로운 정보가 있다면 그것으로 가설을 만든다.

MRI 단기치료모델을 기초로 해서 Milan 팀은 10회기 형식을 활용하였다. 그러나 그들이 만났던 어떤 가족은 밀란에 소재한 상담실까지 오는데 하루를 여행해야 하는 등의 어려움이 있었다는 점을 고려하여 회기 간의 간격을 늘리기 시작하였다(Selvini Palazzoli et al., 1978a). 가족을 일주일에 한 번 만나는 대신에 어떤 가족은 한 달에 한 번 만났다. 흥미로운 점은 회기 간격을 늘려서 만났던 가족은 더 자주 만났던 가족보다 더 큰 진전을 보이는 경향이 있었다는 점이었다. 이는 회기 간 간격을 더 늘리는 데 동력이 되었고, 그래서 Milan 접근을 장기간의 단기치료라고 부르게 되었다.

세 가지 지침

1980년에 Milan 팀은 가장 영향력 있는 논문을 발표하였고, 회기를 진행하기 위해 가설설정, 순환성, 중립성이라는 세 가지 지침을 논의하였다(Selvini Palazzoli et al., 1980b). 이 지침은 이후 호기심의 렌즈를 통해 맥락화되었다(Cecchin, 1987). 즉, 이것은 가설, 중립성, 순환성에 대한 치료사의 호기심과 차이에 대한 정보 탐색에 대한 가족의 호기심 간에는 회귀적인 관계가 존재한다고 보는 렌즈이다.

가설설정

Milan 치료사는 가족과 접촉하는 출발점으로서 가설을 설정한다. 가설은 전체 체계로서의 가족의 기능에 관한 것으로서, 체계론적 가설을 만드는 것이다. 회기 동안 치료사는 이 가설을 기초로 질문을 하는데, 하지만 가족한테 받은 피드백에 근거한 정보를 받아들여서 가족에 대한 이해를 바꾸기도 한다. 그래서 치료사는 결코 최종 가설에 도달하지 않으며, 늘 가설과 피드백의 상호작용을 근거로 해서 가설에 가까운 근사치에서 연속적으로 작업한다([그림 16-5] 참조).

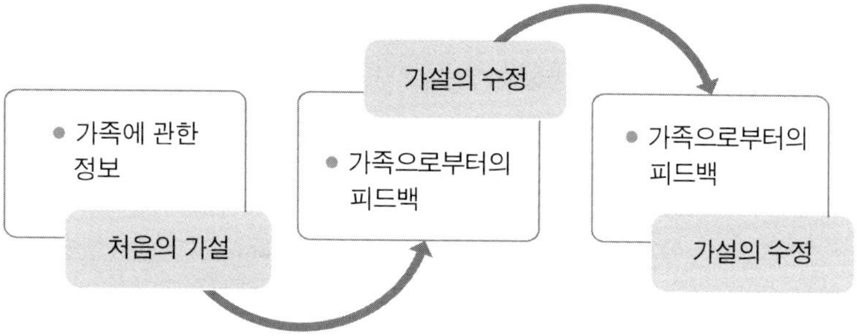

[그림 16-5] 가족의 피드백을 기초로 체계적 가설의 지속적인 수정

순환성

순환성은 가족의 피드백을 기초로 해서 회기를 진행하는 치료사의 능력이다(Selvini Palazzoli et al., 1980b). 가족의 피드백은 관계, 차이, 변화에 대한 정보를 주는 형태로 이루어진다. 왔다 갔다 하는 순환 과정은 보통 치료사의 질문과 내담자의 답변이 연결됨으로써 이루어진다.

Milan 접근의 가장 큰 기여 중 하나는 순환 질문의 개발이었다(Selvini Palazzoli et al., 1980b). 순환성에 근거한 질문은 차이에 초점을 둔다(Boscolo et al., 1987). 이것은 정보가 차이에 관한 뉴스, 즉 차이를 만드는 차이라는 Bateson(1972)의 시각에서 비롯한다. Milan 치료사는 관계의 지각에 대한 차이, 정도의 차이, 지금/그때의 차이, 가설적이고 또 미래의 차이에 대해 질문한다.

Milan 팀이 순환 질문을 개발했을 때, 질문 그 자체가 개입적임을 깨달았다. 그들은 가족을 변화시키도록 돕기 위해서 처방 혹은 긍정적 의미부여 기법을 사용할 필요가 없었다(Boscolo et al., 1987). 이러한 점이 Milan 체계적 가족치료를 전략적 접근으로부터 더욱 포스트모던 접근으로 변화시킨 점으로 여겨진다.

연습 16-2

다음의 질문에 대해, 첫째, 어떤 형태의 순환 질문인지 답하시오(즉, 지각의 차이, 정도의 차이, 시간적 차이, 혹은 가설적 차이). 둘째, 네 범주의 각각에 맞도록 순환 질문을 바꾸어 보시오. 다음의 예를 지침으로 사용하시오.

예시
두 분이 더 잘 지냈던 것은 자녀가 태어나기 전입니까? 아니면 그 이후입니까?

시간적 차이
지각의 차이: 두 분 이외에 누가 가장 먼저 두 분 관계의 변화를 알아차렸습니까?
정도의 차이: 0에서 10의 척도에서 이번 주의 싸움은 얼마나 불쾌했습니까?
가설적 차이: 두 분이 이혼하면 누가 자녀의 주 양육자가 됩니까?

1. 두 분의 관계 초기에 루이자가 임신을 하지 않았다면, 두 분의 결혼생활은 현재 어떠하겠습니까?
2. 당신 이외에 누가 할머니와 가장 가깝습니까?
3. 이번 주에 적대감은 어느 정도입니까?
4. 식습관 문제가 이혼 전에 일어났습니까? 아니면 이혼 후에 일어났습니까?
5. 언니가 화를 낼 때 누가 가장 먼저 반응합니까?

중립성

중립성은 여러 영역을 두루 포괄하는 치료사의 사고방식이다. 첫째, 치료사의 중립성은 치료사가 가족원과 이야기를 할 때 각 개인의 말을 인정해 주는 상황을 말한다. 그렇다고 그들이 하는 말이 다른 사람들에 관한 진실로 여겨지는 것은 아니다. 둘째, 중립성은 치료사의 가설과 관련 있는데, 그 가설이 진실로 여겨지는 것은 아니다. 치료사는 초기의 (그리고 그 이후의) 가설과 반대될 수도 있는 새로운 정보에 대해 기꺼이 개방적이어야 한다.

치료사의 중립성은 또한 가족을 존중한다는 것을 보여 준다(Keeney & Ross, 1985). 말하자면, 중립성은 가족의 풍부한 자원과 자기교정 능력이 작동하도록 여지를 열어 준다. Cecchin(1987)에 의하면 중립성은 호기심을 가진 상태로 더 많이 봐야 한다. 그에 의하면 "중립성은 대안적인 시각과 움직임을 탐색하고 또 만들어 가도록 하는데, 색다른 움직임과 시각은 호기심을 키운다"(p. 406).

개입

Milan 접근은 가변의(변화하는) 혹은 불변의(변화하지 않는) 방법을 사용한다(Gelcer et al., 1990). Milan 팀이 갈라섰을 때, Boscolo와 Cecchin은 더욱 가변적인 방법으로 기울었고, 반면 Palazzoli와 Prata는 불변의 방법을 사용하기 시작하였다. 그 시점에서 Palazzoli는 자신이 불변의 처방이라고 불렀던 기법을 개발하였다(Selvini Palazzoli, Cirillo, Selvini, & Sorrentino, 1989). 불변의 처방은 부모에게 둘이서 외출을 시작하고 자녀들에게는 그들이 어디 가는지 말하지 말라고 요청하는 과제이다. 집에 돌아와서 자녀들에게 질문을 받으면 "이것은 너희하고 상관있는 문제가 아니라 우리 둘만의 문제야."와 같이 대답하도록 한다. 불변의 처방의 목적은 문제가 되는 가족게임을 중단하는 것인데, 가족게임에서 부모는 서로를 깎아내리고 세대교차적인 연합을 형성하는 경향이 있다. 그런데 이 개입은 부모 간의 제휴를 강화한다.

Milan 모델은 재구성도 활용한다. Milan 모델의 전형적인 특징이 된 재구성의 특수한 형태는 긍정적 의미부여이다. 긍정적 의미부여는 치료사가 증상의 의도를 긍정적인 방식으로 서술하는 것이다. Tomm(1984)에 의하면 "호소문제는 증상이 제시되지 않았다면 일어날 수 있거나 일어날 어떤 다른 가설적 혹은 암시적 문제에 대한 해결(비록 일시적인 해결이지만)로 해석된다"(p. 264). 그래서 문제는 해결이라고 할 수 있다. 긍정적 의미부여의 예는 다음과 같다.

치료사: 네가 공부를 잘하지 못해서 다행이야. 다행이라고 말하는 이유는 그렇게 돼서 부모님이 서로 마주보고 이야기할 수 있는 상황이 생겼기 때문이지. 최근에 부모님이 대화를 거의 나누지 않았잖아. 하지만 이제는 두 분이 너를 도와주려고 함께하고 계시지.

Milan 모델의 또 다른 접근은 의례이다. Milan 팀은 의례화된 처방을 개발하였는데, 이는 다양한 가족에게 제공할 수 있는 과제이다. 가장 유명한 의례 중 하나는 짝수/홀수 날 의례이다(Selvini Palazzoli, Boscolo, Cecchin, & Prata, 1978b). 이 개입은 한쪽 부모가 대개 증상을 보이는 한 자녀 이상과 함께 다른 쪽 부모를 깎아내리는 경향이 있는 가족에게 처방된다. 치료사는 한 주의 짝수 날에는 한쪽 부모가 자녀를 어떻게 다룰 것인지에 대한 결정을 모두 내리라고 말한다. 한 주의 홀수 날에는 다른 쪽 부모가 모든 결정을 내린다. 이렇게 하면 문제를 유지시키고 있는 현재의 가족게임을 차단할 수 있다.

Milan 모델은 원래 반역설(counterparadox)이라는 주제 아래 그들이 개발한 많은 개입을 범주화하였다. 가족이 역설에 들어가는 것을 바탕으로 해서 증상을 발전시킨다는 점을 놓고 볼 때, 거기서 빠져나오는 방법은 반역설을 통해서라고 보았다. 반역설은 안정과 변화를 모두 포함하는 것으로 볼 수 있다. 즉, 제지 처방 혹은 문제에 개입하는 처방은 가족의 안정을 강조하는 한편, 또 다른 회기를 갖자고 계획하는 것은 변화를 암시한다(Keeney & Ross, 1985). 본질적으로 반역설은 치료적 이중구속이다. 가족이 변화할 의도가 있을 때 변화하지 말라는 말을 듣는다.

Milan 모델의 종결은 가족게임이 변할 때 일어난다. 구성원은 새로운 의미를 발전시키고 그 안에서 가족은 새롭게 조직하는 방식을 발견한다. Milan 치료사는 가족이 어떻게 기능할지 구체적으로 잘 모르지만, 가족체계를 교란시켜서 체계가 자체적으로 교정되도록 시도한다.

추가 질문

1. 가족치료사는 가족 조직을 변화시키려는 시도를 해야 합니까?
2. 치료사가 가설을 갖고 있지 않을 수도 있습니까? 치료사는 상담실에서 어떤 방식으로 가설을 살아 있게 합니까?
3. 경계선, 규칙, 항상성 간의 관계는 무엇입니까?

제17장

포스트모던 가족치료

이 장은 구성주의 치료라고도 하는 포스트모던 치료에 초점을 둔다. 이 모델들은 절대적인 진실은 없으며, 대화 속의 언어를 통해 의미가 만들어진다고 본다. 치료는 언어체계에 초점을 두며, 그 안에서 새로운 의미가 만들어지고, 사람들이 지금까지 탐색하지 않은 측면으로 이끌어서 새로운 대안을 열어 준다. 이 장에서는 해결중심 단기치료와 이야기치료에 대해 살펴본다.

해결중심 단기치료

모델 개발자

해결중심 단기치료는 위스콘신주 밀워키에 있는 단기가족치료센터의 Steve de Shazer와 아내 Insoo Kim Berg에 의해 주로 개발되었다(de Shazer et al., 1986). MRI 단기치료와 Erickson의 최면치료를 기초로 해서 출발한 해결중심 단기치료는 해결하려던 시도가 실패했던 것을 살펴보던 것에서부터 과거의 성공을 강조하는 것으로 그 초점을 바꾸었다. 해결중심 단기치료에는 해결지향 치료(O'Hanlon & Weiner-Davis, 2003) 같은 몇 개의 분파가 있다.

문제형성에 대한 관점

이론적으로 볼 때 해결중심 단기치료사들은 사람들이 어떤 문제로 치료에 오게 되는지, 그 문제에 대해서 알 필요가 없다. 왜냐하면 문제형성이 해결과 반드시 관련이 있는 것은 아니기 때문이다. 그러나 문제를 탐색하면 해결로 가는 길을 찾을 수 있다. 더욱이 내담자가 문제에 초점을 두는 것을 어느 정도 받아들이지 않으면, 내담자는 자신이 하는 말을 치료사가 들었다거나 인정했다는 느낌을 받지 못할 것이다(Reiter & Chenail, 2016).

사람들에게 문제가 발생하는 것은 효과가 없는데도 똑같은 것을 반복해서 더 하기 때문이다. 그것은 똑같은 행동을 하는 것일 수도 있고, 똑같은 사고방식일 수도 있고, 똑같은 언어를 사용하는 것일 수도 있다. 사람들이 문제에 계속해서 초점을 둘 때를 문제 대화에 개입하고 있다고 한다. Berg와 de Shazer(1993)는 다음과 같이 말했다.

> 그러한 '문제 대화'는 효과가 없는 것에 대해 더 많이 말하는 것으로서 별 효과가 없었던 어떤 것을 똑같이 더 많이 하는 것이다. 그래서 문제 대화는 그 자체가 문제라고 할 수 있으며, 해결의 일부는 아니다. 간단히 말해, 내담자와 치료사가 '사실'들에 대해 많이 말하면 할수록, 그들은 공동으로 문제를 더 많이 구성한다.
>
> (Berg & de Shazer, 1993, p. 8)

해결중심 단기치료는 다음과 같은 세 가지 일반 규칙을 기초로 한다(Berg, 1994).

- 무엇인가가 깨지지 않으면, 고치지 말라.
- 무엇인가가 효과가 없으면, 그것을 다시 하지 말고 뭔가 다른 것을 하라.
- 무엇이 효과가 있는지 알면, 그것을 더 많이 하라.

사람들에게 문제가 일어날 때, 앞의 세 가지 규칙을 지키지 않는 경향이 있다. 더욱이 앞의 두 번째 규칙과 반대되는 행동을 하는 경향이 있다. "처음에 성공하지 못하면, 다시 시도하고 시도하라."는 미국의 오랜 격언을 이용해서 사람들은 문제를 똑같이 효과가 없는 방식으로 해결하고자 계속 노력한다.

문제가 일어나지 않았던 때를 살펴보는 대신에 사람들은 문제가 항상 일어나는 것처럼 문제를 본다(de Shazer, 1991). 이런 렌즈를 통해서 사람들은 문제를 헤어날 수 없는 어떤 것이라는 언어를 사용해서 말하는 경향이 있다.

거장(巨匠)의 메시지

Insoo Kim Berg

이 모델의 기본 전제는 문제에 대한 예외가 문제해결의 열쇠와 실마리이며, 또 문제보다 성공적인 해결과 관련 있는 활동에 주의를 기울이는 것이 더 큰 도움이 된다는 것이다. 예외는 미래의 해결로 나아가는 경로가 된다. 과거에 쌓아올린 성공의 경험이 없을 때 그리고 그러한 경험이 없다면 내담자는 '기적'을 상상함으로써 그리고 그러한 사건을 향하여 작지만 현실적으로 성취가능한 단계를 파악함으로써 색다른 미래를 구축하기 위한 도움을 받을 수 있다. 바로 이것이 오늘날 이 분야의 공통점과 근본적으로 다른 접근이다.

(Berg, 1994, p. x)

문제해결에 대한 관점

치료는 언어게임이다. 문제는 언어로 만들어지고, 해결도 역시 언어로 만들어진다. 이는 후기 구조주의와 구성주의 인식론을 기초로 한다(de Shazer, 1991). 해결중심 단기치료사는 치료적 대화를 활용하여 문제 대화를 해결 대화로 바꾼다. 해결 대화는 내담자에게 효과가 있었던 것에 초점을 두며 그런 행동을 어떻게 더 많이 할 수 있는지 상의하는 데 초점을 둔다. 이와 같이 초점을 문제에서 해결로 바꾸는 치료적 관계 과정은 내담자가 무엇이 효과가 없었는가에서 무엇이 효과가 있었는가로 자신의 시각을 바꾸는 데 도움이 된다([그림 17-1] 참조).

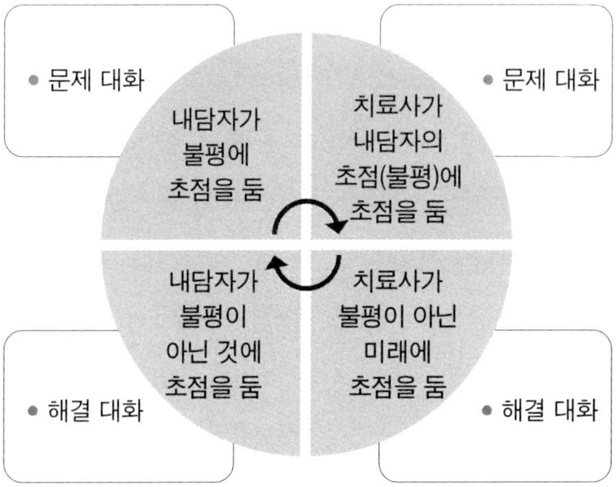

[그림 17-1] 문제와 해결에 대한 초점의 관계 과정

예외는 문제가 일어날 수 있었지만 일어나지 않았던 때 혹은 더 낮은 수준으로 일어났던 때를 말한다(Berg, 1994). 문제가 똑같은 수준으로 늘 일어나는 것은 아니라는 점을 놓고 볼 때, 예외는 늘 일어난다. 하지만 내담자는 그것을 기억하지 못할 수도 있다. 내담자의 예외는 해결로 가는 길이 될 수 있다.

예외는 의도적일 수도 있고 우연적일 수도 있다(de Shazer, 1988). 의도적 예외는 내담자가 뭔가를 다르게 해서 문제가 일어나지 않았던 때를 말한다. 우연적 예외는 내담자가 의도하지 않았는데 일어난 것이다. 해결중심 단기치료는 내담자가 한 자발적인 예외 행동을 의도적 예외로 만들어 가도록 도우며, 뿐만 아니라 의도적 예외를 더 많이 하도록 돕는다.

연습 17-1

다음의 내담자 진술에 대해 (1) 예외가 무엇이며, (2) 그것이 의도적 예외인지 우연적 예외인지 답하시오.

1. 우리는 잘 지낼 수 없는 것 같아요. 저는 남편이 아무 동기도 없다는 점에 너무 좌절이 돼요. 하지만 늘 이런 식은 아니었죠. 우리 둘 다 아침에 일어나서 산책을 하곤 했지만, 3년 전에 그만두게 된 것 같아요.

2. 아들이 너무 버릇이 없어요. 아들이 의도적으로 우리를 속상하게 만들려고 하는 것 같아요. 그렇지 않은 유일한 시간은 아들이 하키를 할 때죠. 그때 아들은 그 속에 빠져 있어요.
3. 아내가 바람을 피웠어요. 아내를 더 이상 믿을 수가 없어요. 어머니가 아내에 대해서 저한테 경고하셨지만, 그래도 전 희망을 가졌어요.
4. 체중을 줄이려고 노력하고 있지만 잘되지 않아요. 2년 전에 적게 먹고 매일 운동해서 10kg이나 빠졌지만, 게을러진 것 같아요.
5. 매일 우리는 서로에게 소리를 질러 대고는 해요. 마지막으로 욕하고 소리 지르지 않고 지나갔던 날이 언제인지 기억조차 안 나요. 아마 그게 우리 둘 다 좋은 밤을 보내고자 마음먹었던 결혼기념일이었던 것 같아요.

Berg와 de Shazer(1993)는 추상적인 개념을 구체적으로 만드는 데 도움을 주기 위해 척도 질문을 개발하였다. 치료사와 내담자는 숫자를 개념(즉, 행복 정도, 동기부여 정도, 희망 정도 등)과 연결 짓는다. 해결중심 척도는 0과 10 사이, 혹은 1과 10 사이에 두는 경향이 있는데, 여기서 0/1은 목표를 향한 진전이 없는 상태이고, 10은 목표를 성취한 상태이다. 예를 들면, 다음과 같다.

치료사: 0에서 10의 척도에서 0은 전혀 그렇지 않고 10은 당신이 할 수 있는 최상이라면, 당신이 결혼생활을 유지하고자 하는 동기는 어느 정도인가요?

내담자의 반응은 기초선이 되며, 이는 진전이 이루어지고 있는지를 평가하기 위해 사용될 수 있다. 치료사는 해결을 탐색하기 위해서도 척도를 사용할 수 있다.

치료사: 현재 4점에 있다고 말씀하셨습니다. 당신이 5점일 때, 당신의 생활에서 어떤 점이 좀 달라졌다고 볼 수 있을까요?

해결중심 단기치료의 가장 상징적인 질문은 기적 질문이다. 기적 질문은 다음과 같이 할 수 있다.

치료사: 오늘밤 당신이 잠든 사이 기적이 일어난다고 가정해 보세요. 기적은 당신이 치료에 가져왔던 모든 문제가 없어지는 것입니다. 하지만 당신이 아침에 일어났을 때, 어젯밤에 자고 있었기 때문에 기적이 일어났다는 것을 모릅니다. 당신에게 기적이 일어났다는 것을 알려 줄 첫 번째 신호는 무엇일까요?

기적 질문은 내담자가 목표를 수립하는 데 도움이 된다(de Shazer, 1988). 내담자의 기적을 파헤칠 때 그 조각이 많을수록 더 좋다. 왜냐하면 기적의 각 조각은 내담자가 목표를 향해 나아가고 있음을 보여 주는 신호이기 때문이다. 기적 질문은 대개 첫 회기에서 하지만, 위기 시에는 치료사가 기적 질문을 하는 것을 미루고 치료 과정이 더욱 협동적이 되도록 노력한다(Shilts, Rambo, & Huntley, 2003).

그러나 내담자가 상황이 더 좋았던 때에 대해 생각하는 것이 어려울 수도 있다. 이는 보통 내담자가 위기에 처해 있거나 삶이 너무 힘든 것 같을 때이다. 이때 치료사는 대처 질문을 할 수 있다. 대처 질문은 내담자가 현재 어려운 상황에서 어떻게 해서 그 상황이 더 나빠지지 않도록 할 수 있었는지에 관해 질문하는 것이다(Berg, 1994). 내담자에게 "상황이 더 좋아질 거예요."라거나 "좋은 면을 보세요."라고 말하는 것은 내담자의 현재 경험과 반대되는 경향이 있기 때문에 대처 질문은 치료사가 내담자의 현재 세계관에 합류하도록 돕고, 또 내담자가 자신의 숨은 강점과 자원에 대해 볼 수 있는 여지를 열어 준다.

치료사: 너무 고통스럽고 불행한 당신에게 지금은 정말 힘든 때입니다. 어떻게 해서 상황이 더 나빠지도록 두지 않았는지요?

해결중심 단기치료는 일방경을 활용하여 거울 뒤에 팀이 있었다. 치료사는 보통 회기가 끝날 무렵 자문을 위한 휴식시간을 가지며, 그 후 개입할 메시지를 가지고 다시 상담실로 돌아갔다. 그 메시지는 대개 칭찬으로 시작했다(de Shazer, 1982). 해결중심 단기치료의 칭찬은 내담자에게 도움이 되었던 방식을 강조한다.

치료사: 레이 씨와 실비아 씨, 저에게 인상 깊었던 점이 있습니다. 두 분이 겪고 있는 그런 소란 속에서도 상대방에게 속된 말을 하지 않고 서로를 존중했다는 점이지요.

해결중심 단기치료사는 회기들 사이에 할 과제(때로 실험이라고도 부름)를 내담자에게 주는 경향이 있다. 처음에 de Shazer(1985)는 이를 마스터키라고 불렀는데, 왜냐하면 그것이 다양한 부류의 내담자에게 사용해도 될 만큼 일반적이었기 때문이었다. 마스터키의 몇 가지 예로 쓰기, 읽기, 태우기 과제, 계획된 싸우기 과제, 뭔가 다르게 해 보기 과제가 있다. 이후에 마스터키는 공식 과제라고 불리게 되었다.

가장 유명하고 가장 많이 사용되는 공식 과제는 첫 회기 공식 과제이며(de Shazer, 1985) 첫 회기의 마지막에 내담자에게 주는 과제로서, 다음과 같다.

지금부터 다음에 우리가 만나는 날 사이에 당신이 계속해서 일어나기를 바라거나 더 많이 일어나기를 바라는 것이 당신 가족에서 일어나고 있는지 주의 깊게 살펴보십시오.

여기서 치료사는 내담자가 그들의 삶에서 무엇이 잘못되고 있는지를 보는 것에서부터 무엇이 잘되고 있는지를 보는 것으로 렌즈를 바꾸도록 돕는다. 이것은 사람들이 패러다임을 크게 전환하도록 하는 것으로서, 사람들은 대개 '나는 잘되고 있지 못한 점에 주의를 기울이고 있고, 치료사에게 이것을 알려서 그것을 중단해야 한다.'고 스스로 생각할 수 있기 때문이다. 하지만 첫 회기 공식 과제는 무엇이 잘되어 가고 있으며, 그래서 그것을 계속해서 더 할 것인지에 주의를 기울인다는 전제를 기초로 한 작업이다.

해결중심 단기치료의 종결은 내담자가 치료에 가져왔던 불평이 감소하든 혹은 제거되든, 더 이상 불평이 없을 때 일어난다. 치료사가 내담자와 나란히 손을 잡고 걸어갈 필요는 없지만, 내담자가 바라는 방향으로 나아가기 시작할 때 치료사는 그 길에서 빠져나갈 수 있다. 좋은 목표의 구성요소들을 활용하는(제12장 참조) 해결중심 단기치료사는 내담자의 바라는 미래에 대해 분명하고 구체적인 그림을 가지고 있으며 내담자가 그러한 목표에 도달하는 단계를 밟아가도록 돕는다.

이야기치료

모델 개발자

이야기치료는 호주와 뉴질랜드의 Michael White와 David Epston에 의해 개발되었다. White와 Epston은 1981년 제2차 호주 가족치료학술대회에서 만났다. 그들은 서로의 이론과 실천에 영향을 받았을 뿐 아니라, Bateson, Foucault, Bruner, 여성주의 문학이론 같은 비치료 분야에서도 영감을 받았다. White와 Epston은 둘 다 사회복지사였다. 그들은 가족을 대상으로 작업하였지만, 늘 더 큰 시각을 가지고 있어서 지역사회와 사회를 포함하였다. 아마 어떤 다른 모델보다도 이야기치료는 권력의 사회적 담론에 더 많은 초점을 둔다.

문제형성에 대한 관점

사람들은 자신의 삶의 경험을 일관된 이야기 혹은 자기이야기인 일련의 사건으로 조직한다(White & Epston, 1990). 이는 과거와 현재의 사건뿐만 아니라 예측되는 미래의 사건을 선형적인 이야기 줄거리로 연결하는 것이다. 사람들이 만든 이야기는 그들에게 의미를 제공하며, 이는 정체성을 형성하는 데 도움이 된다. 그러나 우리의 모든 경험을 다 이야기에 담을 수는 없다. 어떤 사건들이 현재의 줄거리에 맞지 않는다면 제거된다.

일단 문제가 이야기되면 자체의 생명력을 갖게 된다(White & Epston, 1990). 부지불식간에 가족원들은 문제에 대해 살아 있는 지지체계를 제공하는 방식으로 협력한다(White, 1986). 사람들을 다중의 여러 이야기로 말할 수 있다는 점에서 볼 때, 많은 다른 이야기 줄거리와 내러티브가 있고 각 개인은 그에 따라 살아갈 수 있다. 치료의 첫 부분은 사람들이 자신의 문화에 기초해서 자신은 누구이고 문제는 무엇인지에 관해 가지고 있는 아이디어들을 해체하도록 돕는 것이다(Madigan, 2011).

이야기치료사는 지식과 권력에 관한 Foucault의 사고를 빌려서 지배적 담론을 기초로 문제를 사람/가족의 맥락 안에 놓고서 바라본다. 사람들은 지배적 담론을 '진실'로 받아들이고 그것을 내면화해서 자기 조정 과정과 연결해서 자신의 국지적 지식보다 사회의 담론에 특권을 부여한다. 그래서 우리가 말하는 이야기는 우리를 통해서 살아 있고, 우리에 의해서 살게 되며, 이는 우리를 제한하기도 하고 자유롭게도 한다.

사람들은 자기 삶의 경험이 자기가 말하는 이야기와 일치하지 않을 때 치료에 오는 것 같다. 많은 방식으로 문제는 그가 누구인지를 총체화하여 말하고, 그 사람이 하는 이야기와 그에 관한 이야기는 제한적으로 말하게 한다. 문제에 대한 담론은 권력 관계, 구조적 불평등, 이야기 말하기에 대한 권한을 누가 갖는가에 놓여 있는 것 같다(Madigan, 2011). 대개 문제가 있다(예: 거식증, 조현병, 우울증 등)고 명명되는 사람들은 자기의 경험에 대한 자기 목소리를 주창할 수 없고, 부지불식간에 정신건강, 법률, 사법기관 같은 더 큰 맥락의 입장을 택한다.

사람들이 자기에 대해 문제에 젖은 이야기를 선택할 때, 그 이야기는 제한적이어서 대안적인 이해와 의미가 드러나지 않는다. 그래서 이야기치료는 사람들이 강력하지만 말하지 않은, 그래서 도움이 되는 이야기를 드러낼 수 있도록 돕는다([그림 17-2] 참조). 이런 이야기는 긍정적인 정체성을 발전시키는 데 도움이 된다. "이야기치료 입장에서 볼 때, 정체성의 개념은 문화적이며 담론을 보여 주고 상황에 따라 다양하며 여러 가지로 이야기되고 맥락적이며 관계적이다"(Madigan, 2011, p. 66).

White(2007)는 행동 조망과 정체성 조망(이전에는 의식의 조망이라고 부름)에 대해 설명하였다. 행동 조망은 이야기를 구성하는 사건과 주제의 순서로 이루어진다. 정체성 조망은 이야기 속의 사람들이 무엇을 알고 있고 생각하고 느끼는지로 구성된다. 이는 본질적으로 사람이 자기에 대해 부여하는 의미다. 문제를 경험하는 사람들에게 행동 조망은 제한적이고 문제에 젖어 있는 정체성 조망과 연결된다. 이야기치료사는 사람들이 더 풍부한 정체성을 보여 주는 일련의 행동을 강조하도록 돕는다. 그래서 자신의 삶과 자신이 누구인가에 대해 새로운 결론에 이르도록 돕는다. 대안적 이야기에 특권을 부여하면, 그 사람의 정체성이 자신뿐만 아니라 타인을 위해서도 바뀌게 된다.

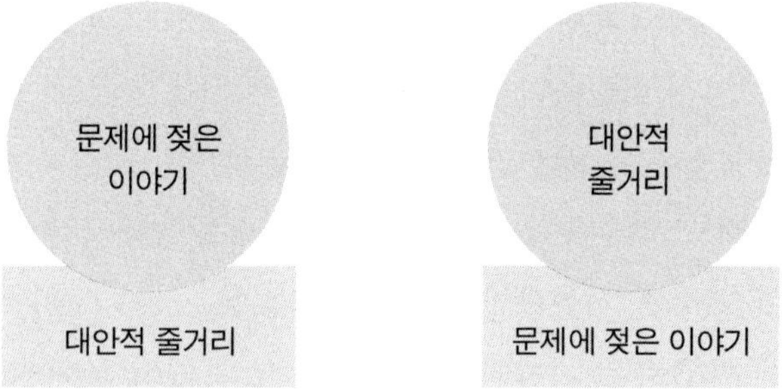

[그림 17-2] 문제에 젖은 이야기와 대안적 줄거리 간의 관계

문제해결에 대한 관점

White(2007)는 치료적 조망을 보여 주기 위해서 지도의 은유를 사용하였다. 이 지도가 치료를 어떻게 진행해야 하는가에 대한 처방은 아니지만 그 영역을 탐색하는 데 도움이 된다. White는 여섯 가지 지도를 제시하였는데, 그것은 외재화 대화, 이야기 다시쓰기 대화, 회원재구성 대화, 정의예식 대화, 독특한 결과 대화, 거푸집 짓기 대화이다([그림 17-3] 참조). 각 대화 형태를 다음에서 간략히 설명한다.

[그림 17-3] 이야기치료의 대화 지도

외재화는 이야기치료의 트레이드마크이다. 외재화는 사람을 문제에서 분리하는 과정으로서, 억압적인 문제를 객관화하고 의인화한다(White & Epston, 1990). 누군가가 우울해한다고 하는 대신에(내적 상태) 그 사람이 우울증과 관계를 맺고 있다고 본다. 이야기치료의 일반적인 표현으로 하면 문제가 문제인 것이다.

내담자를 외재화 대화에 개입시킴으로써 문제를 객관화하면 내담자에게 대안적인 정체성이 가능해진다(White, 2007). 보통 내담자에게 문제에 이름을 붙이라는 질문을 한다. 예를 들면, 내담자는 '우울증' '아주 나쁜 우울' '그놈의 기분'이라고 말할지 모른다. 부부는 갈등관계를 '나쁜 시간' '싸움' 혹은 '제 갈길 가기'라는 면에서 이야기할 수 있다. 내담자가 문제에 이름을 붙이면, 그것에 대해 통제감을 되찾고 명확하게 하고 정상화하는 데 도움이 되며 상호 간의 질책과 비난으로부터 문제를 둘러싼 과정에 대한 이해로 바뀐다(Payne, 2000).

외재화 대화는 상대적 영향 질문을 통해 탐색될 수 있다(White & Epston, 1990). 먼저 치료사는 내담자로 하여금 문제가 자신과 다른 사람들에게 미친 영향을 그려 보도록 돕는다. 다음으로 내담자는 그것이 문제의 '삶'에 미친 영향을 그려 본다. 이는 내담자가 자신의 삶에서 능동적 주체성(personal agency)을 어떻게 형성했는지를 탐색하는 것이다. 책임을 맡기 위한 다섯 단계가 있는데, 그것은 다음과 같다(White, 2011).

> ① 문제를 외재화하기, ② 결과를 살펴보기, ③ 결과에 대해 반영하고, 그다음에 그러한 반영의 '왜'에 대해 질문하기, ④ 자신의 삶에 관한 혹은 자신이 무엇을 원하는지에 관한 혹은 자신이 무엇에 가치를 두는지에 관한 혹은 자신이 삶에서 무엇을 지향하는지에 관한 결론에 도달하기, ⑤ 단어를 더 발전시켜 개념으로 만들어서 구체적인 상황에서 분리하기
>
> (White, 2011, p. 121)

연습 17-2

다음의 치료사 질문을 외재화 대화로 바꾸시오. 예를 지침으로 사용하시오.

예시
언제 우울하게 되었습니까?
외재화 질문: 우울이 언제 당신의 삶에 찾아 들어갔습니까?

1. 당신들은 얼마나 오랫동안 갈등이 있는 부부였습니까?
   외재화 질문:

2. 당신 말대로, 그가 '미친 짓'을 할 때 히로는 무엇을 합니까?
   외재화 질문:

3. 당신이 화가 날 때, 두 분 사이에 무슨 일이 있는지 조금 더 말씀해 주시겠습니까?
   외재화 질문:

4. 바람 피우는 사람과 결혼생활을 유지했던 것은 어땠습니까?
   외재화 질문:

5. 클라우디아의 알코올 문제로 누가 가장 많은 영향을 받습니까?
   외재화 질문:

Madigan(2011, p. 81)에 의하면 "이야기 다시쓰기 대화는 내담자가 삶의 소외된 부분과 사건들을(종종 문제 이야기로 뒤덮여 있음) 제거하는 데 도움이 되고자 하는 것이다." 이야기 다시쓰기 대화는 문제에 젖은 줄거리로부터 내담자의 국지적 지식에 더 많은 초점을 둔 대안적 이야기 줄거리로 바꾸는 것이다. 이 대화는 내담자의 지배적 이야기에 의해 무시되었던 내담자 삶의 독특한 결과와 예외에 기초한다(White, 2007). 이야기치료사는 질문을 해서 사람들이 자기 삶의 숨겨진 부분에 대해 호기심을 가지며 또 그 사람이 중시하는 의미와 가치에 호기심을 갖도록

공간을 열어 주도록 돕는다.

사람들이 핵심 자아를 가지고 있지는 않다고 본다. 하지만 과거, 현재 그리고 예견되는 미래의 중요한 사람들이 영향을 미치는 삶의 관계들을 바탕으로 정체성을 발전시킨다는 점을 놓고 볼 때, 이야기치료는 더 바라는 정체성을 위해 사람들의 회원권을 재구성하도록 돕는 대화를 한다(White, 2007). 이것은 어떤 사람에게는 특권을 주고 또 다른 사람의 지위는 격하시키는 형태로 이루어질 수 있다. 회원재구성 대화는 치료 회기 동안 드러난 대안적 줄거리에 기초해서 좀 더 새로운 정체성을 발전시키도록 돕는다는 점에서 내담자와 중요한 타인을 연결한다. 예를 들면, 부모가 '통제불능' 이라고 여기는 십대 자녀가 동물을 보살피는 감각이 있다는 것을 조부모님이 얼마나 인정하였는지를 탐색할 때, 이 자녀는 더욱 강한 자아감을 경험할 수 있다.

이야기치료사가 상담실 밖에서 내담자의 새로운 정체성을 높이고자 한다는 점을 놓고 볼 때, 상담실 안과 밖의 사람들을 이용하는 경향이 있다. 한 가지 방법은 정의예식 대화를 통해서이다(White, 2007). 치료사는 내담자의 허락을 받고 사람들(**외부증인**이라고 부름)을 치료 회기에 초대하여 관찰하게 할 수 있다. 정의예식 대화는 세 단계로 이루어진다. 첫째, 내담자는 자기 삶의 이야기의 중요한 부분에 대해 말한다. 이것은 그와 우울증과의 상호작용, 갈등이 결혼생활에 어떻게 들어왔는지 혹은 분노가 가족에 어떻게 찾아들었는지의 이야기일 수 있다. 내담자가 자기 이야기를 말하는 동안 외부증인은 듣는다. 둘째, 외부증인은 앞의 대화에서 자신에게 울림을 주었던 것은 무엇인지 그리고 이야기에서 주목되었던 것은 무엇인지에 대해 이야기하도록 초대받는다. 이는 대개 그들이 무엇에 가치를 두는지와 연결된다. 셋째, 다시 말하기에 대한 다시 말하기다. 여기서 외부증인은 다시 청중으로 돌아가고, 외부증인의 말을 듣는 동안 내담자는 자기에게 어떤 이미지와 은유가 떠올랐는지 말한다.

이야기치료의 가장 중요한 특징 중 하나는 독특한 결과에 초점을 두는 것이다. 독특한 결과(**반짝이는 순간**이라고도 알려짐)는 문제의 지배를 받을 수도 있었지만 그렇지 않았던 때이다(White & Epston, 1990). White(2012)는 사망하기 직전에 '주도성'이라는 용어를 더 좋아했는데, 이 용어가 사람들의 능동적 주체성을 더 분명하게 보여주기 때문이었다.

연습 17-3

다음의 내담자 이야기에 대해서 독특한 결과를 파악해 보시오.

1. 마이클과 에블린은 13년 동안 결혼생활을 했다. 첫 두 해는 관계가 좋았고, 바로 그다음에 일이 한꺼번에 몰려왔다고 한다. 사이가 멀어졌고, 둘의 관계를 엉망으로 만든 사람이 상대방이라고 여기게 되었으며 지금은 마음이 무겁다.
2. 스톨트 씨 가족이 치료에 온 까닭은 집안이 혼란스럽기 때문이다. 이 가족은 혼합가족으로서 자녀들에게 전환기일 것임을 알고 있었고 또 올리비아와 레일라가 처음에는 잘 지내는 것 같아서 희망적이었다. 그러나 6개월이 지나자 두 십대 자녀는 서로 으르렁거리며 싸웠다.
3. 수잔과 잭슨은 5개월간 성생활을 하지 않았다. 처음 결혼했을 때, 두 사람의 성생활은 매우 적극적이었고 주 평균 4번을 했다. 7개월 후 잭슨은 직장에서 스트레스를 받았고, 수잔은 임신을 하려고 스트레스를 받았다. 성관계는 월 2번으로 줄어들었다. 첫 자녀가 태어나고 1년 후, 성관계가 3개월 동안은 주당 2~3번으로 증가하였으나 그 이후에는 현재 수준으로 감소했다.

사람들의 현재 이야기와 정체성이 문제에 젖어 있고 또 그들에게 익숙한 것이라는 점을 놓고 볼 때, 치료사는 전경을 가로질러서 사람들의 이야기와 정체성이 더 많은 가능성을 제공하는 방향으로 갈 수 있도록 돕는다. 이 과정은 거푸집 짓기 대화를 통해서 일어난다. White(2012)는 "거푸집 짓기는 사람들에게 이미 잘 알려져 있고 익숙한 것으로부터 그들이 알 수 있고 할 수 있는 것으로, 점점 더 전진하여 거리를 두고 나아가도록 지원한다."(p. 123)고 했다. 이 대화를 통해서 사람들은 자신의 지식과 방향에 기초한 삶을 살아갈 수 있는 능동적 주체성의 느낌을 더 많이 가지게 된다.

이야기치료의 발달 초기 단계에서 제시되었던 한 가지 개입은 편지와 문서의 사용이다(White & Epston, 1990). 치료사는 내담자나 다른 사람들에게 편지를 쓸 수 있고 혹은 내담자가 다른 사람에게 편지를 쓰게 할 수도 있으며 또는 다른 사람이 내담자의 선호하는 정체성을 강조하는 편지를 내담자에게 쓰게 할 수도 있다. 또한 치

거장(巨匠)의 메시지
Michael White

자신의 도전을 더 풍부하게 묘사할 기회를 갖는 것은 자신의 도전을 향상시키는 효과가 있다고 나는 믿는다. 이런 방식으로 해서 치료는 정체성에 관하여 세상에서 존재하는 방식에 관해서 선호하는 주장을 실행하기 위한 맥락이 될 수 있다. 사람들에게 이러한 주장을 표현할 공간을 열어 주고, 이런 주장을 할 수 있고 또 타인이 이런 주장이 진짜임을 인정하는 방식의 맥락을 만드는 데 도움이 될 공간을 열어 주는 것, 이것이 우리의 일이지 않겠는가. 나는 이런 방식들이 사람들의 삶을 아주 많이 만들어 간다고 생각한다. 우리가 냉소적인 말이나 주고받는 것이 내담자들에게 도움이 되는 모든 것이라고 생각하지 않는다. 안타깝게도 젊은이들은 자신의 선호 정체성 주장과의 관계에서 자주 그렇게 되기 쉽다. 즉, "이 모든 어려움에서 벗어나고 싶은 이유는, 당신이 생각하고 싶은 바가 바로 그것이기 때문이라고 젊은이들은 말하고 있다." 혹은 "자신의 방식을 바꾸기 위해서 이 일을 맡으려고 할 때, 그들은 그저 당신의 눈을 속이고 있는 것이다. 이것이 바로 그들이, 당신이 믿기를 바라는 그것이다."

그러나 우리는 이런 의심의 신조와 교류할 필요가 없다. 우리는 그러한 정체성 주장을 존중하는 방식으로, 사람들이 자신을 더욱 풍부하게 말할 가능성에 기여하는 방식으로, 그리고 이러한 주장이 실행될 장을 파악하고 만드는 데 참여할 가능성에 기여하는 방식으로, 그러한 정체성 주장에 반응할 수 있다. 그다음에 우리는 이러한 주장의 실행이 그들의 삶과 관계에 가져오는 결과라고 생각하는 것에 대해 우려하는 사람들을 상담하고 또 그 결과를 평가하도록 격려할 수 있다.

(Hoyt, 2001, p. 285)

료사는 새로운 이야기를 축하하기 위해 수료증을 활용할 수 있다. 예를 들면, 싸움에 맞서 싸우기 증서 혹은 괴물 길들이기 수료증 같은 것이다. 이러한 편지와 문서는 더욱 문제에 젖은 문서(즉, 행동에 대한 부정적인 문서들)와 반대되기 때문에 반대 문서(counter documents)라고 한다. 치료에서 만들어진 많은 편지와 문서는 내담자의 관계 맥락에 있는 타인에게 주거나 보낼 수 있다. White와 Epston(1990)은 이러한 편지를 더욱 공적으로 만드는 것의 중요성을 다음과 같이 말했다. "더 폭넓은 독자층을 포함하고 또 청중을 모집하는 것은 새로운 의미의 생존과 강화에 기여할 뿐 아니라 이미 존재하고 있는 의미의 수정에도 기여한다"(p. 191).

이야기치료의 종결은 내담자가 문제에 젖은 이야기를 해체하고 선호하는 정체성을 포함하는 대안적인 이야기를 분명히 말할 때 일어난다. 내담자는 문제와 다른 관계를 가지며 또 자신이 누구인가에 대해 더 폭넓은 시각을 가지고 치료를 떠난다.

추가 질문

1. '해결중심(solution-focused)'과 '해결강요(solution-forced)' 간의 차이는 무엇입니까?
2. 문제의 외재화는 내담자가 문제에 대해서 책임을 덜 지도록 합니까?
3. 문제는 사실적입니까? 아니면 문제는 언어로 구성됩니까?

제18장 가족치료의 미래

지금까지 가장 중요한 열 가지 가족치료이론을 다루었다. 가족치료 분야는 새로운 모델과 함께 확장하고 있으며, 한두 가지 모델의 고수에서부터 여러 모델의 통합으로 변화하고 있다. 가족치료사들은 치료의 기본 원칙과 과정을 이해하는 데 도움을 받기 위해 메타프레임을 찾아왔다. 이 장은 가족치료에서 가장 중요한 세 가지 동향을 다룬다. 그것은 공통요인을 향한 움직임, 핵심 역량, 성과에 근거한 실천에 초점을 두는 것이다.

공통요인

최근에는 대부분 특정 모델을 사용하는 것에서 벗어나 모든 모델의 일부가 치료에 영향을 미치는 요인이라는 입장에서 작업하려는 경향으로 바뀌고 있다. 이러한 메타프레임은 치료사가 연구문헌에서 내담자의 변화에 효과적이라고 밝혀진 것을 기초로 한 작업을 조직하는 데 도움이 될 수 있다. 이 움직임은 공통요인 접근이라고 불려 왔다(Sprenkle, Davis, & Lebow, 2009). 이 영역의 길을 이끌어 가는 사람은 Michael Lambert(1992; Lambert & Bergin, 1994)였다. Lambert의 연구결과는 Miller와 Duncan, Hubble(1997)에 의해 향상되었고, 치료에는 네 가지 공통요인이 있음을 보여 주었는데, 그것은 치료외적 요인, 치료관계, 희망과 기대와 플라시보, 그리고 모델이다.

치료외적 요인은 변화로 이끄는 내담자의 어떤 측면으로서 변량의 40%를 설명한다. 이는 내담자의 회복탄력성, 인내, 유머감각, 발달적 성장, 지지체계, 동기 등일 수 있다. Miller와 동료들(1997)은 "내담자는 실제로 심리치료의 성과에 대한 단일의 가장 강력한 기여요인이다."(p. 25)라고 말했다. 이러한 내담자의 자원은 내담자가 가져오는 기존의 역량과 능력을 확장하기 위해 치료에서 활용될 수 있다.

치료관계는 내담자 변화의 30%를 설명한다. 내담자에게 치료에서 무엇이 도움이 되었는지 질문을 하면, 치료사가 친절하고 배려하며 잘 이해해 주고 말하기가 쉬웠다고 생각했다고 말한다. 심리치료의 모든 다양한 공통요인에서 치료관계는 내담자의 긍정적 변화의 핵심 요소로 여겨진다.

희망과 기대와 플라시보라는 공통요인은 변화의 15%를 설명한다. 치료가 도움이 될 것이라고 생각만 해도 내담자의 희망감과 동기를 높이는 데 도움이 된다. 연구자들은 첫 회기가 시작되기도 전에, 내담자는 이미 치료 전 변화하고 있음을 발견하였다(Weiner-Davis, de Shazer, & Gingerich, 1987). 내담자가 변화를 더 많이 기대하거나 더 많이 변화할수록, 더 많은 변화를 위한 동기가 더 높아진다.

마지막 공통요인은 치료사의 모델이다. 특정 모델을 활용하는 것이 중요한가에 대해서는 논란이 있다. 왜냐하면 특정 모델 사용을 근거로 한 치료 성과의 차이가 그다지 크지 않다고 밝혀졌기 때문이다(Miller et al., 1997). 어떤 한 접근이 다른 접근보다 더 좋은 것은 아니라는 점이 발견되었다. 이에 대해서는 좀 더 유용한 방식으로 살펴볼 수 있는데, 어떤 한 접근이 특정 치료사에게 어떤 문제를 가진 특정 내담자에게 가장 효과가 있는지 살펴볼 수 있다.

공통요인들은 마치 네 가지 분리된 현상처럼 제시되었지만, 이 모든 요인은 사실 상호연결되어 있다([그림 18-1] 참조). 치료사가 한 모델에서 기능적일수록 내담자에게 더 많은 도움이 될 수 있다. 이렇게 내담자는 희망감을 쌓게 되고 또 강한 치료적 동맹에 의해 변화에 대한 희망과 기대를 높인다.

하지만 이것들이 유일한 공통요인이라고 말하지는 않는다. Sprenkle과 동료들(2009)은 가족치료에 고유한 네 가지 공통요인을 제시하였다. 첫째, 어려움을 관계적 용어로 개념화할 수 있는 것이다. 이는 문제를 IP의 내면적인 것으로부터 상호작용 안에서 일어나는 것으로 바꿀 수 있는 것이다. 둘째, 역기능적인 관계 패턴을 중

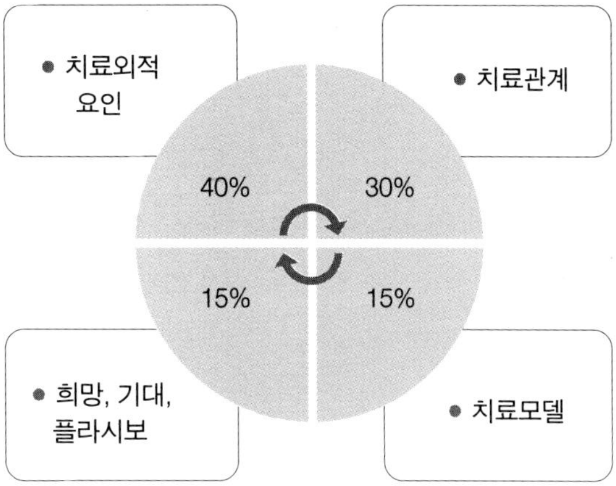

[그림 18-1] Lambert가 제시한 공통요인

단하는 것이다. 이미 이 책의 앞부분에서 치료는 패턴의 중단이라는 점을 다루었다. 개인치료에서 이것은 인지적 오류를 중단시키는 것일 수 있다. 가족치료에서 중단되어야 할 패턴은 가족원이 서로 어떻게 관계를 맺는가이다. 셋째, 가족치료사는 직접적인 치료체계를 확장한다. IP와만 작업하는 대신에 가족치료사는 문제체계에 포함되어 있는 여러 사람과 작업한다. 넷째, 치료적 동맹을 확장한다. 치료사는 한 사람에게 합류하고 협력해야 할 뿐 아니라 때로는 매우 다른 의제를 가진 여러 사람과도 작업해야 한다([그림 18-2] 참조).

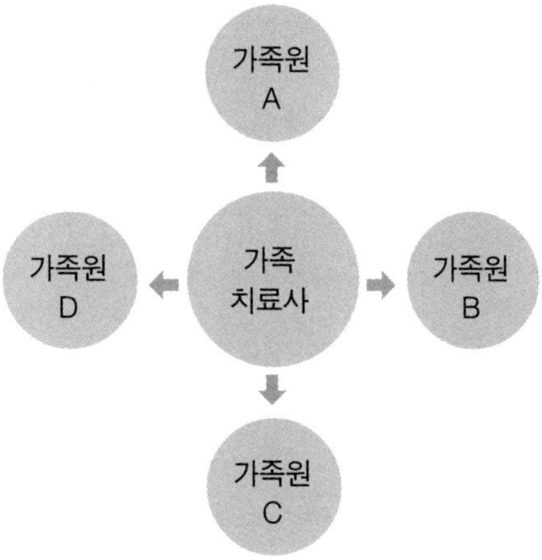

[그림 18-2] 가족치료에서 다중의 치료적 동맹

공통요인을 향한 이러한 움직임이 특정 치료모델에 초점을 두는 것 대신으로 이루어질 필요는 없다. 두 가지가 통합될 수 있다. 즉, 공통요인에 대해 이해함으로써 가족치료사는 자신의 이론을 더 효과적으로 활용할 수 있다. Karam과 동료들(2015)은 부부가족치료 프로그램의 학생들이 여러 가지 이론적 모델을 학습하고, 뿐만 아니라 이러한 학습이 공통모델에 대한 이해와 통합되어야 한다고 권장했다.

핵심 역량

공통요인을 향한 이러한 움직임과 더불어 핵심 역량을 향한 변화도 있었다. 핵심 역량은 누군가가 어떤 분야에서 효과적으로 임상실천을 하기 위해서 숙달해야 하는 지식과 기술을 말한다. 일련의 표준적인 역량을 발전시키는 것은 실천가의 질을 보장하고 또 가족치료사에게 성과기반 교육에 초점을 두는 것을 보장하는 데 도움이 된다(Nelson et al., 2007).

2004년에 미국 부부가족치료학회(AAMFT)는 6개의 1차 영역과 5개의 2차 영역으로 조직된 128개의 핵심 역량 목록을 개발하였다. 이 학회는 부부가족치료사로서 자격증을 가진 사람은 누구든 이런 역량을 갖추어야 한다고 믿었다. [그림 18-3]은

접수면담	• 공식적인 치료가 시작되기 전에 치료사와 내담자 간의 접촉
임상적 사정과 진단	• 치료 목표 정하기 / • 초점을 둘 이슈 파악하기
치료계획과 사례관리	• 치료 과정과 방법 정하기 / • 치료 외적 활동
치료적 개입	• 확인된 문제를 줄이기 위한 활동
법적, 윤리적 이슈	• 규칙, 가치, 관습과 관련된 치료의 측면들
연구와 프로그램 평가	• 치료 과정에 대한 체계적 분석

[그림 18-3] AAMFT 핵심 역량의 6개 주요 영역

AAMFT 핵심 역량의 6개 주요 영역을 보여 준다.

핵심 역량 입장에서 이루어지는 실천의 어려움 중 하나는 언제 특정 기술을 써야 하는지를 결정하는 것이다. Nelson과 Graves(2011)는 부부가족치료 훈련생은 석사 과정 졸업 시점에서 AAMFT가 제시한 두세 가지 역량에 능숙해야 한다고 했다. 이런 점이 걱정될 수 있겠지만, AAMFT는 석사 졸업 후 보통 2년 후에 자격증을 받는 시점까지 이 역량에 숙달해야 한다는 입장이다.

증거기반 치료/경험적으로 지지된 치료

하나의 분야로서 가족치료는 경험적으로 지지된 치료로 변화함에 있어서 임상심리학 분야를 따라갔다(Pinsof, Tilden, & Goldsmith, 2016). 경험적으로 지지된 치료는 치료집단이 통계적으로 유의하게 통제집단에 비해 향상되었음이 과학적으로 입증된 접근이다. 경험적으로 지지된 접근은 매뉴얼로 만들어지는 경향이 있다. 그래서 경험적으로 지지된 치료는 특정 이론적 모델이 효과가 있다는 증거를 보여 준다.

대안적인 움직임은 증거기반 실천으로서, 이것은 치료사가 치료 시 임상적 결정을 하기 위해서 연구결과를 증거로 활용하는 것이다. 대개 증거는 임상적 사안에 따라 구체적이다. 예컨대, 거식증, 외도, 약물남용의 이슈가 있는 사람에게 어떤 실천이 가장 효과가 있는가 하는 것이다. 증거기반 실천은 특정 모델에 관한 것이 아니라, 치료 과정에서 자료 사용 과정에 관한 것이다(Patterson, Miller, Carnes, & Wilson, 2004).

결론

이 책에서는 가족치료사가 되는 데 필요한 많은 핵심적인 아이디어, 기술, 이론을 다루었다. 필자는 이와 관련된 아이디어들을 구축해서 책의 마지막에 이르렀을 때 독자들이 가족치료 회기 내내 자신의 길을 성공적으로 찾아갈 수 있도록 하였다. 그러나 이 책은 가족치료 입문서로 계획한 것이다. 그래서 이 멋진 분야를 계속해서 탐색하는 것은 독자 여러분의 몫이다. 여러분의 여정에 행운이 있기를 바란다.

추가 질문

1. 이론적 모델이 아니라 공통요인 접근에서 기능하는 것은 가족치료사가 사례개념화와 실천에 접근하는 방식에 어떤 영향을 미칩니까?
2. 가족치료사가 이 분야에서 기대하는 핵심 역량을 획득하였는지를 어떻게 알 수 있습니까?
3. 경험적으로 지지된 치료/증거기반 치료 관점에서 작업하는 것의 이점과 불리점은 무엇입니까?

부록

FAMILY THERAPY

부록

한눈에 참고하기

여는 말

내담자와 의미 있는 대화를 시작하기 위해서 치료사가 진솔한 소망을 전달하는 수단으로 사용됨

일반적으로 여는 말

보통 1회기에 사용되며, 내담자가 치료에 왜 오게 되었는지 자신의 생각을 표현할 기회를 제공하기 위함

- “상담에 어떻게 오게 되셨습니까?”
- “오늘 무엇에 관한 이야기를 하고 싶습니까?”
- “당신이 겪고 있는 걱정과 어려움에 대해 듣고 싶습니다.”
- “마음에 걸리는 것이 무엇입니까?”
- “오늘 상담에서 무엇에 관해 상의하고 싶은지 말씀해 주세요.”

구체적으로 여는 말

이미 알게 된 지식이나 현재 내담자의 행동을 사용해서 특정 이슈나 문제에 초점을 두기 위함

- 언어적 메시지에 기초한 경우:
    - “지난주에 ________에 대해 말씀하셨지요. 그 말이 당신에게 어떤 의미인지 말씀해 주세요.”

- 비언어적 메시지에 기초한 경우:
  - "지금 이 순간 두 분 사이에서 뭔가가 오가는 것 같습니다. 지금 두 분 각자에게 무슨 일이 일어나고 있습니까?"
  - "부인, 눈물을 흘리셨던 것 같은데요. 어떤 경험을 하고 계신 건지 말씀해 주실 수 있습니까?"

닫는 말

특정 사안에 대한 이야기를 나누기 위한 공간을 열기 위해서 이루어지지만, 실제로는 치료사가 그런 대화를 하고 싶지 않다는 메시지를 내담자에게 전달하는 경향이 있음

- "남편분은 형제간의 경쟁에 대해서 다시는 이야기하고 싶지 않으시군요, 그러시죠?"
- "오늘 선생님이 원하는 이야기는 무엇이든 할 수 있습니다. 하지만 직장에서 얼마나 힘들었는지에 대해서는 많이 말씀하시지 않기를 바랍니다."
- "드디어 남편분이 오늘 상담에 오기로 결정하신 거군요. 실제로 이야기하고 싶은 것에 대해 생각해 보셨습니까?"

가벼운 격려

내담자가 계속해서 말을 이어 가도록 치료사가 보내는 메시지로서, 진술이나 행동으로 표현됨

비언어적인 가벼운 격려

내담자가 이야기를 계속해도 된다는 것을 알려 주기 위해서 치료사가 신체를 사용

- 눈 맞춤
- 고개 끄덕이기
- 손짓

언어적인 가벼운 격려

내담자가 여전히 말을 해도 되는 차례임을 알려 주는 것

- "그럼요."
- "조금 더 말씀해 보세요."
- "계속하시죠."
- "부인, 남편과의 관계에 대해서 말씀하셨던 것은 매우 중요합니다. 그 부분에 대해서 조금 더 말씀해 보시겠어요?"

바꾸어 말하기

이야기의 내용에 초점을 두고 내담자에게 하는 진술

일반적으로 바꾸어 말하기

내담자가 말한 것을 전부 이해하고 있음을 알리기 위해서 내담자가 한 이야기의 모든 상세한 내용을 확 줄여서 말하는 것

- "이 시점에서 당신이 다루어야 할 것이 아주 많은 것 같군요."
- "당신 삶에서 정말 많은 일이 일어나고 있군요."
- "상황을 보니 당신이 바랐던 것이 잠잠해질 것 같지 않군요."
- "모든 일이 한꺼번에 당신에게 쏟아져 내리는 것 같군요."
- "어머나, 그거 정말 힘드시겠어요."

구체적으로 바꾸어 말하기

치료사가 내담자 이야기의 많은 다양한 상세한 내용을 듣고 있음을 알려 주는 것

- "_____가 일어났을 때, 당신은 _____을 했고, 그래서 _____에게 문제가 생긴 거군요."

판단적으로 바꾸어 말하기

누군가에게 대항하여 한 사람의 편을 들어주는 진술 혹은 내담자가 행했던 것이 나쁘다거나 틀렸다는 메시지를 전달하는 것. 이런 진술은 하지 않아야 함

- “파트너가 당신에게 화를 내서, 당신을 힘들게 하고 있군요.”
- “따님이 일부러 말을 안 듣는 것 같군요.”

비판단적으로 바꾸어 말하기

내담자가 말하고 있는 것은 어떤 사람에 대한 내담자의 지각과 생각이지, 반드시 그 사람의 동기나 행위가 아니라는 것을 강조하는 것

- “당신이 생각하기에는……”
- “당신의 속마음은……”
- “당신이 이해한 바에 의하면……”
- “당신에게는…… 하게 보이는군요.”
- “당신이 이해하기에는……”

정서의 확인

보고

무엇이 일어났는지에 대한 관심

명령

관계에 대한 메시지

- 메시지에 어떤 정서가 담겨 있는지 밝힘
- 제3의 귀로 세심한 주의를 기울여서 경청함
- 메시지에서 말하지 않은 부분을 들음
- 내담자가 어떤 느낌인지 추측함
- 정서/감정의 강도를 밝힘
  - 때로 사람들은 자신의 정서를 과소 표현함
  - 때로 사람들은 자신의 정서를 과대 표현함

감정 반영하기

치료사가 내담자 메시지의 정서적 내용을 들었다는 것을 내담자에게 알려 주는 치료사의 진술

직설적인 감정 반영하기

- 감정이 일어난 상황과 연결시키지 않고, 감정에 대해 반영하여 말함
  - "당신은……하게 느끼는군요(정서)."

조합한 감정 반영하기

- 내담자의 감정을 느끼게 한 내용과 감정을 연결 지음
  - "당신은 ……때문에(내용) ……을 ……느끼는군요(정서)."
    - "당신은 사이좋게 지내려고 열심히 노력했는데도 아직 싸우기 때문에 좌절감을 느끼는군요."
    - "애완견이 죽어서 슬프시군요."
  - "……이 일어나서(내용) ……하게 느끼시는군요(정서)."
    - "파트너가 별거하고 싶다는 말을 해서 당신은 마음이 무척 아프셨군요."
    - "지난주에 엄청 혼란스러워서 지금 뭔가 압도된 기분이군요."

비어 있는 감정

치료사가 '느낀다'는 말을 사용하여 느낌에 대해 반영하지만, 그것을 특정 정서와 관련시키지 않음. 비어 있는 감정은 사용하지 않아야 함

- "당신은 그 관계에 남아 있고 싶어 하지 않는 것처럼 느끼는군요."
  - 대신 "당신은 그 관계에 남아 있고 싶어 하지 않는 것 같군요."
- "당신이 하고 있는 것이 잘되어 가지 않는 것처럼 느끼는군요"
  - 대신 "당신이 하고 있는 것이 잘되어 가지 않는다고 생각하는군요."
- "당신은 이것이 좋은 파트너 관계의 시작일 수 있다고 느끼는군요."
  - 대신 "이것이 좋은 파트너 관계의 시작일 수 있다고 생각하는군요."

내담자의 목소리에 근거한 반영하기

보통 반영을 단도직입적으로 미리 할 필요가 없으며, 치료사는 내담자의 말을 어떻게 듣고 있는지에 대해 자신의 입장이 있음

- 치료사가 반드시 다음과 같이 말할 필요는 없으나 대화가 흘러가는 데 도움을 줄 수 있음
  - "당신이 말하고 있는 것은?"
  - "제가 듣고 있는 것은?"
  - "저는…… 이라는 느낌이에요."

일인칭 관점에서 감정 반영하기

내담자의 관점에서 말하면서 반영함

- 치료사: "이런 일이 일어나고 나서 '잘 지내려면 도대체 내가 어떻게 해야 하는 거야?' 같은 마음이셨군요."
- 치료사: "정말 힘드시겠어요. '그녀가 모든 잘못을 따지려고 하는데, 어떻게 있는 그대로의 내가 될 수 있겠어.'라는 심정이었겠군요."

은유

뭔가 다른 것을 나타내기 위해서 쓰이는 말이나 구절

내담자가 만든 은유

- 내담자가 만들어서 대화에 가져온 은유

치료사가 만든 은유

- 치료사가 만들어서 대화에 가져온 은유

바꾸어 말하기로서의 은유

- "당신의 삶은 바늘이 똑같은 출발지점으로 튀어서 되돌아가는 레코드판 같군요.

그래서 당신이 제일 싫어하는 노래 중 하나를 계속해서 듣고 있는 것 같겠군요."

감정 반영하기로서의 은유

- "당신은 저글링 하듯 여러 남자들과 시간을 돌려가며 쓰느라 바쁘군요. 그래서 공을 한 개라도 놓칠까 봐 걱정하는군요."

시간성

치료사는 내담자의 현재 상황과 미래의 잠재적인 상황을 구분함

- "이 시점에서……"
- "현재는……"
- "바로 지금 당신은……"
- "이 순간에……"

의미 반영하기

내담자가 자기 자신을 어떻게 이해하는지(자기개념) 언급함

- "그것이 당신의 자아감을 어떻게 나타냅니까?"
- "이것을 경험하였다는 점을 놓고 볼 때, 당신은 자기 자신을 어떻게 봅니까?"
- "이것이 바로 당신인 것 같다는 데 대해 스스로 어떠십니까?"
- "당신의 …… 때문에(그의 자아감에 미치는 영향) ……게 느끼는군요(정서)."
  - "당신의 가치와 반대되는 방식으로 행동을 했기 때문에 실망스럽군요."

상호화하기 혹은 다리놓기

치료사가 두 가지 이상의 관점을 합쳐서 하나의 공유된 이해가 가능하도록 돕는 것

유사성에 의한 다리놓기

- 두 사람 이상의 어떤 측면들(예: 공동의 역사, 생활경험, 상황)을 찾아서 그것들을 연

결 짓거나 이어 주는 것

대립적인 다리놓기

- 서로 다른 관점을 가진 두 사람 이상을 연결하여 상대방의 입장을 저지시킴으로써 자신의 입장을 탐색할 수 있게 함

다각적인 편들기

치료사가 각 개인이 중요하다는 느낌을 갖도록 동시에 모든 사람의 편을 드는 것

합류

각 개인과 관계를 맺으려고 하는 것

- "여러분이 모두 가지고 있는 여러 가지 걱정을 더 깊이 나누기 전에, 한 가족으로서의 여러분에 대해 이해하고 싶습니다. 각자 여러분의 가족을 나타내는 두세 가지 형용사를 말씀해 주시겠습니까?"
- "여러분 모두 한 가족으로서 어떤 것들을 함께하십니까?"
- "집에서의 일상은 보통 어떻습니까?"
- "여러분 모두 어떤 종류의 가족이라고 말씀하시겠습니까?"

문제대화의 고리를 상호화하기

치료사가 한번은 한 사람의 경험을 반영하고 또 다른 때는 그 반영을 상호화함

재정의 혹은 재구성

- 내담자의 관점과 치료사의 관점을 연결 짓기
- 가족은 안정성에 초점을 두는데, 치료사는 변화에 초점을 둠

정상화

상황이 그 맥락 속의 개인 혹은 가족에게 어떻게 '정상적인지' 설명하는 것

- "여러분 모두 현재 왜 그런 어려움을 겪고 있는지 놀랍지 않습니다. 서로를 사랑하고 있는데 이런 일이 일어나게 되면 누구든 이런 어려움을 겪을 것입니다."

지각 체크하기

치료사의 이전 반응이 적절한 것인지를 사정하는 질문

- "제 말이 틀릴 수도 있겠지만, 우리가 전에 얘기했던 것을 바탕으로 할 때, 이것은 당신을 두렵게 하는 것을 직면하기보다는 또 한 번 도망간 경우처럼 보여요. 맞나요?"
- 만일 내담자가 치료사의 말이 틀리다고 하면 언쟁하지 말고
  - 내담자에게 다시 초점을 돌리고
  - 만일 맞다고 하면, 가벼운 격려를 하여 더 많은 정보를 얻도록 함

개방질문

- 청자가 자기 자신에게 의미 있는 방식으로 대답하도록 하는 질문
- 개방질문이 치료적 면담에서 유용한 이유는 대화에 깊이를 더하고 또 내담자가 자신만의 용어와 방식으로 자신을 설명하도록 하기 때문임
- 예시
  - '무엇을' '어떻게' '언제' 그리고 '왜'
- '왜' 질문은 상대방이 방어적인 입장에 있게 하는 경향이 있음
  - "왜 당신들은 이 부분에 대해서 서로 이야기하지 않았습니까?"
- 그 대신에
  - "여러분 모두는 중재하기 위해서 어떤 노력을 하셨습니까?"
  - "상황을 변화시키는 데 대해 언제 생각을 해 보셨습니까?"
  - "어떤 형태의 관계를 원하십니까?"

폐쇄질문

- 구체적이고 제한된 반응을 요청하는 질문
- 사정과 진단을 위한 면담에서 활용됨
- 치료적 면담의 어조가 취조를 하는 방향으로 바뀔 수 있음
  - 예시: '했습니까' '합니까' '입니까'
- 다음은 사용하지 않기를 바람
  - "…… 생각하지 않습니까?" 질문
  - "…… 생각합니까?" 질문
  - 이런 질문들은 판단적이고 권위적임

그네질문

폐쇄질문처럼 보이지만 개방적인 반응을 이끌어 냄

- 예시
  - '……하실 수 있습니까?' '……하시겠습니까?' '……해 주시겠습니까?'
    - "당신과의 관계가 어떤지 조금 더 말씀해 주실 수 있습니까?"
    - "집에서 부모 역할을 어떻게 하는지 말씀해 주시겠습니까?"
    - "동생과 사이가 어떤지 말씀해 주시겠습니까?"
    - "당신 집에서 자란 것이 어떤 경험이었는지 말씀해 주실 수 있습니까?"

상호작용 질문

- 두 사람 이상의 관계에서 일어난 것에 초점을 둠
- 그들이 서로 어떤 영향을 미치는지에 대해 한 사람에게 질문할 수 있음
- 상대방이 그들에게 어떤 영향을 미치는지 질문할 수 있음
  - "남편이 술에 취해서 집에 돌아오면 당신은 어떻게 반응하십니까?"
  - "부인이 당신을 완전히 무시한다고 말씀하셨습니다. 그때 당신은 어떻게 하십니까?"
  - "당신이 아들을 벌줄 때 아들은 어떻게 반응합니까?"

개입으로서의 질문

질문에 따른 결과가 있음

순환 질문 혹은 삼자 질문

- 영향이 상호적으로 이루어지는 상황에서 순환적 인식론을 활용함
- 본질적으로 탐색적임

형태

- 관계에 대한 지각의 차이에 관한 질문
- 정도의 차이에 관한 질문
- 지금/그때 차이에 관한 질문
- 가설적 질문과 미래의 차이에 관한 질문

대화 질문

- 치료사의 알지 못함의 자세에서 나오며, 내담자가 자신의 이야기를 말하고 명료화하고 또 확장하도록 도움
- 치료사의 질문은 내담자의 주관성에 들어가기 위한 시도를 기초로 함

문제가 되는 질문

다음과 같은 질문들은 사용하지 않기를 바람

쌍발식 질문

- 두 가지 질문이 결합될 때로, 이 경우 내담자는 어떤 질문에 답해야 할지 혼란해할 수 있음

긴 질문

- 너무 길게 이어지는 질문
- 내담자는 질문을 받는 동안 흥미를 잃을 수 있음
- 질문 끝에 그 질문이 뭐였는지 잊어버릴 수 있음

추측 질문

- 질문 안에 가능한 답이 있는 질문을 치료사가 하는 것
  - "아내가 소리를 지를 때 당신이 화가 나는 것은 어렸을 때 당신에게 소리를 질렀던 어머니를 생각나게 하기 때문인가요?"
  - "부모님 말씀을 잘 듣지 않는 이유는 반항심 때문인가요?"
  - "그날 당신이 남편을 가까이하지 않았던 까닭은 남편을 벌주고 싶어서였나요?"

구체적 질문

- 너무 자세한 답을 요구하는 질문
- 내담자가 답하기가 어려울 가능성이 큼

안내 질문

- 내담자에게 질문을 하지만, 동시에 어떻게 되어야 한다고 치료사가 생각하는 바를 제안하는 질문
- 치료사의 편견을 드러냄
  - "두 분이 서로 사이좋게 지내기를 바라는 것이죠, 그렇죠?"
  - "누군가를 그런 식으로 대하는 것이 별 도움이 안 된다는 것 아시죠?"
- 앞의 질문에 대한 대안적 질문은 다음과 같음
  - "두 분이 서로 잘 지내기를 바라는 데 대해 어떻게 생각하세요?"
  - "그녀를 그렇게 대하는 데 대해 어떻게 보세요?"

치료사의 자기 활용하기

유사언어 혹은 준언어

비언어적 의사소통 수단으로서 목소리를 사용하는 방법

음조

- 목소리 톤의 높낮이 정도를 말함

- 특정 메시지를 강조하거나 부드럽게 하기 위해 억양을 사용

속도 맞추기

- 얼마나 빨리 혹은 느리게 말하는지를 뜻함
- 치료사는 의사소통의 속도를 내담자의 속도와 맞추도록 노력해야 함
- 치료사는 말하는 것이 의미 있거나 중요하다는 것을 가리키기 위해서 속도를 바꿀 수 있음
  - "지금 이 시점에서 샤론 씨…… 남편에게…… 당신의 말을 진짜로 들어주기를…… 당신이 바라는 것을 들어주고 (좀 더 높은 음조로 말함)…… 또 당신과 함께 하기를 바라는 것은 매우 중요한 것 같아요."

크기

- 얼마나 크게 혹은 작게 말하는가를 뜻함
- 대개 치료사들은 목소리의 크기를 중간 수준으로 유지하고자 함
- 영향을 미치기 위해 크기를 바꿀 수 있으며, 그 예는 다음과 같음
  - 상담실의 강도를 낮추고 내담자가 좀 천천히 가도록 하며 그들이 말하는 것에 조금 더 집중하도록 노력을 기울이고 싶을 때, 치료사도 목소리 크기를 낮춤
  - 두 사람 이상이 갈등하고 있고 목소리를 높일 때, 치료사도 목소리 크기를 높임

유머

- 한 사람의 유머 반응이 다른 사람에게는 모욕이 될 수 있으므로 조심해야 함
- 치료사가 유머를 사용하는 의도는 항상 명백해야 함

도전

사람들의 행동과 그 결과가 무엇인가를 말하며, 도전이 될 수 있는 주제는 다음과 같음

- 내담자의 현재의 한계
- 내담자의 자신에 대한 시각

- 내담자의 행동
- 내담자의 타인과의 상호작용

도전의 전략과 기법

취하기와 버리기

- 1부— 취하기: 합류 기제
  - "당신의 어떤 점은 정말 좋습니다."
- 2부— 버리기: 변화될 수 있는 것을 말함
  - "그래서 당신에게 문제가 되는 어떤 것을 계속하는 것이 어떻습니까?"
- 예시
  - "당신은 정말 자상한 아버지군요. 당신의 자상함이 어떤 자녀에게는 너무 과하지 않을까요?"
  - "이해하기 어려운 부분이 있어요. 당신은 개인적으로 아주 똑똑한 사람이지요. 하지만 당신은 온통 가족에게 잘못되거나 상처가 되는 일만 계속하고 있군요."
  - "당신 가족을 화합시키기 위해서 그렇게 열심히 노력하는 방식은 정말 인정할 만해요. 하지만 그러한 노력이 사람들을 더 밀어낼 수 있는 것 같아요."

자기개방

치료사가 내담자에게 자신에 대한 정보를 드러냄

- 연속선상에 있음 (전혀 …… 중간 …… 완전한 개방)
- 언어적 혹은 비언어적
- 의도적 혹은 비의도적
  - 비의도적 (무심코)
    - 치료사가 자기 성격의 일부분을 무의식적으로 드러냄
  - 혼합된 메시지를 보내지 않도록 주의할 것
  - 언어적 의사소통은 수용을 표현할 수 있지만, 얼굴 표정은 거부를 표현할 수도 있음
- 논리/기법

- 항상 "나는 지금 누구를 위해 개방하는가?"라는 질문을 함. 치료사 자신을 위한 개방은 삼가함
- "저에 대해서 아는 것이 당신에게 어떻게 도움이 됩니까?"라는 질문은 하지 말 것
  - 그 대신에 가능한 질문: "네, 저도 형이 있습니다. 자라면서 온갖 갈등을 다 경험했지요. 잘 지내기까지 시간이 꽤 걸렸습니다. 당신과 형이 갈등을 해결하기 위해 어떤 시도를 하는지 알고 싶습니다."

즉시성 (혹은 치료사의 자기관여 진술)

- 치료사가 내담자, 내담자와의 관계 혹은 치료적 관계에 대해 어떻게 느끼는지를 내담자에게 개방하는 것
- 이점
  - 내담자가 치료와 치료사에 대한 감정을 표현하도록 도움
  - 내담자가 가치 있음을 그들에게 보여 줌
  - 치료적 관계를 진전시킬 공간을 열어 줌
  - 내담자가 교정된 관계 경험을 하는 데 도움
- 내담자와 치료적 관계에 대해서 말하기 시작하는 것은 좋음
  - 내담자가 얼마나 멀게 느껴지는지에 대해 말함
  - 내담자가 치료사의 말에 얼마나 귀를 닫고 있는 것 같은지에 대해 말함
  - 내담자가 얼마나 주제넘게 참여하는 것 같은지에 대해 말함
  - 치료사가 그날에 얼마나 내담자와 연결감을 못 느끼는지 혹은 치료사와 내담자 간에 뭔가 다른 게 있는 것 같다는 데 대해 말함

목표

- 치료적 관계에 도움이 됨
- 내담자가 그 순간 자신에 대해 자각하도록 함
- 예시
  - "오늘 제가 당신에게 몇 가지 대안을 제시했을 때, 당신은 저에게 반대하는 것 같았습니다. 우리 둘 사이에 일어났던 일 중에 제가 뭔가 놓치고 있는 것이 있

습니까?"
- "지금 당신에 대해 어떤 느낌이 들어요. 당신에게 꽤 약한 부분이 있고, 그 부분을 존중하고 싶다는 어떤 그런 면이 저에게 있습니다."
- "당신에게 이의를 제기했는데, 그것이 당신에게 괜찮은지 잘 모르겠어요. 잠시 이에 대해 얘기해도 될까요?"

요약하기

- 문제대화의 고리 전체에 대하여 개괄하여 말하는 것
- 치료사가 내담자 이야기의 요점을 들었음을 확인하여 주는 것
- 내담자 이야기를 탐색하는 것과 그다음에 어디로 가는지를, 즉 목표를 연결해 주는 것
- 세 부분으로 구성됨
  - 내용 (두세 개의 문장)
  - 감정 (두세 개의 문장)
  - 의미 (두세 개의 문장)
    - "잠시 시간을 내서 지금까지 말했던 것을 요약하고자 합니다. 집에서 식구들이 좋아하지 않는 여러 가지 일이 일어났습니다. 아론이 공부를 얼마나 집중하여 하는지, 또 부모님과 아들이 어떻게 서로 상호작용하는가에 관한 일들 말입니다. 그래서 여러분 모두 좌절감을 느끼게 되었고, 때로는 서로에게 화가 났습니다. 이렇게 되니 가족이 어떠해야 하는지에 대해 각자가 관점을 가지고 있는데, 여러분은 지금 그런 기대에 따라 살지 못하는 자기 자신을 보고 있기 때문에 실망하고 있습니다."

강도

강도 낮추기

- 논리
  - 관계를 맺고 있는 각 개인이 잘못의 소재를 자기에게 두지 않고 상대방에게 전

가하려는 대칭적 관계의 악화를 예방
- 가족원이 서로에게 직접 말하는 시간의 양을 줄임
- 가족원이 다음의 방법에 의해서 다른 구성원의 말을 목격하게 함
  - 일방경
  - 어떤 가족원을 상담실의 한쪽으로 보내서 거기에 있게 함
  - 발언 막대기 사용하기—치료사가 내담자에게 주는 물건으로서, 그 물건을 잡고 있는 사람만이 말을 할 수 있음. 그것을 잡고 있지 않으면 말할 수 없음

● 단점
- 사람들 간의 교류가 줄어 듦
- 가족과정의 관찰을 저지함

강도 높이기

● 논리
- 내담자들이 자신에게 주어진 역할에서 빠져나가도록 상담 분위기를 뒤흔듦
- 치료적 개입에 극적인 요소를 더해서 내담자에게 더욱 중요한 것으로 만듦
- 새로운 정서와 경험에 다가감

● 진술의 반복은 그런 대화가 극히 중요했다는 신호임
- "단지 자녀의 고통 그 이상인 것 같군요. 이 말을 다시 한번 하고 싶군요. 단지 자녀의 고통 그 이상인 것 같습니다."

● 치료적 침묵
- 치료사가 의도적으로 아무 말도 하지 않을 때
- 치료사나 내담자에게 생각할 여지를 주기 위해 침묵할 수 있음
- 치료사가 침묵할 때, 내담자는 억지로라도 자기성찰을 할 수 있음

● 치료적 중단
- 치료적 대화가 별 도움이 안 되는 방향에서부터 대안이 있는 방향으로 가도록 하는 것
  - 내담자: "남편한테 너무 화가 나요. 그 사람이 하고 있는 일은 옳지 않아요. 친구가 자기도 결혼생활에서 실망이 컸다고 말하더군요. 친구 말이,"

- 치료사: "여기서 잠깐 멈추지요. 강한 감정을 경험하고 있다고 하시면서 다른 사람에 대한 이야기를 하시는군요. 당신 자신에게 계속 집중하고 그런 감정에 머물러 있겠습니까?"

- 비속어
  - 내담자를 악담하기 위해서 사용하는 것이 아니라 내담자의 경험에 맞추거나 강조하기 위해서 사용
  - 치료사의 언어는 내담자의 경험을 인정하거나 혹은 내담자를 밀어붙이는 데 사용됨

실연

- 두 사람 이상의 가족원이 치료 회기 동안에 서로 말을 하게 함
  - 실연을 하지 않으면 알 수 없는 정보를 가족치료사에게 제공함
  - 가족원의 상호작용이 치료사 앞에서 그리고 치료사와의 관계에서 행해지므로 치료체계를 형성하는 데 도움이 됨
  - 가족의 현실을 변화시키는 데 도움이 되는데, 그 이유는 IP에 대한 가족의 시각이 문제를 둘러싼 사람들 간의 대화로 바뀌기 때문임
  - 가족원이 서로에게 새로운 행동을 시도해 볼 환경과 맥락을 제공함
- 예시
  - "에블린 씨, 두 분이 상이한 관점을 가지고 있다고 부인이 말하고 있는데, 이에 대해 부인에게 직접 말씀해 보세요."
  - "이제까지 두 분이 얼마나 상이한 양육방식을 가지고 있는지에 대한 이야기를 나누었습니다. 이제 마주보고 이러한 차이에 대해 이야기를 나누어 보시지요."
  - "브레트 씨, 부인이 지금 말하고 있는 것에 대해 이견을 제기해 보세요."
- 기법
  - 실연을 어떻게 시작하고, 어떻게 그리고 언제 개입하며, 또 언제 종료할 것인지를 정하는 것은 치료사의 책임
  - 전통적으로 실연은 다음의 세 가지 구성요소로 이루어짐
    - 치료사는 좀 더 떨어진 입장에서 가족이 즉석에서 대본 없이 하는 상호작용

과정을 관찰함
  - 치료사가 가족으로 하여금 치료사 앞에서 문제 과정에 서로 개입하도록 함
  - 치료사가 더 가까운 입장을 취해서 가족이 서로 관계를 맺는 대안적인 방법을 제시함

움직임과 신체접촉

- 움직임은 치료의 강도를 높이기 위해 사용될 수 있음
  - 움직임을 사용하기 위한 세 가지 방법
    - 치료사가 움직임
    - 내담자가 움직임
    - 치료사와 내담자가 움직임
- 파트너 간의 신체접촉
  - 커플이 서로 손을 잡고 포옹하고 껴안고 마주보고 눈 맞춤을 함
  - 치료사는 파트너 간의 신체접촉을 활용하며 또한 이를 확장하여 치료 회기 중에 어떤 내담자라도 포함할 수 있음(즉, 부모-자녀, 친구 간, 배우자 간)
- 치료사의 신체접촉
  - 내담자와의 악수

즉흥성

- 공식적인 각본 없이 어떤 상황에 들어가서 즉석에서 뭔가가 일어나도록 만드는 것
- 활용
  - 치료사가 회기에서 일어나는 것은 무엇이든 취해서(내담자가 말하거나 행동하는 어떤 것 혹은 치료사가 말하거나 행동하는 그 무엇), 치료 회기를 진전시키는 데 도움을 주기 위해 사용하는 것
  - 은유를 찾아보는 방법에 초점
- 일회성 활용: 내담자의 진술에 대해 단 하나의 반응만 하는 것
  - 내담자: "엄마에게 엄청 화가 났어요."
  - 치료사: "당신에게는 어떤 종류의 기저귀가 필요할 것 같아요?"

    - 내담자: "우리의 관계가 가라앉고 있어요."
    - 치료사: "어떤 모양의 인생 뗏목에 타고 있어요?"
- 복수의 활용: 여러 번 왔다 갔다 대화하면서 은유를 개발하는 것
    - 내담자: "그녀는 불독 같아서 일단 물면 절대 놓아 주지 않아요."
    - 치료사: "그런데 당신은 속수무책의 우편배달부인가요?"
    - 내담자: "맞아요. 그 집을 정말 빨리 지나가려고 하죠."
    - 치료사: "그 집에 들를 때 개한테 줄 뼈다귀나 후추 스프레이를 들고 가시나요?"
    - 내담자: "글쎄요. 이제까지 너무 많이 짖어 대서 이제는 후추 스프레이를 들고 있어요."
    - 치료사: "그렇다면 그 집에 가기 전부터 이미 방어할 준비를 하고 있네요."

엉뚱함

- 불합리성과 광기
- 논리를 걸러뛰고, 창조적 광기로 향하는 문을 열기
- 자발적이 될 수 있는 능력으로서 정해진 요구 밖의 방식으로 행동할 수 있는 능력
- 기대되지 않고 또 예측할 수 없는 것들을 받아들이기

목표 설정

- 치료사와 내담자가 치료적 만남의 목적을 정하기 위해 함께 작업하는 과정
- 내담자가 어디로 가기를 원하는지에 대한 방향을 제공하고 거기 도달하기 위한 동기를 제공함
- 좋은/효과적인 목표
    - 작은
    - 단순한
    - 현실적으로 성취할 수 있는
    - 구체적이고 측정할 수 있는
    - 내담자에게 중요한

- 무엇인가가 없는 것이 아니라 있는 것으로 말하는
- 새로운 행동의 시작
- 내담자의 힘든 일을 포함하는
- 사회적 상호작용의 용어로 묘사되는

● 두 가지 구성요소
- 경로 사고(도력): 목표에 도달하기 위한 경로를 개발할 수 있는 개인의 능력
- 주체성 사고(의지력): 그러한 경로를 밟아갈 수 있는 개인의 능력

● 목표 설정
- "이것을 기초로 할 때, 무슨 일이 일어나야 당신이 원하는 것에 좀 더 가까워지는 상황이 될까요?"
- "당신은 어떻게 좀 다를까요?"
- "그 대신 당신은 어떻게 될까요?"
- "좀 더 가깝다는 것이 어떻다는 것일까요?"

● 목표에 우선순위 매기기
- 내담자와 함께 그들의 문제에 우선순위를 매기는 작업을 하는데, 그 이유는 이런 작업을 통해 어떤 목표를 먼저 시작하고 어떤 목표를 치료 과정의 후반에 다룰 것인지의 단계를 설정하기 때문임
- 예시
  - "지금까지 여러 가지 사안에 대해 이야기를 나누었습니다. 두 분의 결혼생활이 더 행복해지기를 바란다는 것, 따님이 학교에서 잘하고 있지 못한 데 대한 걱정, 현재 병환 중인 시어머니를 어떻게 해야 할지를 결정하는 것 등에 대한 이야기를 나누었습니다. 이런 여러 가지 걱정거리 중에서 어떤 것이 두 분에게 가장 급한 것입니까?"

종결

치료적 관계를 끝내는 것

내담자가 주도한 종결

- 내담자가 치료를 끝내기로 결정하고 치료사는 동의하지 않을 때임
- 가장 흔한 형태의 종결
- 예시
  - 내담자가 치료적 동맹을 잘 맺지 못함
  - 내담자가 치료에서 이야기되고 있는 바에 압박감을 느낌
  - 경제적 이유 혹은 다른 여러 이유

치료사가 주도한 종결

- 치료사가 치료 계약을 끝내려고 할 때임
- 이상적인 시나리오: 치료사(그리고 내담자)가 인식하기에 내담자의 목표가 달성되었을 때
- 예시
  - 내담자가 다른 치료사에게 더 잘 맞는다고 치료사가 생각함(예: 식이장애 전문치료사에게 의뢰함)
  - 내담자가 치료에서 더 이상 이득을 보지 못하는 것 같음
  - 치료사가 더 이상 치료를 할 수 없을 때

강요된 종결

치료사나 내담자가 치료적 관계를 더 이상 계속할 수 없을 때

- 내담자나 치료사가 치료 프로그램을 떠남
- 내담자나 치료사가 다른 지역으로 이사를 감
- 치료사와 내담자의 만남을 방해할 어떤 다른 일방적 이유

내담자의 의존

- 치료사의 지원 없이 잘 기능할 수 없다는 느낌을 내담자가 받을 때
- 내담자의 의존을 피하기 위한 방법의 예
  - 내담자가 긍정적인 방향으로 변화하기 시작하면 회기의 간격을 늘리기 시작함

- 어떤 진전이든지 내담자를 칭찬함
  - 내담자: "선생님, 선생님께서 저에게 엄청 도움이 되셨어요."
  - 치료사: "고맙습니다. 그런데 이 모든 변화를 이룬 것은 제가 아니라는 것을 우리 모두 알고 있지요. 당신이 열심히 노력해서 이룬 것입니다. 제가 당신의 성장과 변화의 일부가 되도록 받아주셔서 정말 감사합니다."

종결의 기능

- 치료계약에는 분명한 목적이 있다는, 즉 내담자가 도달할 목표가 있다는 치료사의 사고태도
- 치료사의 목표는 내담자가 가능한 한 빨리, 바라건대 첫 회기 후에 바로 자신을 해고하도록 하는 것임
- 궁극적인 종결에 대한 생각을 가지고 첫 회기에서 하는 질문의 예:
  - "오늘 무슨 일이 일어나야 앞으로 세 달 후에 이 상담이 조금 도움이 되었다고 말할까요?"

참고문헌

Addison, S., & Thomas, V. (2009). Power, privilege, and oppression: White therapist working with minority couples. In M. Rastogi & V. Thomas (Eds.), *Multicultural, couple therapy* (pp. 9–27). Thousand Oaks, CA: SAGE.

Akyil, Y. (2011). Being a family therapist in the United States: Multicultural competency through the lenses of an immigrant therapist. *Journal of Family Psychotherapy, 22*, 157–171. DOI: 10.1080/08975353.2011.578047.

Andersen, T. (1993). See and hear, and be seen and heard. In S. Friedman (Ed.), *The new language of change* (pp. 303–344). New York: Guilford.

Anderson, H. (1997). *Conversation, language, and possibilities*. New York: Basic Books.

Anderson, H., & Goolishian, H. A. (1988). Human systems as linguistic systems: Preliminary and evolving ideas about the implications for clinical theory. *Family Process, 27*(4), 371–393.

Atkinson, B. J. (2013). Mindfulness training and the cultivation of secure, satisfying couple relationships. *Couple and Family Psychology: Research and Practice, 2*(2), 73–94.

Banmen, J., & Maki-Banmen, K. (2014). What has become of Virginia Satir's therapy model since she left us in 1988? *Journal of Family Psychotherapy, 25*(2), 117–131.

Bateson, G. (1972). *Steps to an ecology of mind*. New York: Ballantine.

Bateson, G. (1987). Information and codification: A philosophical approach. In J. Ruesch & G. Bateson (Eds.), *Communication: The social matrix of psychiatry* (pp. 168–211). New York: W. W. Norton.

Bateson, G., Jackson, D. D., Haley, J., & Weakland, J. (1956). Toward a theory of schizophrenia. *Behavioral Sciences, 1*, 251–264.

Beitman, B. D., & Yue, D. (2004). *Learning psychotherapy* (2nd ed.). New York: W. W. Norton.

Berg, I. K. (1994). *Family based services: A solution-focused approach.* New York: W. W. Norton.

Berg, I. K., & de Shazer, S. (1993). Making numbers talk: Language in therapy. In S. Friedman (Ed.), *The new language of change* (pp. 5–24). New York: Guilford.

Boscolo, L., Cecchin, G., Hoffman, L., & Penn, P. (1987). *Milan systemic family therapy.* Basic Books.

Boston, P. (2007). Therapeutic groundhog day–exploring the impact of the theory/approach on the self of the therapist. *Journal of Family Therapy, 29,* 338–341.

Boszormenyi-Nagy, I., Grunebaum, J., & Ulrich, D. (1991). Contextual therapy. In A. S. Gurman & D. P. Kniskern (Eds.), *Handbook of family therapy: Vol. II* (pp. 200–238). New York: Brunner/Mazel.

Boszormenyi-Nagy, I., & Krasner, B. R. (1986). *Between give and take.* New York: Brunner/Mazel.

Boszormenyi-Nagy, I., & Spark, G. (1984). *Invisible loyalties.* New York: Brunner/Mazel.

Bowen, M. (1992). *Family therapy in clinical practice.* Northvale, NJ: Jason Aronson.

Boyd-Franklin, N., Cleek, E. N., Wofsy, M., & Mundy, B. (2013). *Therapy in the rea world.* New York: Guilford.

Boylin, W. M., & Briggie, C. R. (1987). The healthy therapist: The contribution of symbolic-experiential family therapy. *Family Therapy, 14*(3), 247–256.

Brown, C. B., Collins, S., & Arthur, N. (2014). Fostering multicultural and social justice competence through counsellor education pedagogy. *Canadian Journal of Counselling and Psychotherapy, 48*(3), 300–320.

Burnett, C., & Reiter, M. D. (2014). Bowen family systems theory. In M. D. Reiter (Ed.), *Case conceptualization in family therapy* (pp. 33–54). New York: Pearson.

Butler, M. H., & Gardner, B. C. (2003). Adapting enactments to couple reactivity: Five developmental stages. *Journal of Marital and Family Therapy, 29,* 311–328.

Campbell, D., Draper, R., & Huffington, C. (1991). *Teaching systemic thinking.* London: Karnac.

Carson, D. K. (1999). The importance of creativity in family therapy: A preliminary consideration. *The Family Journal*, *7*(4), 326–334.

Carson, D. K., Becker, K. W., Vance, K. E., & Forth, N. L. (2003). The role of creativity in marriage and family therapy practice: A national online study. *Contemporary Family Therapy*, *25*(1), 89–109.

Cecchin, G. (1987). Hypothesizing, circularity, and neutrality revisited: An invitation to curiosity. *Family Process*, *26*(4), 405–413.

Cheavens, J. S., Feldman, D. B., Gum, A., Michael, S. T., & Snyder, C. R. (2006). Hope therapy in a community sample: A pilot investigation. *Social Indicators Research*, *77*(1), 61–78.

Collins, P. H. (2015). Intersectionality's definitional dilemmas. *Annual Review of Sociology*, *41*, 1–20. DOI: 10.1146/annurev-soc-073014-112142.

Collins, S., & Arthur, N. (2007). A framework for enhancing multicultural counselling competence. *Canadian Journal of Counselling*, *41*(1), 31–49.

Corey, M. S., & Corey, G. (2016). *Becoming a helper* (7th ed.). Boston, MA: Cengage.

Crago, H. (2003). Who should be a family therapist? A personal view of selection for training. *Australian and New Zealand Journal of Family Therapy*, *24*(3), 141–149.

Cullin, J. (2008). Method in the madness: The strategic uses of absurdity and the unexpected in psychotherapy. *Australian and New Zealand Journal of Family Therapy*, *29*(4), 191–200.

de Shazer, S. (1982). *Patterns of brief family therapy*. New York: Guilford.

de Shazer, S. (1985). *Keys to solution in brief therapy*. New York: W. W. Norton.

de Shazer, S. (1988). *Clues: Investigating solutions in brief therapy*. New York: W. W. Norton.

de Shazer, S. (1991). *Putting difference to work*. New York: W. W. Norton.

de Shazer, S. (1994). *Words were originally magic*. New York: W. W. Norton.

de Shazer, S., Berg, I. K., Lipchik, E., Nunnally, E., Molnar, A., Gingerich, W., & Weiner-Davis, M. (1986). Brief therapy: Focused solution development. *Family Process*, *25*(2), 207–221.

De Villers, L. (2014). Getting in touch with touch: A use of caressing exercises to enrich sensual connection and evoke ecstatic experience in couples. *Sexual and Relationship Therapy*, *29*(1), 87–97.

Deacon, S. A., & Thomas, V. (2000). Discovering creativity in family therapy: A theoretical analysis. *Journal of System Therapies, 19*(3), 4–17.

Drell, M. J. (2015). My use of humor in therapy: A performance-in-practice selfstudy. *Journal of the American Academy of Child & Adolescent Psychiatry, 54*(3), 159–161.

Ducommun-Nagy, C., & Reiter, M. D. (2014). Contextual therapy. In M. D. Reiter (Ed.), *Case conceptualization in family therapy* (pp. 55–81). New York: Pearson.

Duncan, B. L., Hubble, M. A., & Miller, S. D. (1997). *Psychotherapy with "impossible" cases.* New York: W. W. Norton.

Durtschi, J. A., & McClellan, M. K. (2010). The self of the therapist. In L. Hecker(Ed.), *Ethics and professional issues in couple and family therapy* (pp. 155–169). New York: Routledge.

Falicov, C. J. (2003). Culture in family therapy: New variations on a fundamental theme. In T. L. Sexton, G. R. Weeks, & M. S. Robbins (Eds.), *Handbook of family therapy* (pp. 37–55). New York: Brunner-Routledge.

Fisch, R., Weakland, J. H., & Segal, L. (1982). *The tactics of change.* San Francisco, CA: Jossey-Bass.

Framo, J. L. (1996). A personal retrospective of the family therapy field: Then and now. *Journal of Marital and Family Therapy, 22*(3) 289–316.

Gans, J. S. (2011). Unwitting self-disclosures in psychodynamic psychotherapy: Deciphering their meaning and accessing the pain within. *International Journal of Group Psychotherapy, 61*(2), 218–237.

Gehart, D. R. (2012). *Mindfulness and acceptance in couple and family therapy.* New York: Springer.

Gelcer, E., McCabe, A. E., & Snith-Resnick, C. (1990). *Milan family therapy: Variant and invariant methods.* Northvale, NJ: Jason Aronson.

Gergen, K. J. (1991). *The saturated self.* New York: Basic Books.

Gergen, K. J. (1994). *Realities and relationships.* Cambridge, MA: Harvard University Press.

Gilbert, R. M. (2006). *The eight concepts of Bowen theory.* Falls Church, VA: Leading Systems.

Gladding, S. T., & Wallace, M. J. D. (2016). Promoting beneficial humor in counseling: A way of helping counselors help clients. *Journal of Creativity in Mental Health, 11*(1), 2–11.

Haley, J. (1963). *Strategies of psychotherapy*. New York: Grune & Stratton.

Haley, J. (1973). *Uncommon therapy: The psychiatric techniques of Milton H. Erickson, M. D.* New York: W. W. Norton.

Haley, J. (1981). *Ordeal therapy*. San Francisco, CA: Jossey-Bass.

Haley, J. (1984). *Ordeal therapy*. California: Jossey-Bass.

Haley, J. (1985). *Conversations with Milton H. Erickson, M.D., Vol. 1: Changing individuals; Vol. 2: Changing couples; Vol. 3: Changing children and families*. New York: Triangle/ W. W. Norton.

Haley, J. (1987). *Problem-solving therapy* (2nd ed.). San Francisco, CA: Jossey-Bass.

Haley, J. (1993). *Jay Haley on Milton Erickson*. New York: Brunner-Mazel.

Haley, J., & Richeport-Haley, M. (2007). *Directive family therapy*. New York: Haworth.

Hardy, K. V., & Laszloffy, T. A. (1995). The cultural genogram: Key to training culturally competent family therapists. *Journal of Marital and Family Therapy, 21*, 227–237.

Hargrave, T. D., & Pfitzer, F. (2003). *The new contextual therapy*. New York: Brunner-Routledge.

Hill, C. E. (2004). *Helping skills: Facilitating exploration, insight, and action*. Washington, DC: American Psychological Association.

Hill, C. E., Gelso, C. J., Chui, H., Spangler, P. T., Hummel, A., Huang, T.,…Miles, J. R. (2014). To be or not to be immediate with clients: The use and perceived effects of immediacy in psychodynamic/interpersonal psychotherapy. *Psychotherapy Research, 24*(3), 299–315.

Hoyt, M. F. (2001). *Interviews with brief therapy experts*. Pennsylvania: Brunner-Routledge.

Hoyt, M. F., & Berg, I. K. (2000). Solution-focused couple therapy: Helping clients construct self-fulfilling realities. In M. F. Hoyt (Ed.), *Some stories are better than others* (pp. 143–166). New York: Brunner/Mazel.

Johnson, L. A., & Caldwell, B. E. (2011). Race, gender, and therapist confidence: Effects on satisfaction with the therapeutic relationship in MFT. *The American Journal of Family Therapy, 39*(4), 307–324. DOI: 10.1080/01926187.2010.532012.

Jones, S. (1999). *Therapists' attitudes toward use or nonuse of touch in a psychotherapeutic setting* (Doctoral dissertation). ProQuest Information & Learning. (AEH9931742).

Karam, E. A., Blow, A. J., Sprenkle, D. H., & Davis, S. D. (2015). Strengthening the systemic ties that bind: Integrating common factors into marriage and family therapy curricula. *Journal of Marital and Family Therapy, 41*(2), 136–149.

Keeney, B. P. (1983). *Aesthetics of change*. New York: Guilford.

Keeney, B. P. (1990). *Improvisational therapy*. New York: Guilford.

Keeney, B. P., & Ross, J. M. (1985). *Mind in therapy*. New York: Basic Books.

Keeney, H., & Keeney, B. (2013). *Creative therapeutic technique*. Phoenix, AZ: Zeig, Tucker, & Theisen.

Keim, J. (1998). Strategic family therapy. In F. M. Dattilio (Ed.), *Case studies in couple and family therapy* (pp. 132–157). New York: Guilford.

Keith, D. V. (1998). Symbolic-experiential family therapy for chemical imbalance. In F. M. Dattilio (Ed.), *Case studies in couple and family therapy* (pp. 179–202). New York: Guilford.

Keith, D. V., & Whitaker, C. A. (1978). Struggling with the impotence impasse: Absurdity and acting-in. *Journal of Marriage and Family Counseling, 4*(1), 69–77.

Kernberg, O. F. (1965). Notes on countertransference. *Journal of the American Psychoanalytic Association, 13*, 38–56.

Kerr, M. E., & Bowen, M. (1988). *Family evaluation*. New York: W. W. Norton.

Kissil, K., Niño, A., & Davey, M. (2013). Doing therapy in a foreign land: When the therapist is "not from here". *The American Journal of Family Therapy, 41*(2), 134–147. DOI: 10.1080/01926187.2011.641441.

Kottler, J. A., & Carlson, J. (2014). *On being a master therapist*. Hoboken, NJ: Wiley.

Kuutmann, K., & Hilsenroth, M. J. (2012). Exploring in-session focus on the patient-therapist relationship: Patient characteristics, process and outcome. *Clinical Psychology and Psychotherapy, 19*(3), 187–202.

Laitila, A., & Oranen, M. (2013). Focused dialogues in training contexts: A model for enhancing reflection in therapist's professional practice. *Contemporary Family Therapy, 35*, 599–612. DOI 10.1007/s10591-013-9235-9.

Lambert, M. J. (1992). Psychotherapy outcome research: Implications for integrative and eclectical therapists. In J. C. Norcross & M. R. Goldfried (Eds.), *Handbook of psychotherapy integration* (pp. 94–129). New York: Basic Books.

Lambert, M. J., & Bergin, A. E. (1994). The effectiveness of psychotherapy. In A. E. Bergin & S. L . Garfield (Eds.), *Handbook of psychotherapy and behavior change* (4th ed.). New York: Wiley.

Lankton, S. R., & Lankton, C. H. (1986). *Enchantment and intervention in family therapy.* New York: Brunner/Mazel.

Loeschen, S. (1998). *Systematic training in the skills of Virginia Satir.* Pacific Grove, CA: Brooks/Cole.

Luft, J., & Ingham, H. (1955). The Johari window, a graphic model of interpersonal awareness. *Proceedings of the western training laboratory in group development.* Los Angeles, CA: University of California, Los Angeles.

Madanes, C. (1981). *Strategic family therapy. San Francisco*, CA: Jossey-Bass.

Madanes, C. (1984). *Behind the one-way mirror.* San Francisco, CA: Jossey-Bass.

Madanes, C. (1991). Strategic family therapy. In A. S. Gurman & D. P. Kniskern (Eds.), *Handbook of family therapy: Vol. II* (pp. 396–416). New York: Brunner/Mazel.

Madigan, S. (2011). *Narrative therapy.* Washington, DC: American Psychological Association.

Mayotte-Blum, J., Slavin-Mulford, J., Lehmann, M., Pesale, F., Becker-Matero, N., & Hilsenroth, M. (2012). Therapeutic immediacy across long-term psychodynamic psychotherapy: An evidence-based case study. *Journal of Counseling Psychology*, *59*(1), 27–40.

McGoldrick, M. (1993). Ethnicity, cultural diversity, and normality. In F. Walsh (Ed.), *Normal family processes* (2nd ed.). (pp. 331–360). New York: Guilford.

McGoldrick, M., Pearce, J. K., & Giordano, J. (1982). *Ethnicity and family therapy.* New York: Guilford.

Mearns, D., & Cooper, M. (2005). *Working at relational depth in counseling and psychotherapy.* London: SAGE.

Miller, S. D., Duncan, B. L., & Hubble, M. A. (1997). *Escape from Babel.* New York: W. W. Norton.

Minuchin, P., Colapinto, J., & Minuchin, S. (1998). *Working with families of the poor.* New York: Guilford.

Minuchin, S. (1982). Foreword. In J. R. Neill & D. P. Kniskern (Eds.), From psyche to system: *The evolving therapy of Carl Whitaker* (pp. vii–ix). New York: Guilford.

Minuchin, S. (2012). *Families and family therapy.* New York: Routledge. (Original work published 1974)

Minuchin, S., & Fishman, H. C. (1981). *Family therapy techniques.* Cambridge, MA: Harvard University Press.

Minuchin, S., Lee, W-Y., & Simon, G. M. (1996). *Mastering family therapy.* New York: John Wiley & Sons.

Minuchin, S., Montalvo, B., Guerney, B., Rosman, B., & Schumer, F. (1967). *Families of the slums: An exploration of their structure and treatment.* New York: Basic Books.

Minuchin, S., & Nichols, M. P. (1993). *Family healing.* New York: Free Press.

Minuchin, S., Nichols, M. P., & Lee, W-Y. (2007). *Assessing families and couples.* Boston, MA: Allyn & Bacon.

Minuchin, S., Reiter, M. D., & Borda, C. (2014). *The craft of family therapy.* New York: Routledge.

Minuchin, S., Rosman, B. L., & Baker, L. (1978). *Psychosomatic families.* Cambridge, MA: Harvard University Press.

Mitten, T. J., & Connell, G. M. (2004). The core variable of symbolic-experiential therapy: A qualitative study. *Journal of Marital and Family Therapy, 30*(4), 467–478.

Morgan, M. L., & Wampler, K. S. (2003). Fostering client creativity in family therapy: A process research study. *Contemporary Family Therapy, 25*(2), 207–228.

Negash, S., & Sahin, S. (2011). Compassion fatigue in marriage and family therapy: Implications for therapists and clients. *Journal of Marital and Family Therapy, 37*(1), 1–13.

Nelson, T. S., Chenail, R. J., Alexander, J. F., Crane, D. R., Johnson, S. M., & Schwallie, L. (2007). The development of core competencies for the practice of marriage and family therapy. *Journal of Marital and Family Therapy, 33*(4), 417–438.

Nelson, T. S., & Graves, T. (2011). Core competencies in advanced training: What supervisors say about graduate training. *Journal of Marital and Family Therapy, 37*(4), 429–451.

Nerin, W. F. (1986). *Family reconstruction.* New York: W. W. Norton.

Nichols, M. P., & Fellenberg, S. (2000). The effective use of enactments in family therapy:

A discovery-oriented process study. *Journal of Marital and Family Therapy, 26*(2), 143–152.

Norcross, J. C., Krebs, P. M., & Prochaska, J. O. (2011). Stages of change. *Journal of Clinical Psychology: In Session, 67*(2), 143–154.

O'Hanlon, B., & Weiner-Davis, M. (2003). *In search of solutions* (Rev ed.). New York: W. W. Norton.

O'Leary, C. J. (2012). *The practice of person-centred couple and family therapy*. Basingstoke: Palgrave Macmillan.

Ormont, L. (1990). The craft of bridging. *International Journal of Group Psychotherapy, 40*(1), 3–17.

Ormont, L. R. (1997). Bridging in group analysis. *Modern Psychoanalysis, 22*(1), 59–77.

Panichelli, C. (2013). Humor, joining, and reframing in psychotherapy: Resolving the auto-double-bind. *The American Journal of Family Therapy, 41*, 437–451.

Papero, D. V. (2014). Assisting the two-person system: An approach based on the Bowen theory. *Australian and New Zealand Journal of Family Therapy, 35*(4), 386–397.

Parsons-Rozycki, R. N., & Ford, J. J. (2010). Multicultural issues, spirituality and religion. In L. Hecker (Ed.), *Ethics and professional issues in couple and family therapy* (pp. 171–185). New York: Routledge.

Patterson, J. E., Miller, R. B., Carnes, S., & Wilson, S. (2004). Evidence-based practice for marriage and family therapists. *Journal of Marital and Family Therapy, 30*(2), 183–195.

Patterson, J., Williams, L., Edwards, T. M., Chamow, L., & Grauf-Grounds, C. (2009). *Essential skills in family therapy* (2nd ed.). New York: Guilford.

Payne, M. (2000). *Narrative therapy: An introduction for counsellors*. London: SAGE.

Petrella, C., & Rovers, M. (2014). Inter-partner touch in couple counseling. *Counselling and Spirituality, 33*(1), 93–109.

Pinsof, W., Tilden, T., & Goldsmith, J. (2016). Empirically informed couple and family therapy: Past, present, and future. In T. L. Sexton & J. Lebow (Eds.), *Handbook of family therapy* (pp. 500–516). New York: Routledge.

Pinto-Coelho, K. G., Hill, C. E., & Kivlighan Jr., D. M. (2016). Therapist self-disclosure in psychodynamic psychotherapy: A mixed methods investigation. *Counselling Psychology Quarterly, 29*(1), 29–52.

Prochaska, J. O., & Norcross, J. C. (2001). Stages of change. *Psychotherapy: Theory, Research, Practice, Training, 38*(4), 443–448.

Prochaska, J. O., Norcross, J. C., & DiClemente, C. C. (2013). Applying the stages of change. In G. P. Koocher, J. C. Norcross, & B. A. Greene (Eds.), *Psychologists' desk reference* (3rd ed.) (pp. 176–181). New York: Oxford University Press.

Rappleyea, D. L., Harris, S. M., White, M., & Simon, K. (2009). Termination: Legal and ethical considerations for marriage and family therapists. *The American Journal of Family Therapy, 37*(1), 12–27.

Rastogi, M., & Thomas, V. (2009). Introduction to multicultural couple therapy. In M. Rastogi & V. Thomas (Eds.), *Multicultural couple therapy* (pp. 3–8). Thousand Oaks, CA: SAGE.

Reiter, M. D. (2008). *Therapeutic interviewing.* Boston, MA: Pearson.

Reiter, M. D. (2014). *Case conceptualization in family therapy.* Boston, MA: Pearson.

Reiter, M. D. (2015). *Substance abuse and the family.* New York: Routledge.

Reiter, M. D., & Chenail, R. J. (2016). Defining the focus in solution-focused brief therapy. *International Journal of Solution Focused Practices, 4*(1), 1–9.

Robbins, M. S., Alexander, J. F., Newell, R. M., & Turner, C. W. (1996). The immediate effect of reframing on client attitude in family therapy. *Journal of Family Psychology, 10*(1), 28–34.

Roberto, L. G. (1991). Symbolic-experiential family therapy. In A. Gurman & D. Kniskern (Eds.), *The handbook of family therapy: Vol. II* (pp. 444–476). New York: Brunner/Mazel.

Rogers, C. R. (1961). *On becoming a person.* Boston, MA: Houghton Mifflin.

Rogers, C. R. (1965). *Client-centered therapy.* Boston, MA : Houghton Mifflin.

Rogers, C. R. (1989). The necessary and sufficient conditions of therapeutic personality change. In H. Kirschenbaum & V. L. Henderson (Eds.), *The Carl Rogers reader* (pp. 219–235). Boston, MA: Houghton Mifflin.

Rogers, C. R., & Truax, C. B. (1967). The therapeutic conditions antecedent to change: A theoretical view. In C. R. Rogers (Ed.), *The therapeutic relationship and its impact* (pp. 97–108). Connecticut: Greenwood.

Rosenblatt, P. C. (1994). *Metaphors of family systems theory*. New York: Guilford.

Satir, V. (1978). *Your many faces*. Berkeley, CA: Celestial Arts.

Satir, V. (1988). *The new peoplemaking*. San Francisco, CA: Science and Behavior Books.

Satir, V. (1994). You as a change agent. In V. Satir, J. Stachowiak, & H. A. Taschman. *Helping families to change* (pp. 37–62). Northvale, NJ: Jason Aronson.

Satir, V., Banmen, J., Gerber, J., & Gomori, M. (1991). *The Satir model*. San Francisco, CA: Science and Behavior Books.

Seedall, R. B. (2009). Enhancing change process in solution-focused brief therapy by utilizing couple enactments. *American Journal of Family Therapy, 37*(2), 99–113.

Seedall, R. B., Holtrop, K., & Parra-Cardona, J. R. (2014). Diversity, social justice, and intersectionality trends in C/MFT: A content analysis of three family therapy journals, 2004–2011. *Journal of Marital and Family Therapy, 40*(2), 139–151.

Segal, L. (1991). Brief therapy: The MRI approach. In A. S. Gurman & D. P. Kniskern (Eds.), *Handbook of family therapy, Volume II* (pp. 171–199). Pennsylvania: Brunner/Mazel.

Selvini Palazzoli, M., Boscolo, L., Cecchin, G., & Prata, G. (1978a). *Paradox and counterparadox*. New York: Jason Aronson.

Selvini Palazzoli, M., Boscolo, L., Cecchin, G., & Prata, G. (1978b). A ritualized prescription in family therapy: Odd days and even days. *Journal of Marriage and Family Counseling, 4*, 3–8.

Selvini Palazzoli, M., Boscolo, L., Cecchin, G., & Prata, G. (1980a). The problem of the referring person. *Journal of Marital and Family Therapy, 6*, 3–9.

Selvini Palazzoli, M., Boscolo, L., Cecchin, G., & Prata, G. (1980b). Hypothesizing–circularity–neutrality: Three guidelines for the conductor of the session, *Family Process, 19*(1), 3–12.

Selvini Palazzoli, M., Cirillo, S., Selvini, M., & Sorrentino, A. M. (1989). *Family games*. New York: W. W. Norton.

Shilts, L., Rambo, A., & Huntley, E. (2003). The collaborative miracle: When to slow down the pace of brief therapy. *Journal of Systemic Therapies, 22*(2), 65–73.

Short, D. (2010). *Transformational relationships*. Phoenix, AZ: Zeig, Tucker & Theisen.

Siegel, J. P. (2014). The mindful couple. *Clinical Social Work Journal, 42*(3), 282–287.

Simon, G. M. (2003). *Beyond technique in family therapy*. Boston, MA: Allyn & Bacon.

Simon, R. (1992). *One on one: Conversations with the shapers of family therapy*. New York: Guilford.

Snyder, C. R., Michael, S. T., & Cheavens, J. S. (1999). Hope as a psychotherapeutic foundation of common factors, placebos, and expectancies. In M. A. Hubble, B. L. Duncan, & S. D. Miller (Eds.), *The heart and soul of change: What works in therapy* (pp. 179–200). Washington, DC: American Psychological Association.

Sommers-Flanagan, J., & Sommers–Flanagan, R. (2003). *Clinical interviewing*. New York: Wiley.

Sprenkle, D. H. (2009). Foreword: Good counsel in turbulent times. In M. Rastogi & V. Thomas (Eds.), *Multicultural couple therapy* (pp. xi–xv). Thousand Oaks, CA: SAGE.

Sprenkle, D. H., Blow, A. J., & Dickey, M. H. (1999). Common factors and other nontechnique variables in marriage and family therapy. In M. A. Hubble, B. L. Duncan, & S. D. Miller (Eds.), *The heart and soul of change: What works in therapy* (pp. 329–360). Washington, DC: American Psychological Association.

Sprenkle, D. H., Davis, S. D., & Lebow, J. L. (2009). *Common factors in couple and family therapy*. New York: Guilford.

Sturges, J. W. (2012). Use of therapist self-disclosure and self-involving statements. *The Behavior Therapist, 35*(5), 90–93.

Sultanoff, S. M. (2013). Integrating humor into psychotherapy: Research, theory, and the necessary conditions for the presence of therapeutic humor in helping relationships. *The Humanistic Psychologist, 41*(4), 388–399.

Sutherland, O. (2005). A family therapist's constructionist perspective on the therapeutic relationship. *Journal of Systemic Therapies, 24*(2), 1–17.

Taibbi, R. (2007). *Doing family therapy* (2nd ed.). New York: Guilford.

Tay, D. (2013). *Metaphor in psychotherapy*. Philadelphia, PA: John Benjamins.

Thomas, A. J. (2010). Use of the multicultural genogram. In J. M. Rasheed, M. N. Rasheed, & J. A. Marley (Eds.), *Reading in family therapy* (pp. 41–59). Thousand Oaks, CA: Sage.

Titelman, P. (2014). The concept of differentiation of self in Bowen theory. In P. Titelman (Ed.), *Differentiation of self: Bowen family systems theory perspectives* (pp. 3–63). New York: Routledge.

Toman, W. (1961). *Family constellation: Theory and practice of a psychological game*. New York: Springer.

Tomm, K. (1984). One perspective on the Milan systemic approach: Part II. Description of session format, interviewing style and interventions. *Journal of Marital and Family Therapy, 10*(3), 253–271.

Tomm, K. (1988). Interventive interviewing: Part III: Intending to ask lineal, circular, strategic, or reflexive questions? *Family Process, 27*, 1–15.

Ulrich, D. N. (1998). Contextual family therapy. In F. M. Dattilio (Ed.), *Case studies in couple and family therapy* (pp. 158–178). New York: Guilford.

Valentine, L., & Gabbard, G. O. (2014). Can the use of humor in psychotherapy be taught?. *Academic Psychiatry, 38*(1), 75–81.

Watzlawick, P., Bavelas, J. B., & Jackson, D. D. (1967). *Pragmatics of human communication*. New York: W. W. Norton.

Watzlawick, P., Weakland, J., & Fisch, R. (1974). *Change: Principles of problem formation and problem resolution*. New York: W. W. Norton.

Weakland, J. H. (2010). "Family therapy" with individuals. *Journal of Systemic Therapies, 29*(4), 40–48.

Weakland, J. H., & Fisch, R. (2010). The strategic approach. *Journal of Systemic Therapies, 29*(4), 29–34.

Weakland, J. H., Fisch, R., Watzlawick, P., & Bodin, A. M. (1974). Brief therapy: Focused problem resolution. *Family Process, 13*(2), 141–168.

Weiner-Davis, M., de Shazer, S., & Gingerich, W. (1987). Building on pretreatment change to construct the therapeutic solution: An exploratory study. *Journal of Marital and Family Therapy, 13*(4), 359–365.

Whitaker, C. (1982a). My philosophy of psychotherapy. In J. R. Neill & D. P. Kniskern (Eds.), *From psyche to system: The evolving therapy of Carl Whitaker* (pp. 31–35). New York: Guilford.

Whitaker, C. (1982b). The hindrance of theory in clinical work. In J. R. Neill & D. P. Kniskern (Eds.), *From psyche to system: The evolving therapy of Carl Whitaker* (pp. 317–329). New York: Guilford.

Whitaker, C. A., & Bumberry, W. M. (1988). *Dancing with the family.* New York: Brunner/Mazel.

Whitaker, C., & Keith, D. V. (1981). Symbolic-experiential family therapy. In A. Gurman & D. Kniskern (Eds.), *The handbook of family therapy* (pp. 187–224). New York: Brunner/Mazel.

White, M. (1986). Negative explanation, restraint and double description: A template for family therapy. *Family process, 25*(2), 169–184.

White, M. (2007). *Maps of narrative practice.* New York: W. W. Norton.

White, M. (2011). *Narrative practice: Continuing the conversations.* New York: W. W. Norton.

White, M. (2012). Scaffolding a therapeutic conversation. In T. Malinen, S. J. Cooper, & F. N. Thomas (Eds.), *Masters of narrative and collaborative therapies* (pp. 121–169). New York: Routledge.

White, M., & Epston, D. (1990). *Narrative means to therapeutic ends.* New York: W. W. Norton.

Wilkins, P. (2010). *Person-centred therapy: 100 key points.* New York: Routledge.

Winston, E. J., & Piercy, F. P. (2010). Gender and diversity topics taught in commission on accreditation for marriage and family therapy education programs. *Journal of Marital and Family Therapy, 36*(4), 446–471.

Woodbury-Fariña, M. A., & Antongiorgi, J. L. (2014). Humor. *Psychiatric Clinics of North America, 37*(4), 561–578.

Worden, M. (2003). *Family therapy basics.* Pacific Grove, CA: Brooks/Cole.

Ziegler, P., & Hiller, T. (2007). Solution-focused therapy with couples. In T. S. Nelson & F. N. Thomas (Eds.), *Handbook of solution-focused brief therapy: Clinical applications* (pp. 91–115). New York: Haworth.

찾아보기

| 저자 소개

Michael D. Reiter 박사는 미국 Nova Southeastern University의 가족치료학과 교수로서, 『치료적 면담(Therapeutic Interviewing)』(Pearson, 2007), 『가족치료 사례개념화(Case Conceptualization in Family Therapy)』(Pearson, 2007, 역서 출판은 정혜정 역, 학지사, 2016)의 저자이며, 가족치료의 선구자 중 한 사람인 Salvador Minuchin과 함께 『가족치료의 예술(The Craft of Family Therapy)』(Routledge, 2014), 『물질남용과 가족(Substance Abuse and the Family)』(Pearson, 2015)을 공동 저술하였다.

| 역자 소개

정혜정(Hyejeong Chung) 교수는 전북대학교 아동학과에 재직 중이다. 미국 Texas Tech University의 인간발달 · 가족학과에서 박사학위(Ph. D.)를 받았으며, 미국 University of Georgia와 Nova Southeastern University 가족치료전공의 방문학자로서 두 번의 연구년을 보냈다. 한국가족치료학회장을 지냈고, 한국가족치료학회 부부가족상담 슈퍼바이저이며, 한국상담학회 전문영역 수련감독자(부부가족상담분과)이다. 대표 저서로 『가족치료의 이해』(3판, 공저, 학지사, 2018)와 대표 역서로 『가족치료 사례개념화』(학지사, 2016)가 있다.

가족치료의 길잡이

Family Therapy
An Introduction to Process, Practice and Theory

2021년 9월 10일 1판 1쇄 인쇄
2021년 9월 20일 1판 1쇄 발행

지은이 • Michael D. Reiter
옮긴이 • 정혜정
펴낸이 • 김진환
펴낸곳 • (주) 학지사
04031 서울특별시 마포구 양화로 15길 20 마인드월드빌딩
대표전화 • 02)330-5114 팩스 • 02)324-2345
등록번호 • 제313-2006-000265호

홈페이지 • http://www.hakjisa.co.kr
페이스북 • https://www.facebook.com/hakjisabook

ISBN 978-89-997-2468-8 93180

정가 22,000원